国学新读本

新　语

李振宏　注说

河南大学出版社

国学新读本编辑委员会

总策划　马小泉
主　编　李振宏
编　委　(以姓氏笔画为序)

马小泉　王　健　朱绍侯　刘小敏
李中华　李振宏　苏凤捷　何晓明
张云鹏　张富祥　宋会群　杨天宇
杨寄林　杨朝明　赵国华　郑慧生
姜建设　袁喜生　曹　峰　曹础基
曾振宇　戚良德　龚留柱　熊铁基

目　录

序 ································· 李振宏（1）

《新语》通说 ································（1）

　一　陆贾其人 ······························（1）

　二　《新语》的版本流传问题 ··············（24）

　三　《新语》的思想内涵 ····················（33）

　四　陆贾的学术师承及其思想个性 ··········（70）

　五　陆贾及其《新语》的历史影响 ··········（98）

　六　《新语》阅读提示 ······················（140）

　七　校注说明 ······························（147）

《新语》简注 ································（149）

　道基第一 ··································（149）

　术事第二 ··································（162）

　辅政第三 ··································（166）

　无为第四 ··································（171）

　辨惑第五 ··································（175）

　慎微第六 ··································（181）

资质第七 …………………………………………… (186)
至德第八 …………………………………………… (190)
怀虑第九 …………………………………………… (195)
本行第十 …………………………………………… (199)
明诚第十一 ………………………………………… (203)
思务第十二 ………………………………………… (207)

附录一 《史记·郦生陆贾列传》"陆贾传"部分
　　　………………………………………………… (213)

附录二 《汉书·郦陆朱刘叔孙传》"陆贾传"部分
　　　………………………………………………… (216)

附录三 《四库全书总目提要·新语》(附余嘉锡
　　　辨证) ……………………………………… (219)

附录四 序文杂录五篇 ……………………………… (232)

参考书目 ……………………………………………… (240)

序

最近一些年来，一股"国学热"的思潮强劲涌动，在文化学界以至于整个社会上，引起了强烈反响。为什么在这样一个社会的大变革时代，在从传统社会向现代社会的转型期，最为传统的国学，却能引起国人的极大兴趣，这的确是一个值得思考和研究的问题。

"国学"作为一个学术文化概念，产生于近代。从渊源上讲，"国学"概念的产生，与"国粹"有些关联，并且是从对抗西学侵入的角度提出来的。今天，中华民族早已是一个独立于世界民族之林的自立自强的民族，全球经济一体化所带来的世界文化的汇合与交融，也早已是历史发展的必然趋势，而在这样的历史大势中，却会有"国学热"的产生，乍一看来，确有不可思议之处。但实际上，国学的当代走红，则与我们今天所处的历史时代有着一定的关系。

随着改革开放的迅速推进，随着市场经济的强劲发展，传统道德受到了强烈冲击，传统文化与现代文化观念的碰撞也日益强烈。于是，如何看待传统文化的问题，就严峻地提到了国人的面前。传统文化的出路何在，它从何而来，要走向何方，如何对之进行价值重估，一切关心文化问题、有着强烈历史责任感的人们，无不把关注的目光投向中国的传统学术。当然，也不排除一些对改革开放和市场经济所带来的冲击无法理解和接受，对现代经济发展对传统道德的亵渎强烈抗议的人们，自然而然地发出向传统文化复归而倡导国学的呼声。总之，不论是出于积极的思考，还是抱着一种向后看的心态，对国学的重视则成了最近十多年来一种普遍的文化选择。

于是，对待"国学热"就需要有一个分析的态度。对于任何一个民族的发展来说，传统文化都是其牢固的根基，是其一切历史的出发点，摒弃传统、甚至全盘否定传统文化，都是幼稚可笑的，不可取的。但一遇到问题就求助于传统，甚至一味狂热地提倡向传统复归，也是走不通的，过去那句常说的"倒退是没有出路的"话，虽说不是什么至理名言，却也还是有些道理的。这些年来，一些地方出现的中小学生、甚至幼儿园小朋友的读经热，就是一种值得注意的倾向。国学，毕竟是一种学术，需要有一定的文化基础，有一定的分析批判能力，才能对之进行识读、鉴别而决定其取舍。所以，严格地说，对于国学，尤其是经学，在当代中国，需要的是研究以及在此基础上的批判继承，而不是再像传统社会中那样采取唱诗班的方式，对青少年一代进行无分析地灌输。因此，如何弘扬传统文化，就是一个需要思考的问题。

正是基于以上考虑，为着弘扬优秀传统文化的需要，也为着对社会上盲目崇尚读经的风气有所引导，我们组织了这套"国学新读本"丛书，选择一些在中国传统文化中影响较大的国学典籍，对之进行简明扼要的注释，然后在读本前边，用较大篇幅解读该典籍的基本思想文化内涵，评述其在中国文化史上的地位和影响，并对如何阅读该典籍做出读书方法上的引导。通过这样一个较为翔实的导读内容，以批判分析的态度，给青年人的国学典籍阅读提供一个健康的思想导向。根据这样的宗旨，这套丛书，在大的结构上，每本都分为"通说"和"简注"两个部分，"通说"是导读的性质，"简注"在于疏通文字，希望这样的安排，能够为青年朋友和一般社会读者提供一个国学入门的向导。果能如此,也就实现了撰著者和出版者的愿望。

国学所以是国学,就在于它是我们祖国优秀民族文化和民族精神的载体。在这些国学典籍中,包含着民族文化的基因,蕴藏着民族精神的范型。衷心期待这套丛书能够成为广大读者学习国学精华、体认民族精神、继承祖国优秀文化遗产的良师益友。

李振宏
2008 年 2 月 28 日

《新语》通说

一 陆贾其人

陆贾是汉初政坛上一位举足轻重的人物,如果给他冠以思想家、政治家、谋略家的头衔,则决非过誉。但是,不知道是否深受道家思想影响的缘故,陆贾又是一个与世无争的人,尽管他对刘家王朝的贡献大到了功盖天下的地步,但却没有获得尺土之封,从高祖到文帝,封侯者数以百计,他则不曾名列其中。陆贾历史上获得的肯定性地位,与他的实际贡献极不相称。

研究陆贾,我们所能依据的资料非常有限,虽说《史记》、《汉书》都有他的传记,实际上《汉书》多抄《史记》,我们据以考察的也就是《史记·郦生陆贾列传》中的千余字短文。史料的有限性,甚至使得我们连他的生卒年月都不能确切地说清楚。

目前学界发表的学术论文中,或者在网上的百度文献中,可以看到关于陆贾生卒年代有这样的表述,约公元前240年～公元前170年,实际上这也仅是推测。《史记·郦生陆贾列传》说:"陆贾者,楚人也。以客从高祖定天下,名为有口辩士,居左右,常使诸侯。"这其实就是我们可以据以推测陆贾生年的唯一依据。秦末刘邦举事反秦,陆贾为刘邦的幕僚、谋士,当时的年龄不可能太轻,有谋略并为人识,已被称为"有口辩士",至少得是三十岁左右比较成熟的年轻人吧。一定要把陆贾的生年估算到一个很具体的很确切的数字,也不一定有太大的意义,我们知道他生当秦始皇时代,在亡秦及楚汉战争时已是思想成熟、颇有谋略的人也就可以了。

根据《史记》记载,在追随刘邦反秦及后来的楚汉战争时期,陆贾只是刘邦幕僚集团中的普通一员,并没有显示出多么突出的才能。该时期在历史上留下印痕的有两件事。一是在刘邦被封为汉王之前,为了抢在项羽之前进入关中,用张良计,命陆贾和另一谋士郦生一起去说服秦将,以便顺利攻破武关,进军灞上。陆贾和郦生这次奉命说服秦将,顺利地完成了任务,为刘邦日后进军灞上,称王天下获得了道义上的优势地位。① 这一事件在《史记·高祖本纪》中有简单的一句话记载:"沛公……用张良计,使郦生、陆贾往说秦将,啗以利,因袭攻武关,破之。"②这次是陆贾和郦生共同达成的使命,未能凸显陆贾个人的特殊才能。另一件事是楚汉战争时期,刘邦派陆贾去游说项羽,请求项羽释放其被俘的父亲,但这次陆贾没能完成使命。《汉书·高帝纪》载:"汉遣陆贾说羽,请太公,羽弗听。汉复使侯公说羽,羽乃与汉约,中分天下,割鸿沟以西为汉,以东为楚。九月,归太公、吕后,军皆称万岁。乃封侯公为平国君。"③这次拯救刘邦父亲的事件,陆贾没有成功,而侯公则顺利达成,可见在当时刘邦的幕僚集团中,陆贾的才能还是没有凸显出来。所以,在刘邦安定天下之后的论功行赏中,陆贾并未能获得尺土之封。

---

① 当初,怀王曾经有约,"先入定关中者王之"。
② 《史记》,中华书局1959年版。
③ 《汉书》,中华书局1965年版。

陆贾一生值得称道的,有四件大事。

第一件大事,是在高帝十一年(公元前196年)奉命出使南越,说服南越王赵佗臣服汉家王朝。

我们先来简单介绍一下南越国的背景情况。汉初的南越之地,包括桂林、象州、南海诸郡,是秦始皇时所开发的南疆之地。《史记·秦始皇本纪》载:"三十三年,发诸尝逋亡人、赘婿、贾人略取陆梁地,为桂林、象郡、南海,以適遣戍。"贾谊的《过秦论》中也讲:"及至秦王……南取百越之地,以为桂林、象郡,百越之君俯首系颈,委命下吏。"①秦统一或曰平定南疆之地,从秦始皇三十三年(公元前214年)至秦二世元年(公元前209年)大概用了六年时间②。但是,秦刚刚统一南疆,立足未稳,就爆发了陈胜吴广起义,中原之地战火再起,一时间陷入混乱之中。

中原之地的战乱,为南越诸郡寻求政治独立创造了时机。本来,南越诸族的被统一,就不是真正的牢固的统一,更没有造成和中原地区一家亲的和谐气氛。再加上地理、风俗习惯上的巨大差异,离心离德的情况是随时都会发生的。现在,中原大乱,主政南越的人就感到机会来了。

秦二世时,主政南海郡的是南海尉任嚣,赵佗是南海龙川令。《史记·南越列传》载,任嚣病危时把龙川令赵佗叫到床前,留下临终嘱托:

> 闻陈胜等作乱,秦为无道,天下苦之,项羽、刘季、陈胜、吴广等州郡各共兴军聚众,虎争天下,中国扰乱,未知所安,豪杰畔秦相立。南海僻远,吾恐盗兵侵地至此,吾欲兴兵绝新道,

---

① 《史记·秦始皇本纪》。
② 《史记·南越列传》"集解"引徐广曰:"秦并天下,至二世元年十三年。并天下八岁,乃平越地,至二世元年六年耳。"

自备,待诸侯变,会病甚。且番禺负山险,阻南海,东西数千里,颇有中国人相辅,此亦一州之主也,可以立国。郡中长吏无足与言者,故召公告之。

任嚣这段话嘱托了四层意思:一是抓住中国大乱、豪杰叛秦相立的有利时机;二是依仗番禺负山险、阻四海、东西数千里的有利地理环境;三是以上述时间与地理环境的特殊时空条件,兴兵断绝秦"入越之道必由岭"的咽喉要道;四是最终做真正的一州之主,脱离中原而立国。这是一个完整的南越之地"绝道立国"战略方针。赵佗在任嚣病故后也就真正实行了这一方针,诛秦长吏,以自己的亲信掌握各级政权,并发兵击桂林、象郡,自立为南越武王,建立了岭南地区的割据政权。①

据《汉书·西南夷两粤朝鲜传》记载:元鼎"六年冬……南粤已平。遂以其地为儋耳、珠崖、南海、苍梧、郁林、合浦、交阯、九真、日南九郡……自尉佗王凡五世,九十三岁而亡。"若以武帝元鼎六年南越立国九十三岁推算,赵佗自立南越武王的时间应是高帝三年(公元前204年),是时楚汉战争尚未结束,正是中原大乱、虎争天下、无暇他顾之时。在赵佗立国两年之后,刘邦最终战胜项羽而即皇帝位,但很快异姓诸侯王的矛盾又暴露出来,对付异姓诸侯王而巩固刘姓汉家天下又成为当务之急。高帝十一年,也就是在诛杀韩信的当年,刘邦开始来面对南越的问题,其措施就是派陆贾出使南越,封赵佗为南越王,令其向中原王朝臣服。

收复赵佗是一项艰巨的使命,因为赵佗决非等闲之辈,加之统一南越、自立为王已经有了几个年头,已经享受到了独立为王的威严与自由,要想让他再去臣服他人,难度可想而知。从当时刘邦要陆贾出使南越时的诏书也可以窥见,赵佗对南越的治理也很见功

---

① 参考刘修明:《陆贾和岭南》,《史林》1996年第4期。

效,他应该是有充分的自信来做这个自在王的。《汉书·高帝纪》高帝十一年五月的诏书中说:

> 粤人之俗,好相攻击,前时秦徙中县之民南方三郡,使与百粤杂处。会天下诛秦,南海尉它居南方长治之,甚有文理,中县人以故不耗减,粤人相攻击之俗益止,俱赖其力。今立它为南粤王。

刘邦自己也知道,赵佗这个南越武王是做得不错的,"甚有文理",那就是秩序宴然了,中原迁去的中县之民也得到了很好的发展,粤人这些土著人的恶风蛮习也得以改造,连刘邦也不得不承认这一切都是赵佗治理有方的结果。那么,为什么还要没收人家独立自主的权力?这能做得到吗?所以,陆贾所接受的这个使命是不容易达成的。然而,这个陆贾还真的没有让刘邦失望,他硬是凭借卓越的智慧和辩才,说服了赵佗,让其心悦诚服地归复了汉家王朝。

《史记·郦生陆贾列传》中,关于陆贾收复赵佗之事有极其生动的记载,可窥见陆贾作为政治家、思想家与"有口辩士"的风采,引述于下:

> 陆生至,尉他魋结箕倨见陆生。陆生因进说他曰:"足下中国人,亲戚昆弟坟墓在真定。今足下反天性,弃冠带,欲以区区之越与天子抗衡为敌国,祸且及身矣。且夫秦失其政,诸侯豪桀并起,唯汉王先入关,据咸阳。项羽倍约,自立为西楚霸王,诸侯皆属,可谓至强。然汉王起巴蜀,鞭笞天下,劫略诸侯,遂诛项羽灭之。五年之间,海内平定,此非人力,天之所建也。天子闻君王王南越,不助天下诛暴逆,将相欲移兵而诛王,天子怜百姓新劳苦,故且休之,遣使臣授君王印,剖符通使。君王宜郊迎,北面称臣,乃欲以新造未集之越,屈强于此。汉诚闻之,掘烧王先人冢,夷灭宗族,使一偏将将十万众临越,

则越杀王降汉,如反覆手耳。"

于是尉他乃蹶然起坐,谢陆生曰:"居蛮夷中久,殊失礼义。"因问陆生曰:"我孰与萧何、曹参、韩信贤?"陆生曰:"王似贤。"复曰:"我孰与皇帝贤?"陆生曰:"皇帝起丰、沛,讨暴秦,诛强楚,为天下兴利除害,继五帝、三王之业,统理中国。中国之人以亿计,地方万里,居天下之膏腴,人众车舆,万物殷富,政由一家,自天地剖泮未始有也。今王众不过数十万,皆蛮夷,崎岖山海间,譬若汉一郡,王何乃比于汉!"尉他大笑曰:"吾不起中国,故王此。使我居中国,何渠不若汉?"乃大说陆生,留与饮数月。曰:"越中无足与语,至生来,令我日闻所不闻。"赐陆生橐中装直千金,他送亦千金。陆生卒拜尉他为南越王,令称臣奉汉约。归报,高祖大悦,拜贾为太中大夫。

赵佗对陆贾的到来并不欢迎,而且摆出一副极其傲慢、十分不屑的架势。首先,他不以正常的礼节来对待陆贾,魋结箕踞,一身少数民族的打扮,两脚张开,两膝微曲,坐形如簸箕,完全是一副轻慢傲视对方的姿态。而陆贾却不与他计较这些礼节问题,抓住赵佗自身的弱点,直指要害问题,既晓之以理,动之以情,又略带几分威胁,使赵佗感到了一种震慑般的力量。

赵佗原是中原人,祖籍河北真定,可能是在秦始皇时期随任嚣南下,而被委任龙川令。陆贾说你是中国人,祖宗先人、亲戚昆弟的坟茔都在真定,而你现在却身着蛮服,弃冠带,背礼仪,反天性,难道连自己的祖宗都不认了吗?这是动之以情,晓之以理。而接着说"以区区之越与天子抗衡为敌国",拿一个偏远蛮夷的蕞尔小国和大汉天子去对抗,那不是自取其辱,不自量力吗?这就是赤裸裸地威胁了。陆贾说的这些,赵佗是不能不认真考虑的。

接着陆贾就来宣示汉王所凭借的天意,以说明刘邦所以能有天下,实是天之所助。他说,在秦王无道的情况下,诸侯豪杰并起,为什么唯汉王先入关,据咸阳?项羽自立为西楚霸王,诸侯皆属,而汉王却可以诛项羽而灭之?汉王之所以能够在五年之间平定海内,践天子之位,此非人力,诚天之所助也。他告诉赵佗,刘邦得天下是天意,既是天意,你赵佗能抗衡吗?

陆贾说,再下来就该说到你赵佗本身也是有罪之人,秦王暴虐天下共诛之,而你不仅不助力诛秦,反倒称王自立,是应该得到惩罚的。汉王之所以没有发兵诛剿,主要是看在连年战争,天下百姓劳苦,不愿再兴师动众,而不是没有考虑你的问题。现在汉王为着天下百姓着想,不想兴兵征伐,而派我来授你君王印玺,只要你北面称臣,就不再追究。而你赵佗倨傲无礼,妄想以你一盘散沙的百越之地,与天子之国对抗,你觉得会有胜算吗?如果你真的不识大局,自不量力地与汉王对抗,朝廷震怒,传旨掘你先人祖坟,绝杀你的宗族,再发十万大军前来征讨,到那时,恐怕越地的百姓就会倒戈向善,杀王而降汉,这还不是可以想见的情理吗?

陆贾的这番宏辞,义正词严,鞭辟入里,久居蛮荒之地的赵佗,还真是难得听到这样的宏论,一时如芒在背,又觉恍然醒悟。赵佗蹶然起坐,对陆贾又施礼,又道歉,承认自己久居蛮夷,殊失礼仪。接着,赵佗又向陆贾讨教,与萧何、曹参、韩信、刘邦相比,对自己如何评价。陆贾说,您似乎应该是贤于萧何、曹参、韩信之辈,但汉王是真命天子,继五帝三王之业,统理中国,南越区区一隅之地,何敢比于大汉!至此,赵佗真是汗颜,对陆贾钦佩不已,心诚悦服地接受了汉王封赐的南越王称号,对汉庭俯首称臣。

此次出使南越,陆贾不辱君命,出色地完成了收复南越之地、一统华夏的历史使命。在这次出使南越的活动中,陆贾勇于担当、远见卓识、机智善辩的多方面素质,都得到了充分展示。

史籍所见陆贾所做的第二件大事,是完成了刘邦的命题作文《新语》,为新生汉王朝提炼了秦所以失天下的历史借鉴,选择了确当而清晰的治国路线。

陆贾生活的汉初政局,是一片尚武轻文的思想荒漠。刘邦及其所依赖的军功集团,大都是起自民间的草莽之人。他们对武力抱有由衷的崇拜,而对文人学士、诗书经子,则发自内心地不屑甚至鄙夷。在刘邦及其军功集团中,几乎没有饱读诗书的学者型人才,传统说汉初政局是一派布衣将相局面,是非常贴切的。在《史记》《汉书》的传记中,可以看到刘邦的军功集团中诸人的面貌与出身:

> 周勃,沛人……以织薄曲为生,常以吹箫给丧事,材官引强。

> 樊哙,沛人也,以屠狗为事。

> 灌婴,睢阳贩缯者也。

这帮人中,身份高者也多是县乡政府中的掾吏。如:

> 曹参,沛人也。秦时为狱掾。

> 萧何,沛人也。以文毋害为沛主吏掾。

> 夏侯婴,沛人也。为沛厩司御……而试补县吏。

> 周昌者,沛人也。其从兄苛,秦时皆为泗水卒史。

> 任敖,沛人也,少为狱吏。

在刘邦政治集团中,当然也有像郦生、陆贾、侯公这样的谋士,是读书人,但这些人也大都不是思想家,而多是像战国时期的苏秦、张仪之类的纵横之士,是单纯的口辩之士。除了陆贾之外,都不具有思想家的素质。像郦生郦食其,《汉书》本传说他"好读书,家贫落魄,无衣食业。为里监门,然吏县中贤豪不敢役,皆谓之狂生",虽也是读书人,但并不是思想者,不是儒生,用他自己的话说,"吾高阳酒徒也,非儒人也"。他不仅不是儒者,且对儒者持一种不屑的态度。

在刘邦所用的人中,唯一属于大儒级的人物,也确实被称为通儒的人只有一个,即叔孙通,而这个叔孙通也算不上是个有思想、有远见、有政治眼光的人。叔孙通只是帮助刘邦解决了整顿朝纲的礼仪制度问题。史载:

> 汉王已并天下,诸侯共尊为皇帝于定陶,通就其仪号。高帝悉去秦仪法,为简易。群臣饮争功,醉或妄呼,拔剑击柱,上患之。通知上益厌之,说上曰:"夫儒者难与进取,可与守成。臣愿征鲁诸生,与臣弟子共起朝仪。"高帝曰:"得无难乎?"通曰:"五帝异乐,三王不同礼……谓不相复也。臣愿颇采古礼与秦仪杂就之。"上曰:"可试为之,令易知,度吾所能行为之。"

> 于是通使征鲁诸生三十余人……及上左右为学者与其弟子百余人为绵蕞野外。习之月余,通曰:"上可试观。"上使行礼,曰:"吾能为此。"乃令群臣习肄,会十月。

> 汉七年,长乐宫成,诸侯群臣朝十月……殿下郎中侠陛,陛数百人。功臣列侯诸将军、军吏以次陈西方,东乡;文官丞相以下陈东方,西乡。大行设九宾,胪句传。于是皇帝辇出房,百官执戟传警,引诸侯王以下至吏六百石以次奉贺。自诸侯王以下莫不震恐肃敬。至礼毕,尽伏,置法酒。诸侍坐殿上皆伏抑首,以尊卑次起上寿。觞九行,谒者言"罢酒"。御史执法举不如仪者辄引去。竟朝置酒,无敢欢哗失礼者。于是高帝曰:"吾乃今日知为皇帝之贵也!"①

这就是大儒叔孙通为刘邦王朝所建立的功业。相传汉代的朝仪就出自叔孙通的手笔。然而,这却不是汉王朝可以赖以立国的施政方略。可以说,除了陆贾之外,在当时的朝廷上,还真的没有第二个人去思考、规划王朝的政治方略问题;而缺少了这一个根本指导思想的制定,这样一个庞大的帝国的航船,将驶向何方呢?王

---

① 《汉书·郦陆朱刘叔孙传》。

朝的江山何以能够久远呢？特别是在秦亡之后，一个新的政权刚刚建立，汲取秦王朝覆亡的历史教训，认真规划新的发展道路，的确是一个不可轻忽的现实课题。

当时，最要命是政治领袖刘邦本人的思想贫瘠，缺乏这样的修养和素质，甚至没有这样的思想意识。班固曾评论刘邦"不修文学"，其实他岂止是不修文学，而是严重地排斥文学，对诗书礼乐、文人学士、儒者之业，有着顽固的思想偏见。史书中于此有很多记载：

《史记·陈丞相世家》："今大王慢而少礼，士廉节者不来；然大王能饶人以爵邑，士之顽钝嗜利无耻者亦多归汉……大王恣侮人，不能得廉节之士。"这是在刘邦称帝之前，陈平面对刘邦问话的直言回答。陈平指出，刘邦在骨子里对士人蔑视。

《史记·郦生陆贾列传》载，郦食其想投靠刘邦，求骑士为之通报，骑士曰："沛公不好儒，诸客冠儒冠来者，沛公辄解其冠，溲溺其中。与人言，常大骂。未可以儒生说也。"

《史记·郦生陆贾列传》记述郦生第一次见刘邦的情景："郦生至，入谒，沛公方倨床使两女子洗足，而见郦生。郦生入，则长揖不拜，曰：'足下欲助秦攻诸侯乎？且欲率诸侯破秦也？'沛公骂曰：'竖儒！夫天下同苦秦久矣，故诸侯相率而攻秦，何谓助秦攻诸侯乎？'郦生曰：'必聚徒合义兵诛无道秦，不宜倨见长者。'于是沛公辍洗，起摄衣，延郦生上坐，谢之。"郦生是被刘邦召见，但当郦生来时，刘邦则箕踞于床，由两个女子伺候洗脚，对儒生身份的郦生极不尊重，且骂其"竖儒"。

《史记·刘敬叔孙通列传》载："叔孙通儒服，汉王憎之；乃变其服，服短衣，楚制，汉王喜。"

骂儒生为"竖儒"，用儒生的帽子当便器，看到身着儒服者便"憎之"，这样一个政治领袖，如何能对思想文化的力量有正确的认识？如何知道从思想理论上去规划国家的前途与未来？由上可知，汉初政局，从将相王侯到皇帝刘邦，都只是一帮武夫而已。所以，才会有历史上有名的关于天下由马上得之，宁可以马上治之的对话，从而显示出陆贾对这个时代的作用与分量。对这个时代来说，陆贾就是那个众人皆醉我独醒的人。

《史记·郦生陆贾列传》载：

> 陆生时时前说称《诗》、《书》。高帝骂之曰："乃公居马上而得之，安事《诗》、《书》！"陆生曰："居马上得之，宁可以马上治之乎？且汤武逆取而以顺守之，文武并用，长久之术也。昔者吴王夫差、智伯极武而亡；秦任刑法不变，卒灭赵氏。乡使秦已并天下，行仁义，法先圣，陛下安得而有之？"高帝不怿而有惭色，乃谓陆生曰："试为我著秦所以失天下，吾所以得之者何，及古成败之国。"陆生乃粗述存亡之征，凡著十二篇。每奏一篇，高帝未尝不称善，左右呼万岁，号其书曰《新语》。

"居马上得之，宁可以马上治之乎？"对于草莽天子刘邦来说，这不啻为当头棒喝！陆贾提出了一个连贵为天子的刘邦也从来没有思考过的问题，甚至也是一个对于后世中国历史来说，一个永远需要思考和警惕的问题！就连其后两千年中华人民共和国建立之后，当局者仍然坚持以阶级斗争为纲而不改变过去的战争思维，实际上也还是这个问题！这个问题的提出，既是一个深思熟虑的结果，也是一个有历史责任感的读书人、思想者独立人格、勇于担当及其思想价值的充分展示。

陆贾是有自己的理想追求和人格操守的。他明明知道刘邦厌恶诗书，还要在他面前时时称说；面对刘邦的呵斥，他自然有身危之感，但还是据理以争，向专制帝王发出"宁可以马上治之乎"的大胆追问，并且用汤、武逆取而顺守，夫差、智伯极武而亡，秦王专任刑法而失国等一系列无可辩驳的事实，直驳得刘邦"不怿而有惭色"。

当然,陆贾也是遇到了明君。刘邦不喜欢儒生,不识诗书之价值,并不是昏庸,而只是昧于武力之功效,不懂得思想的价值;他一旦知道了自己的问题之所在,还是心有所愧,表现出欣然接受的姿态。班固评论刘邦"不修文学,而性明达",还是很准确的,刘邦的确天性聪颖,陆贾这几句话,一下子就惊醒了他这个梦中人。刘邦当即就给陆贾出了题目,要他来著书立说,以明自古之国何以兴、何以灭,特别是眼前的历史,秦何以失汉何以兴,这些治国理政必须明白的道理。于是就有了《新语》的写作。

陆贾著《新语》,每写就一篇就呈送皇上,并在朝廷上传送,刘邦君臣无不称善,左右呼万岁,由《新语》所表达的治国理念获得了刘邦君臣的广泛认同,于是就给汉王朝奠定了治国理政的思想理论基础。此可谓陆贾对这个新型王朝,也是对他生活的时代及其后世中国历史最重大的贡献。

《新语》的具体内容,陆贾所秉承的思想理念我们留待后文再来专章分析,这里需要弄清的一个问题是,陆贾著《新语》的具体时间。现在学界关于这个问题,受《史记·郦生陆贾列传》对此事叙述顺序的影响,一般认为是在高帝十一年出使南越之后,而这种说法实际上是不大可能的。我们来简单讨论一下这个问题。

《史记·郦生陆贾列传》叙述此事,是在高帝十一年陆贾出使南越之后。人们一般认为司马迁叙事是严格遵循时间顺序的,既然司马迁把此事的叙述安排在出使南越之后,那么,《新语》的著述当然不会在陆贾出使南越之前。如王兴国的《贾谊评传》副篇《陆贾晁错评传》中说:

> 考《史记·陆贾列传》,司马迁叙述陆贾的生平事迹,都是严格地按照时间顺序排比的,陆贾与刘邦的著名对话是排在汉高帝十一年他出使南越之后,因此我认为把它定为高帝十

一年比较合理。还必须指出,陆贾虽然"以客从高祖定天下""居左右",即与刘邦关系密切,但在他第一次出使南越以前,刘邦并未给他封什么官职。只有当他官拜大中大夫之后,才有可能议论于朝廷,而每奏一篇,也才可能出现"左右呼万岁"的局面。这一点也可以从侧面证明《新语》只可能写于汉高帝十一年而不可能更早……刘汝霖出版于1932年的《汉晋学术编年》,将陆贾上《新语》系于高帝"十一乙巳(前一九六)"。1983年人民出版社出版的由萧萐父、李锦全主编之《中国哲学史》一书所附《中国哲学史大事年表》亦将《新语》之作系于汉高帝十一年,这些都支持了我的说法。①

这段话中同时介绍了其他学者的看法,可谓学界一般观点的代表。但是,这样的分析靠得住吗?在君主专制时代,非要具有一定的官职,陆贾才可能在高帝左右时时称说《诗》、《书》并议论于朝廷吗?哪怕陆贾就是一介平民,要不要他的文章议论于朝廷,还不是皇帝一句话吗?这些理由是很勉强的。其实,在高帝十一年之后,特别是陆贾封了大中大夫之后,他已经没有机会再来与刘邦对话,特别是没有时间再来写《新语》并呈送朝廷议论了。我们可以来算一下高帝十一年陆贾出使南越之后的时间表。

刘邦十一年五月诏,命陆贾出使南越。当时赵佗遵循任嚣遗言"绝道立国",断绝了秦征服南越时开通的梅关古道,陆贾赴南越之路非常艰辛、漫长。有一篇文章谈陆贾南下时所走的道路,是这样描述的:

> 翻阅陆氏家谱,上面简要记载了陆贾第一次南下的情况:由于交通不便路上坎坷,陆贾一行横亘在粤北的数百里大山

---

① 王兴国:《贾谊评传》(附陆贾晁错评传),南京大学出版社1992年版,第352~353页。

不能攀爬而过，于是绕道经湘西进入广西，路经德庆，一路往东来到番禺。而且秦朝当年平定岭南所修建的灵渠，自秦至唐宋，一直是沟通五岭南北地区经济文化交流的重要通道，陆贾很有可能就是走此水路自西向东来南越。①

在那样一个时代，从长安出发沿着这样一条路线到达番禺，没有月余光景恐怕是不可能的。即使五月诏书下达后陆贾立即启程，到达南越武王治所的番禺，也是六七月份了。而且史书上写得明白，在赵佗被陆贾说服归顺之后，赵佗又特意"留与饮数月"，才放陆贾回归长安。那么，推算下来，陆贾回到长安报告，并被封为太中大夫，应该已经是高帝十二年初（即公元前196年年底）的事情了②。而十二年年初及其之后的高祖刘邦，是一种什么状况呢？根据《汉书·高帝本纪》，我们胪列其大事如下：

十一年秋七月，淮南王布反……上自将以击布。

十二年冬十月，上破布军于会缶。

十一月，行自淮南还。过鲁，以大牢祠孔子。

陈豨降将言豨反时燕王卢绾使人之豨所阴谋。上使辟阳侯审食其迎绾，绾称疾。食其言绾反有端。

春二月，使樊哙、周勃将兵击绾。

三月，诏曰："吾立为天子，帝有天下，十二年于今矣。与天下之豪士贤大夫共定天下，同安辑之……吾于天下贤士功臣，可谓亡负矣。其有不义背天子擅起兵者，与天下共伐诛

---

① 霍雨丰：《陆贾遗迹考》，《岭南文史》2012年第3期。

② 公元前196年的年底，实际上就是高帝十二年的年初（十一或十二月）。汉初用秦历，以十月为岁首，当年的十月即是第二年的首月。《史记》卷九十六《张丞相列传》载："自汉兴至孝文二十余年，会天下初定，将相公卿皆军吏。张苍为计相时，绪正律历。以高祖十月始至霸上，因故秦时本以十月为岁首，弗革。"

之。布告天下,使明知朕意。"

上去布时,为流矢所中,行道疾。疾甚……夏四月甲辰,帝崩于长乐宫。

汉高祖的这个时间序列说明了哪些问题呢？

第一,从十一年秋七月开始,到高祖去世的10个月时间里,他一直都在忙于对付异性诸侯王反叛的战事中,直到去世的前一个月,还在下诏强调"其有不义背天子擅起兵者,与天下共伐诛之",他已经被异姓诸侯王的反叛行为折腾得筋疲力尽,无暇他顾,根本不可能有心情去和陆贾讨论那些问题。

第二,高祖是在十月份的大破布军的战事中被流矢射中,在陆贾年底返回长安的时候,刘邦的伤病已经比较严重,不可能有和陆贾讨论问题的悠闲场景,朝中文武官员也不可能在高祖病痛之中因为陆贾的篇章而造成"左右呼万岁"的欢乐场景。

第三,在陆贾返回长安之前的十一月份,刘邦从淮南返回途中,经过鲁地时,"以大牢祠孔子",表现出了对儒家宗师的特别尊重,已经完全不同于以往对儒生、诗书的那种不屑与鄙夷。这种转变应该是在受到陆贾的影响之后,而这时的陆贾,还没有从南越回到长安。如果我们采信《史记》、《汉书》的说法,高祖对待儒学态度的转变的确是受了陆贾及其《新语》的影响,那么,陆贾和刘邦的那段著名对话及其《新语》之作,就一定是在陆贾出使南越之前。

从各种情况推测,陆贾和刘邦的对话及其《新语》的写作,一定是在高帝十一年出使南越之前的某个时期,或者就是在高帝五年战胜项羽并践天子之位后不久的事情。因为,高帝时期的一些诏书,已经体现了陆贾《新语》的治国思想。

陆贾平生的第三件大事,是在诛吕氏而安刘家天下的重大事变中作出了特殊贡献。

自从刘邦建汉之后,汉代政治史上第一次最剧烈的政治变故,恐怕就是吕后死后,在吕氏兄弟欲危刘家天下的时候,陈平、周勃联手诛吕氏而安刘家天下。此次政治事变的成功,后人一般都把其功绩记在了周勃名下。这一方面是周勃的确居功甚伟;另一方面,大概也是受了刘邦一句话的影响。在刘邦病危吕后向其讨教后事安排,说到其后的丞相人选时,刘邦对周勃有过一句话的评论:"周勃重厚少文,然安刘氏者必勃也。"①而其后周勃果然在诛吕氏兄弟的事变中发挥了重大作用。人们把功绩归于周勃,可以印证天子的金口玉言,也可以满足把历史归于天数的宿命性解释。

其实,在诛吕氏而安刘家天下的过程中,有一个人的功绩绝对不可轻忽,那就是陆贾。司马迁评论说:"及诛诸吕,立孝文帝,陆生颇有力焉。"②班固评论说:"及诛吕氏,立孝文,贾颇有力。"③可谓定评。陆贾功在何处?用司马迁的说法,即是功在游说于公卿之间,调动、凝聚了反吕氏的力量。几乎可以说,没有陆贾,汉王朝的历史可能就要改写!

根据《史记》《汉书》的记载,刘邦死后,吕后专权,陆贾甚是不满,但又无能为力,只能选择退隐,便称病免官。但是,陆贾却没有放弃对政治的关注。

就当时的政局说,有可能发挥作用而力挽狂澜的人,非陈平、周勃莫属。陈平是当朝丞相,有总揽全局的权力;周勃是太尉,执掌兵权。但是,二人最初是对吕后的专权采取了容忍退让的态度。《汉书·张陈王周传》载:

> 高后欲立诸吕为王,问陵。陵曰:"高皇帝刑白马而盟曰:'非刘氏而王者,天下共击之'。今王吕氏,非约也。"太后不

---

① 《史记》卷八《高祖本纪》。
② 《史记》卷九十七《郦生陆贾列传》。
③ 《汉书》卷一下《郦陆朱刘叔孙传》。

说。问左丞相平及绛侯周勃等,皆曰:"高帝定天下,王子弟;今太后称制,欲王昆弟诸吕,无所不可。"太后喜。

这种绥靖态度,纵容了吕后的专权,吕氏势力日益膨胀。《史记·郦生陆贾列传》中说:"吕太后时,王诸吕,诸吕擅权,欲劫少主,危刘氏。右丞相陈平患之,力不能争,恐祸及己,常燕居深念。"《史记·绛侯周勃世家》说:"高后崩。吕禄以赵王为汉上将军,吕产以吕王为汉相国,秉汉权,欲危刘氏。勃为太尉,不得入军门。陈平为丞相,不得任事。"避祸也好,被排挤、剥夺了权力也好,此时的陈平、周勃已经对吕氏势力无能为力了。刘家天下岌岌可危!

面对这种局面,陆贾没有坐视不理,而是积极谋划,想方设法促成陈平、周勃的合力。陈平和周勃,虽然都是朝中重臣,但二人不甚和睦,小有间隙。据说周勃曾在刘邦面前进过陈平的坏话,说陈平居家时曾与其嫂有染,出外谋事也不讲信义,朝秦暮楚,收受部属贿赂,引起刘邦怀疑,由此而造成二人之间的嫌隙。要让他们团结起来,戮力剪除吕氏,就必须导演一出将相和的大戏。陆贾的谋略就集中到了这一点上。《史记·郦生陆贾列传》载:

> 陈丞相方深念,不时见陆生。陆生曰:"何念之深也?"陈平曰:"生揣我何念?"陆生曰:"足下位为上相,食三万户侯,可谓极富贵无欲矣。然有忧念,不过患诸吕、少主耳。"陈平曰:"然。为之奈何?"陆生曰:"天下安,注意相;天下危,注意将。将相和调,则士务附;士务附,天下虽有变,即权不分。为社稷计,在两君掌握耳。臣常欲谓太尉绛侯,绛侯与我戏,易吾言。君何不交欢太尉,深相结?"为陈平画吕氏数事。陈平用其计,乃以五百金为绛侯寿,厚具乐饮;太尉亦报如之。此两人深相结,则吕氏谋益衰。陈平乃以奴婢百人,车马五十乘,钱五百万,遗陆生为饮食费。陆生以此游汉廷公卿间,名声藉甚。

和陆贾的对话,打开了陈平的心结。接受陆贾的建议,陈平决心摒弃前嫌,交欢绛侯。特别是他用陆贾之计,借助为绛侯周勃祝寿的机会,以五百金重礼做献金,打动了周勃,"两人深相结",为最终铲除吕氏打下了基础。这段引文中说,陈平感谢陆贾,送他奴婢百人,车马五十乘,钱五百万,其实这既是谢礼,也是为陆贾提供其游说公卿的物质条件,让陆贾进一步行走于公卿之间,联结反对吕氏的积极力量。"陆生以此游汉廷公卿间"这句话,使我们有理由相信,陆贾的确为铲除吕氏势力,做了不少游说公卿、积聚力量的工作。

《史记》中有两个反映诛除吕氏事件的具体情节:

> 太后崩,吕禄等以赵王自置为将军,军长安,为乱。齐哀王闻之,举兵西,且入诛不当为王者。上将军吕禄等闻之,乃遣婴为大将,将军往击之。婴行至荥阳,乃与绛侯等谋,因屯兵荥阳,风齐王以诛吕氏事,齐兵止不前。①

吕后死后,吕氏兄弟为乱,齐王刘襄率先举兵反对。吕禄则调遣灌婴率兵镇压。灌婴行军至荥阳时,与周勃等共谋,按兵不动,静观时变。这段文字中并没有明言有陆贾的因素,并且明确地表明了灌婴的主动性,是灌婴主动与绛侯等策划的结果,而在当代则有人对之具体化为一个陆贾的谋略。作者写道:

> 吕雉病死后,齐王刘襄首先发难,吕禄、吕产立即令大将军灌婴领兵镇压。陆贾知道后,不仅及时向陈平、周勃通报了情况,而且亲自赶到灌婴军中,陈说利害,晓以大义,劝其不要助纣为虐,要按兵不动,静观时变。同时为灌婴出谋划策,让其一面派使者与齐王联络,劝其暂不轻进,待机而动;一面派人回京报告,谎称业已挡住齐军攻势,不日将剿灭齐军。安排得

---

① 《史记·樊郦滕灌列传》。

天衣无缝。①

另一个情节是解除吕禄的兵权：

> （郦商）其子寄，字况，与吕禄善。及高后崩，大臣欲诛诸吕，吕禄为将军，军于北军，太尉勃不得入北军，于是乃使人劫郦商，令其子况绐吕禄，吕禄信之，故与出游，而太尉勃乃得入据北军，遂诛诸吕。②

这个利用吕禄与郦况的友善而诓骗吕禄的计谋，也被解释为陆贾的手笔。

> 陆贾了解到曲周侯郦商的儿子郦寄和吕禄交情很厚，于是向陈平献计，把郦商招来扣作人质，然后让郦商命令儿子郦寄去诱劝吕禄交出兵权。同时陆贾又教给郦寄方法，要郦寄向吕禄陈说利害，劝说吕禄交出兵权回到自己的封地。郦寄于是依计而行。吕禄本来就是没有远见的庸碌之辈，加之郦寄是他的好友，便信以为然，打算交出兵权。后来情况变化，吕产匆忙入宫，并亲率禁军守卫。陈平、周勃在关键时刻，一面冒险假托诏命强闯北军，一面派郦寄和典客刘揭去迫使吕禄速交将印，于是吕禄便把将印归还周勃……③

这位作者没有具体的资料称引，我们也不知道他是如何获得这些细节的。仅从《史记》《汉书》中的主要材料看，这些解释多带推测的成分。其实，像这种一般性的计谋，是陈平之辈完全可以想象出来的。作者所以要把它戴在陆贾的头上，意在强调在诛吕氏而安刘家天下的过程中陆贾的关键性作用，其实，即使没有这些细

---

① 李邦云：《安刘氏天下者，谁也？——西汉著名的辩才和谋士陆贾》，《炎黄春秋》1995年第3期。

② 《史记·樊郦滕灌列传》。

③ 李邦云：《安刘氏天下者，谁也？——西汉著名的辩才和谋士陆贾》，《炎黄春秋》1995年第3期。

节,仅仅是将相和那一出大戏,就足以可以肯定陆贾的地位了。非他,刘家天下就真的要改写了。

陆贾所做的第四件大事,就是第二次出使南越。

一切问题都发生在吕后这个女人身上。

本来,在高帝十一年陆贾出使南越说服赵佗归顺汉王朝之后,南粤王和中原王朝的关系是相处得很好的,但刘邦死后,吕后改变了高祖制定的和南粤王"剖符通使"的政策,对南越以夷狄相待,并禁止与南越进行铁器、田器等重要物资的贸易。此事发生在高后五年(公元前183年)春天,严重影响到了南越地区的社会发展,为此,赵佗先后三次派人入朝求高后改变主意,而高后不仅不改,而且还将三个使者扣留不放,并下令将赵佗原籍真定的先人祖坟平毁,诛杀其亲属,这就把赵佗逼上了反叛之路。史载:

> 高后时,有司请禁南越关市铁器。佗曰:"高帝立我,通使物,今高后听谗臣,别异蛮夷,隔绝器物,此必长沙王计也,欲倚中国,击灭南越而并王之,自为功也。"于是佗乃自尊号为南越武帝,发兵攻长沙边邑,败数县而去焉。高后遣将军隆虑侯灶往击之。会暑湿,士卒大疫,兵不能逾岭。岁余,高后崩,即罢兵。佗因此以兵威边,财物赂遗闽越、西瓯、骆,役属焉,东西万余里。乃乘黄屋左纛,称制,与中国侔。①

这样,南越就又开始闹起了独立,赵佗要与汉家皇帝平起平坐。汉文帝即位后,立即着手纠正高后时期的对南越政策,对赵佗家祖坟重新修复,并"置守邑,岁时奉祀"。赵家还健在的昆弟,也"尊官厚赐宠之"。在做完了这些修好的功课之后,文帝听取陈平的意见,再次派遣陆贾出使南越,希望赵佗去皇帝号,恢复到高祖时期的友好状态。这次陆贾出使,汉文帝还赐书一封,由陆贾带给

---

① 《史记·南越列传》。

赵佗。书曰：

> 皇帝谨问南粤王，甚苦心劳意。朕，高皇帝侧室之子，弃外奉北藩于代，道里辽远，壅蔽朴愚，未尝致书。高皇帝弃群臣，孝惠皇帝即世，高后自临事，不幸有疾，日进不衰，以故悖暴乎治。诸吕为变故乱法，不能独制，乃取它姓子为孝惠皇帝嗣。赖宗庙之灵，功臣之力，诛之已毕。朕以王侯吏不释之故，不得不立，今即位。乃者闻王遗将军隆虑侯书，求亲昆弟，请罢长沙两将军。朕以王书罢将军博阳侯，亲昆弟在真定者，已遣人存问，修治先人冢。前日闻王发兵于边，为寇灾不止。当其时长沙苦之，南郡尤甚，虽王之国，庸独利乎！必多杀士卒，伤良将吏，寡人之妻，孤人之子，独人父母，得一亡十，朕不忍为也。朕欲定地犬牙相入者，以问吏，吏曰："高皇帝所以介长沙土也"，朕不得擅变焉。吏曰："得王之地不足以为大，得王之财不足以为富，服领以南，王自治之。"虽然，王之号为帝。两帝并立，亡一乘之使以通其道，是争也；争而不让，仁者不为也。愿与王分弃前患，终今以来，通使如故。故使贾驰谕告王朕意，王亦受之，毋为寇灾矣。上褚五十衣，中褚三十衣，下褚二十衣，遗王。愿王听乐娱忧，存问邻国。①

应该说文帝的这封书信写得还是有几分情真意切的。他先是给赵佗讲中原王朝最近几年的政治形势，说明以前对南越隔绝贸易是"诸吕为变故乱法"所造成，也等于是代表王朝政府表示了歉意；接着说明自己即位之后，已经做出了改变，修缮了赵家祖坟，安置了赵佗的亲属昆弟；对于赵佗此前派使者提出的希望罢长沙两将军之事，也已经酌情处理，罢将军博阳侯；至于长沙郡，这是"高皇帝所以介长沙土也"，自己不敢违逆高祖遗愿，希望赵佗谅解，不

---

① 《汉书·西南夷两粤朝鲜传》。

要再为争长沙之地而造成人民的苦难。作为大国天子所讲出的这番话,既放低了姿态,又入情入理。有这样的基础和铺垫,此次陆贾出使南越就顺利多了。史载:

> 陆贾至南越,王甚恐,为书谢,称曰:"蛮夷大长老夫臣佗,前日高后隔异南越,窃疑长沙王谗臣,又遥闻高后尽诛佗宗族,掘烧先人冢,以故自弃,犯长沙边境。且南方卑湿,蛮夷中间,其东闽越千人众号称王,其西瓯骆裸国亦称王。老臣妄窃帝号,聊以自娱,岂敢以闻天王哉!"乃顿首谢,原长为藩臣,奉贡职。于是乃下令国中曰:"吾闻两雄不俱立,两贤不并世。皇帝,贤天子也。自今以后,去帝制黄屋左纛。"陆贾还报,孝文帝大说。①

和第一次出使南越相比,这次简直是太顺利了。文帝做足了功课,前次打下了基础,赵佗从心底里佩服陆贾,所以,陆贾到来本身,就使赵佗感到惶恐了。再到陆贾拿出皇帝的赐书的时候,赵佗还有什么好说的?还可以讨价还价吗?一切都照允了。长沙之地不再要求了,帝号即刻去掉,什么帝制的黄屋左纛赶紧撤去,所谓南面称王,妄窃帝号,那是"聊以自娱",自娱自乐罢了。赵佗的回信在《汉书·西南夷两粤朝鲜传》中保留的原文很长,态度极为诚恳,身段自然比文帝还又低去许多。赵佗说:"老夫身定百邑之地,东西南北数千万里,带甲百万有余,然北面而臣事汉,何也?不敢背先人之故。老夫处粤四十九年,于今抱孙焉。然夙兴夜寐,寝不安席,食不甘味,目不视靡曼之色,耳不听钟鼓之音者,以不得事汉也。今陛下幸哀怜,复故号,通使汉如故,老夫死骨不腐,改号不敢为帝矣!"似乎,事汉称臣,才是他毕生最大的心愿。不管是真是假,赵佗的话说得真是到位,给足了陆贾面子。所以,陆贾回到长

---

① 《史记·南越列传》。

安报告之后,文帝龙颜大悦。陆贾又立大功一件。

　　陆贾一生可谓功绩显赫,彪炳于史册。历史上关于陆贾的评价,没有负面的评说,一直是赞辞不绝,问题只在于应该从什么角度去认识陆贾的历史价值,从什么角度去评价他。《史记·郦生陆贾列传》太史公曰:"余读陆生《新语》十二篇,固当世之辩士。"司马迁是从"辩士"的角度评价陆贾的,但这似乎有所低估。陆贾岂止是辩士?辩士,基本上类似于先秦时期的纵横家。《汉书·艺文志》:"从横家者流,盖出于行人之官……言其当权事制宜,受命而不受辞,此其所长也。及邪人为之,则上诈谖而弃其信。"提到纵横家,人们自然会联想到张仪、苏秦之徒,单纯靠三寸不烂之舌,游说于诸侯之间,以博取诸侯的青睐,获得尊位虚荣。既无一定的政治理想追求,更无是非原则可言。而陆贾,观其第一次孤身出使南越,面对赵佗的强势傲慢而义正词严,特别是所著《新语》一书所表达的政治理想、治国宗旨,岂是"辩士"二字所可以概括!陆贾首先是政治家和思想家,其次才是他雄辩的口才,是辩士。

　　不仅如此,陆贾还有着优秀的个人品质和崇高的思想修养。《汉书·郦陆朱刘叔孙传》班固"赞曰":"陆贾位止大夫,致仕诸吕,不受忧责,从容平、勃之间,附会将相以强社稷,身名俱荣,其最优乎!"他官职不高,不追求高位虚荣,完全是从"强社稷"出发而做出行为选择。刘邦天下初定大封功臣,陆贾追随其左右多年而没有尺寸之封,他没有计较,待受命出使南越时则不避身危而从容领命。第一次出使南越,不费一兵一卒而定南国,其功之伟,绝不亚于那些将相王侯,但刘邦只是给了个大中大夫,陆贾丝毫没有计较。诛吕氏而定刘家天下的重大事变,全靠他导演的"将相和"奠定胜局,把文帝推上帝位,把历史引上正道,《史记》《汉书》都评论"立文帝,贾颇有力焉";但事后文帝论功行赏时,太尉周勃加封食邑万户,赐金千斤,丞相陈平加封食邑三千户,金二千斤,将军灌婴加封食邑三千户,金二千斤,朱虚侯刘章、典客刘揭以及其余有功人员,大小均有封赏,唯独陆贾无尺寸之赏。但陆贾没有计较。陆贾政治上高瞻远瞩,胸襟上开阔坦荡,眼光远大而又善观时变,淡泊名利,超凡脱俗,是汉初历史上一颗耀眼的明珠。宋代人黄震在《黄氏日抄》中评价陆贾说:

> 陆贾两使尉他,使汉越无兵争,天下阴受其赐多矣。时时称说《诗》《书》一新,高帝马上之习,社稷灵长终必赖之矣。其后,知太后将王诸吕不可争,乃病免家居。及诸吕将危刘氏,则出为陈平画策诛之,动静合时,措之宜而功烈泯,无形之表,汉初儒生未有贾比也。①

此可谓定评。

二 《新语》的版本流传问题

《新语》写于汉初,从最初它在朝廷上被刘邦君臣"左右呼万岁"开始,就已经在社会上流传了。前文引司马迁《史记》说它"凡著十二篇""号其书曰《新语》",书名、篇数都很明确、具体。可以推知,司马迁就应该是亲见或阅读过此书的。

从目录学史的角度说,最早的目录学著作《汉书·艺文志》,就开始著录。《汉书·艺文志》记曰:"《陆贾》二十三篇。"这里的二十三篇,当是包括了陆贾的其他著作,内容超出《新语》的十二篇之外。陆贾一生著述不只是《新语》,《汉书·艺文志》中尚记有陆贾撰著的《楚汉春秋》,可以想见他还有其他著作。《陆贾》二十三篇,当是把《新语》的十二篇和陆贾的其他作品汇集在一起的著作集,其中包括了《新语》的十二篇。

---

① 黄震:《黄氏日抄》卷四十六《郦生陆贾》,文渊阁四库全书本。

从南朝梁人阮孝绪的目录学著作《七录》开始,《新语》被独立著录。《七录》记曰:"《新语》二卷,陆贾撰。"其后《隋书·经籍志》、《旧唐书·经籍志》、《新唐书·艺文志》、《宋史·艺文志》等,代有著录,都记为"《新语》二卷,陆贾撰"。清代的《四库全书》收录《新语》二卷十二篇,应该是和《七录》著录的二卷、司马迁所说的"凡著十二篇"相呼应的,是可信的。陆贾《新语》二卷十二篇,作为《新语》之原貌,大体是可以认定的。

但是,《新语》的真实性、可信性在宋代则被人提出了怀疑。

宋代的黄震在其《黄氏日抄》中记载,他也见到了和今本相同的《新语》,但他却怀疑此书非陆贾的作品。黄震写道:

> 其文烦细,不类陆贾豪杰士所言。贾本以《诗》《书》革汉高帝马上之习,每陈前代行事,帝辄称善,恐不如此书组织以为文。又第五篇云:"今上无明王圣主,下无贞正诸侯,钮奸臣贼子之党。"考其上文虽为鲁定公而发,岂所宜言于大汉方隆之日乎?若贾本旨为天下可以马上得不可以马上治之意,十二篇咸无焉。则此书似非陆贾之本真也。

黄震提出了三个方面的问题:(1) 文气不类陆贾之气势。按《史记》中的说法,该书著成,宣读于朝廷,高祖称善,大臣欢呼,为文应当是相当有气势,有极强的感染力,而现在看到的《新语》似乎没有这样的文气。(2) 其第五篇之语,不符合当时实情,在大汉方隆之时,似尚不存在奸臣贼子之党,况面对刘邦君臣,也不好指责当时之朝纲"上无明王圣主,下无贞正诸侯",把刘邦君臣做了全盘否定。(3)《新语》之主旨,按陆贾本意是要论述"天下可以马上得不可以马上治"之理,然在黄震看来,此《新语》十二篇则并不能体现这一主旨。黄震提的这三个问题,第一个是难以说清的问题。陆贾的《新语》传到宋代,历千余年,其中辗转传抄,错简现象无法避免,影响到文气是不可避免的,以此立论无法证明。第三个问题显然不能成立，陆贾当然不是直接针对"马上""马下"几个字来谈问题，但其所论立国之道，主张儒术治国、行无为之策，则是明显的"马下"之策，而这一点则是贯彻全书的。黄震讲的第二点，当着刘邦君臣的面讲出"上无明王圣主，下无贞正诸侯"这样有伤君主王侯尊严的话，以后世皇权至尊的观念看是不太可能，而从汉初刘邦君臣尚未摆脱草莽英雄之粗俗的情状看，似也无妨。总之，黄震的否定理由似乎并不充分或确当。

清代的《四库全书》收录了《新语》十二篇，但却事实上质疑《新语》的真实性。《四库全书总目提要》中提出了诸多理由：

《汉书》贾本传称著《新语》十二篇。《汉书·艺文志》儒家《陆贾》二十七篇（应是二十三篇，"七"字误），盖兼他所论述计之。《隋志》则作《新语》二卷。此本卷数与《隋志》合，篇数与本传合，似为旧本。然《汉书·司马迁传》称迁取《战国策》、《楚汉春秋》、陆贾《新语》作《史记》；《楚汉春秋》张守节《正义》犹引之，今佚不可考。《战国策》取九十三事，皆与今本合，惟是书之文悉不见于《史记》。王充《论衡·本性》篇引陆贾曰："天地生人也，以礼义之性，人能察己所以受命则顺，顺谓之道。"今本亦无其文。又《穀梁传》至汉武帝时始出，而道基篇末乃引《穀梁传》曰，时代尤相抵牾。其殆后人依托，非贾原本欤？考马总《意林》所载，皆与今本相符，李善《文选注》于司马彪赠山涛诗引《新语》曰："楩柟仆则为世用"，于王粲从军诗引《新语》曰："圣人承天威，承天功，与之争功，岂不难哉！"于陆机《日出东南隅行》引《新语》曰：高台百仞，于古诗第一首引《新语》曰：邪臣之蔽贤，犹浮云之蔽日月。于张载《杂诗》第七首引《新语》曰：建大功于天下者，必垂名于万世也。以今本核校，虽文句有详略异同，而大致亦悉相应，似其伪犹在唐前。惟《玉海》称：陆贾《新语》，今存于世者《道基》、《术事》、《辅政》、《无为》、《资贤》、《至德》、《怀虑》才七篇。此本十有二篇，乃反多于宋本，为不可解，或后人因不完之本，补缀五篇以合本传旧目也。①

《四库全书总目提要》这段话，对《新语》的可信性提出了四点质疑：（1）根据《汉书·司马迁传》的说法，司马迁作《史记》是取材于《战国策》、《楚汉春秋》、陆贾《新语》，但《史记》中有不少《战国策》的材料，却看不到《新语》中的文字；况且，《论衡·本性》篇中所引陆贾之语，在《新语》十二篇中却也找不到踪影。也就是说，今本《新语》是汉代人没有看到过的，是否后人作伪值得怀疑。（2）今本《新语·道基》篇末提到了《穀梁传》，而实际上《穀梁传》是汉武帝时期才被发现的文献，陆贾之时不可能看到，陆贾书中出现《穀梁传》明显是作伪。（3）唐人马总《意林》、李善《文选注》、王粲《从军诗》、陆机《日出东南隅行》、张载《杂诗》等文献中引述到陆贾的《新语》，与今本《新语》相同，而这些文献都是唐以后的，说明《新语》是唐之前的伪书。（4）宋人王应麟的《玉海》中收录的《新语》只有七篇，而今本《新语》是十二篇，明显是后人根据《史记》所说"陆生乃粗述存亡之征，凡著十二篇"而补缀，否则今本不可能多于宋本。

其实，这些理由是站不住脚的。后来赞成《新语》不伪的学者对这些理由都多有驳斥。如清人唐晏的《陆子新语校注跋》中说：

> 陆氏此书，见于《汉》、《唐志》，及《崇文总目》，流传有序，决无可疑。乃《四库提要》独引《汉书·司马迁传》迁取此书作《史记》之言，而是书之文不见《史记》为疑；不知《史记》载赵高指鹿为马事，正本之此书也。《提要》又以此书引《穀梁传》，谓

---

① 纪昀总纂：《四库全书总目提要》，河北人民出版社 2000 年版，第 2336~2337 页。

《穀梁传》武帝时方出；不知陆氏著此书，去秦焚书才六年耳，其所读者，未焚之《穀梁传》也，至武帝则为再出矣。故所引者，今本无之也。《提要》又疑自南宋以后，不见著录；则杨铁崖序《山居新语》固引及此书，且云而今见在，则不得云南宋后无之也。《提要》之疑，全无影响，而今世和之者多，不得不为分辨之如此。①

清人严可均的《〈新语〉叙》也对《四库全书总目提要》的质疑多所辨证，并论之细密。他说：

> 盖宋时此书佚而复出，出亦不全。至明弘治间，莆阳李廷梧字仲阳得十二卷足本，刻版于桐乡县治，后此有姜思复本、胡维新本、《子汇》本、程荣、何镗《丛书》本，皆祖李廷梧。或疑明本十二篇，反多于王伯厚所见，恐是后人因不全之本，补缀五篇，以合《本传》篇数。今知不然者，《群书治要》载有八篇，其《辨惑》、《本行》、《明诫》、《思务》四篇，皆非王伯厚所见，而与明本相同。《文选》张载《杂诗》注引"建大功于天下者，必垂名于万世也"，《古诗·行行重行行》注引"邪臣之蔽贤，犹浮云之鄣日月"，今在《辨惑》篇；王粲《从军诗》注引"圣人承天威，承天功，与之争功，岂不难哉"，今在《本行》篇；《意林》所载"众口毁誉，浮石沈木，群邪相抑，以直为曲"，今在《辨惑》篇；"玉斗酌酒，金椀刻镂，所以夸小人，非厚己也"，今在《本行》篇；足知多出五篇，是隋、唐原本。至《论衡·本性》篇引《陆贾》曰："天地生人也，以礼义之性，人能察己所以受命，则顺，顺谓之道"，今十二篇无此文，《论衡》但云《陆贾》，不云《新语》，或当在《汉志》之二十三篇中。又《穀梁传》孝武始立学，非陆贾所预见，今此《道基》篇引《穀梁传》曰："仁者以治亲，义者以利

---

① 王利器：《新语校注》，中华书局1986年版，第223页。

尊。"乃是《穀梁》旧传,故今《传》无此文;因知瑕丘江公所受于鲁申公者,其本复经改造,非穀梁赤之旧也。汉代子书,《新语》最纯最早,贵仁义,贱刑威,述《诗》、《书》、《春秋》、《论语》,绍孟、荀而开贾、董,卓然儒者之言,史迁目为辩士,未足以尽之。①

唐宴、严可均对《四库全书总目提要》否定《新语》的所有根据,都进行了驳斥,而且事实确凿,《新语》的真实性已无可怀疑。但近代以来,仍不时地有人对陆贾《新语》的真实性提出质疑。

梁启超在《中国历史研究法》中认为《新语》是伪书,但没有做具体论证。梁氏有一个基本判断,他说:"欲知此类伪书,略由清《四库书目提要》便可得梗概,《提要》中指为真者未必遂真,指为伪者大抵必伪,此学者应有之常识也。"②看来梁启超是相信《四库全书总目提要》,自己并没有仔细考证。

张西堂判定《新语》是伪书,在《穀梁真伪考上篇附记》中,除了在《穀梁传》上做文章外,又提出了一些新的论据。他说:

> 贾书《本行篇》曰:"案纪图录,以知性命;表定六艺,以□□□。""表定六艺",非贾所为,此本董君事,贾不当云此。其书实似为依托者。③

这可以说是提出了一个新的疑点。

孙次舟专门作有《论陆贾〈新语〉的真伪》一文,对《新语》之伪详加论证。除了与前人的重复之处,他指出的新问题主要有两点。其一,《汉书·艺文志》将陆贾列入儒家,而现存《新语》中多处阐述道家思想,并且有专门的《无为》篇,儒道之异是世所公知。他说:

---

① 王利器:《新语校注》,中华书局1986年版,第214~215页。
② 梁启超:《中国历史研究法》,商务印书馆1947年版,第127页。
③ 转引自刘建国:《中国哲学史史料学概论》上,吉林人民出版社1983年版,第239页。

今现行《新语》书,不惟《无为篇》多道家之指,即其他诸篇亦多言道德,不滋令人生疑乎?《道基篇》曰:"是以君子握道而治,□德而行,席仁而坐,杖义而强,虚无寂寞,通动无量。"《术事篇》曰:"立事者不离道德,调弦者不失宫商。"《本行篇》曰:"故圣人卑宫室而高道德,□□服而仅仁义。"《新语》本儒家书,乌得有此?况其《辅政篇》曰:"故杖圣者帝,杖贤者王,杖仁者霸,杖义者强。"《术事篇》曰:"故制事者因其则,服药者因其良。书不必起仲尼之门,药不必出扁鹊之方。"是直以"仁义"为仅足霸强,而仲尼之书亦不必可贵。此与儒家"留意仁义","宗师仲尼"之例,大相违戾。奚有称说《诗》、《书》者,而克作此言也?现行《新语》之属伪托,此尤显然者矣。

其二,汉代有"五经"之说,始自武帝,而在陆贾的时代,对于先秦经书,一般仍是用"六艺"之称,《新语》中出现"五经",证其为伪。他写道:

> 汉代复有五经之称,乃至武帝时始有,汉初无是也。盖自秦皇焚书,篇籍消亡,至武帝广求诗书,六艺差全,惟缺《乐经》,故有五经之目焉。《汉书·武帝本纪》曰:"建元五年,置五经博士。"五经之目,此为最朔……考陆贾之作《新语》,在高帝六年。是时六经之存亡,皆不可知。若承前之称,只有六经,并无五经也。《新语》之属依托,此亦其皎然者矣。①

张西堂、孙次舟提出的问题,是可以面对的。《新语》中出现了"表定六艺"的提法,这是否就一定意味着是汉武帝之后的用语?《汉书·武帝纪》的原话是"罢黜百家,表章《六经》",其差异是明显的。如果联系到《新语》此处的语言背景,"表定六艺"只不过是陆

---

① 罗根泽编著:《古史辨》六,上海古籍出版社1982年版,第120~121页。

贾对当时皇权意识形态选择的一个建议而已，和后世有没有"表章《六经》"关系不大。孙次舟提出的《新语》出现《五经》问题，看似是一个硬伤，好像是后世的窜入，似有作伪之嫌，其实在古书的传抄年代，在其流传过程中由于出现错讹或误写，以至于好事者妄改前人文字的情况，是很常见的，个别文字的嫌疑并不足以否定整篇文献的性质。至于孙次舟提的陆贾的儒家思想倾向与《新语》中大量出现道家思想的悖谬，更是不值一驳。这个问题的提出，只是证明了作者的思想局限和刻板。第一，在汉代初期崇尚黄老的政治、思想氛围中，陆贾不受黄老道家思想的影响是不可能的。第二，汉代已不同于先秦时期，已经是一个各种思想的大融合时期，是一个思想的重新建造时期，思想家吸收已有的各种思想资源以丰富自己，是一个思想发展的必然趋势。第三，如果按照思想派别说，《新语》中不仅吸收的有道家的思想，也有法家的、阴阳家的、墨家的，几乎各家思想他都有涉及。事实上，判断陆贾为儒家本身就未必合乎实情，陆贾既不是儒家，也不是道家，不属于任何一家，他是一个独立的思想创造者，他紧紧围绕汉初的政治、历史实情去从事思想的建构。这个问题，本文后边还要专门讨论。简单地把陆贾归入儒家，并进而用他表达类似其他学派思想的文字来否定《新语》的真实性，是极其简单化的做法，也是幼稚和浅薄的。

陆贾《新语》之真是没有问题的，在当代学术界基本上听不到否定或质疑它的声音了。那么，我们接下来就来谈谈它的流传问题。

《新语》写成，逐篇呈献于朝廷，获得了高帝称善、左右呼万岁的高度赞誉，在当时社会上广为流传就是非常自然的了。

《史记》明确写《新语》十二篇，司马迁看到过《新语》是没有问题的。

从《论衡》中王充的说法看，董仲舒也是读过《新语》的。王充说:"《新语》,陆贾所造,盖董仲舒相被服焉,皆言君臣政治得失,言可采行,事美足观。鸿知所言,参贰经传,虽古圣之言,不能过增。陆贾之言,未见遗阙;而仲舒之言雩祭可以应天,土龙可以致雨,颇难晓也。"①按王充的说法,董仲舒是受到了陆贾的影响,"相被服焉",他作《春秋繁露》和陆贾一样,是言政治得失。不过在王充看来,董仲舒的思想是不如陆贾的,陆生之言看不到有什么缺失,而董仲舒多言雩祭应天、土龙致雨等虚妄之语,实在是难以理解。这段话一方面证明王充认为董仲舒读过《新语》,当然也证明了王充是《新语》的读者。

《晋书·陆机列传》附《从父兄喜传》说:"喜……好学有才思,尝为《自叙》,其略曰:'刘向省《新语》而作《新序》,桓谭咏《新序》而作《新论》。'"果如此言,亦证西汉晚期的刘向是读过《新语》的。当然,刘向受命整理天下典籍,所读《新语》是宫廷之书,还是社会上流传的《新语》就不好说清了。

总之,从这些文字中所透露的蛛丝马迹,可以知道,终西汉之世,《新语》的流传是没有问题的。《新语》在东汉的流传情况,上文王充是一个例子,另外就是班固《汉书》对《新语》的著录。本书其他地方已经讲过,在《汉书·艺文志》中,于儒家部分著录有《陆贾》二十三篇,这应该是把陆贾的其他作品和《新语》十二篇结集在一起的结果。

《隋书·经籍志三》著录:"《新语》二卷,陆贾撰。"
《旧唐书·经籍下》著录:"《新语》二卷,陆贾撰。"
《宋史·艺文四》著录:"陆贾《新语》二卷。"
《明史·艺文三》著录:"《新語》一卷。"
以上为正史所记,而在民间流传的版本就更多。在明清两代,

---

① 《论衡·案书》篇。

《新语》有二卷本和一卷本两种版本在民间流传，现在可以见到的明清刻本，就有十数种之多。如二卷本有明弘治年间的李廷梧刻本、明范氏天一阁刻本、明万历中胡维新辑刻的《两京遗编》本、清乾隆五十六年辛亥金谿王氏刻《增订汉魏丛书》本、清嘉庆中重刻《广汉魏丛书》本等，一卷本有明万历中周子义等刻《子汇》本、明天启崇祯年间刻《诸子褒异》本等等。民国以来的版本也有很多，如《百子全书》本、《四部丛刊》本、《四部备要》本等等，多达一二十种。

关于《新语》的注本倒不是很多，可以参考的有清人唐晏的《陆子新语校注》和今人王利器的《新语校注》(中华书局 1986 年版)。遗憾的是王利器校注本，校勘重于注释，能够为一般大众所阅读的读本仍是稀缺。

三 《新语》的思想内涵

前已言及，《新语》是命题作文，是根据高祖刘邦给出的题目"试为我著，吾所以得之者何，及古成败之国"，实际上就是要借鉴往古兴亡之事，给刘邦写治国之策。那么，这个命题作文完成得如何，陆贾给刘邦提供了什么样的治国思想呢？这也就是我们要谈到的《新语》一书的思想内涵。以笔者之见，《新语》的思想内涵，主要体现在以下四个方面。

（一）无为而治的治国方略

由于陆贾的《新语》是回答刘邦关于"秦所以失天下"的问题，所以，陆贾所主张的无为而治，也是从秦之所以失的问题谈起的。秦失在哪里，这是汉初人们所普遍思考的问题。学界注意到，在汉初甚至整个汉代，都有一个"过秦思潮"，对于一个代秦而兴的王朝来说，注重总结秦朝速亡的历史原因，是必做的功课。陆贾是汉代秦而兴之后最早的思想家之一，也可说是第一个思想家，他是如何看待秦的速亡呢？他在《无为》篇说：

> 秦始皇设刑罚，为车裂之诛，以敛奸邪，筑长城于戎境，以备胡、越，征大吞小，威震天下，将帅横行，以服外国，蒙恬讨乱于外，李斯治法于内，事逾烦天下逾乱，法逾滋而天下逾炽，兵马益设而敌人逾多。秦非不欲治也，然失之者，乃举措太众、刑罚太极故也。

陆贾看到的秦亡原因，是"举措太众、刑罚太极"，导致"事逾烦天下逾乱，法逾滋而天下逾炽"。举措太众，就是国家举事太多，过于役使人民，烦扰人民，远远超过了人民所能承受的能力，劳民伤财，而使人民疲敝，不堪重负。这是秦的情况。而在天下诛秦亡秦之后，历史又陷入长达八年的楚汉战争，待到刘邦打败项羽而即皇帝位的时候，整个社会上的凋敝残破之状，是很触目惊心的。《汉书·食货志》说："汉兴，接秦之敝，诸侯并起，民失作业，而大饥馑。凡米石五千，人相食，死者过半。高祖乃令民得卖子，就食蜀、汉。天下既定，民亡盖臧，自天子不能具醇驷，而将相或乘牛车。"无论是借鉴秦的历史教训，还是针对汉朝立国时的现实状况，在统治思想的选择上，都明确地指向了无为而治，要求统治者实行与民休息的方针政策。作为头脑清醒的政治家，陆贾给刘邦所指出的第一个治国方略便是行无为之政。陆贾的《新语》中专门有一篇《无为》来讲这个道理。他说：

> 道莫大于无为，行莫大于谨敬。何以言之？昔舜治天下也，弹五弦之琴，歌《南风》之诗，寂若无治国之意，漠若无忧天下之心，然而天下大治。周公制作礼乐，郊天地，望山川，师旅不设，刑格法悬，而四海之内，奉供来臻，越裳之君，重译来朝。故无为者乃有为也。

陆贾先是把"无为"提高到"道"的高度。"道莫大于无为"，道的最高原则即是"无为",这是不能违背的。"无为"是先秦道家老子的行事哲学,在《老子》一书中多有论述。譬如《老子》第二章就说:"是以圣人处无为之事,行不言之教。"第十章说:"爱民治国,能无为乎?"第五十七章说:"我无为,而民自化;我好静,而民自正;我无事,而民自富;我无欲,而民自朴。"老子关于"无为"的诸多论断,在汉初应该是为人们所熟知的。陆贾把他将要阐述的治国之道,寻根于老子,自然会增强其说服力,让人们确信行无为之政是为政者最高的治国艺术。然后,他再用古代圣王行无为之治的成功例证,来印证、论证这一观点。他说,古代的圣王舜就是这样来治理国家的。相传舜帝制作五弦之琴以歌南风,自己工作的安排相当悠闲,他沉静无事,就像不是在治国一样,对天下之事表现出不经心不在意的样子,然而却天下大治,社会宴然。周公施政时,也没有大施建设,而只是制礼作乐,对外无征伐之事,对内不施刑罚,有法律也像是一纸空文,派不上用场。结果天下秩序和谐,上贡之国和朝奉的诸侯都纷纷到来,就连那些道路遥远、语言不通的南方小国,越裳之君,也经过辗转翻译,而来朝奉。从舜帝到周公,他们都是通过无为而治而达到了最好的治理。无为而治,看似无为,实则有为。

无为而治不是什么都不做,而是一种治世的方式。在《道基》篇,陆贾说这种治国之道,就在于顺天地之自然,循万物之性情。

故在天者可见,在地者可量,在物者可纪,在人者可相。

故地封五岳,画四渎,规洿泽,通水泉,树物养类,苞植万根,暴形养精,以立群生,不违天时,不夺物性,不藏其情,不匿其诈。

故知天者仰观天文,知地者俯察地理。跂行喘息,蜎飞蠕动之类,水生陆行,根著叶长之属,为宁其心而安其性,盖天地相承,气感相应而成者也。

在陆贾看来,天地的变化是可以观察和预见的;事物的变化是有内在之理的,是有迹可循的;人事的情状或变化,也是可以观察和认识的。圣王只要按照事物和人事变化的内在情理顺其自然,"不违天时,不夺物性",就可以收到最佳的治理之效。无为的要害,就在于"不违天时,不夺物性"。

而秦之所失,恰恰也就在这里。本来,秦王"续六世之余烈,振长策而御宇内,吞二周而亡诸侯,履至尊而制六合,执棰拊以鞭笞天下",已经建立了无上勋业。但在统一之后,还"南取百越之地,以为桂林、象郡……北筑长城而守籓篱,却匈奴七百余里",连年征伐举事,使得统治者劳形烦心,百姓负不堪之重,这就累积了败亡的要因。在《至德》篇,陆贾设计了一个理想的社会统治状态:

> 是以君子之为治也,块然若无事,寂然若无声,官府若无吏,亭落若无民,闾里不讼于巷,老幼不愁于庭,近者无所议,远者无所听,邮无夜行之卒,乡无夜召之征,犬不夜吠,鸡不夜鸣,耆老甘味于堂,丁男耕耘于野,在朝者忠于君,在家者孝于亲;于是赏善罚恶而润色之,兴辟雍庠序而教诲之,然后贤愚异议,廉鄙异科,长幼异节,上下有差,强弱相扶,大小相怀,尊卑相承,雁行相随,不言而信,不怒而威,岂待坚甲利兵、深牢刻令、朝夕切切而后行哉?

从这个理想的社会场景中,我们可以感受到,陆贾的无为而治,反映到政策法令上,就是要轻刑薄利,实行宽舒之政,让老百姓能够彻底摆脱赋税徭役的重负,安居乐业。如果国君滥兴徭役,疲竭民力,则会导致国家的危亡。陆贾举例说,鲁庄公时,一年之中,在三个季节"兴筑作之役,规虞山林草泽之利,与民争田渔薪菜之饶",结果"财尽于骄淫,力疲于不急,上困于用,下饥于食",最后无奈派遣大夫臧孙辰去齐国求援,泄露了自己"仓廪空匮"的困情,导致齐、卫、陈、宋诸国乘机伐鲁,造成公子子般被杀和国家危亡的困局。

　　陆贾认为,在汉初社会凋敝、民力困乏的特殊情况下,行无为之政是唯一可行的选择,只有真正做到"国不兴无事之功,家不藏无用之器","稀力役而省贡献",老百姓富裕了,国家才能"得之于民"(《至德》),取得老百姓的拥护而长治久安。

　　陆贾主张无为,当然是吸收了道家的思想成分,但他的无为与道家也还是有所区别。他是主张以"无为"治其事而以"有为"教化民心,而不是要统治者什么都不做,统治者对国家的治理和对民众的教化,还是要保持积极的有为态度,国家还是要有法度,有规矩,应该造成一个比较有秩序的规范的统治格局。灭亡的秦国是有法度的,有规矩的,只不过他的法度或规矩是通过法的手段强制人们去执行的,而无为而治下的法度或规矩,则是通过统治者的自我规范、自我约束的表率作用来实现的。统治者以积极有为的姿态去做道德或规范的表率,自觉地实践道德的或制度的规范,上行下效,社会自然就达到了一种治理的秩序化状态。于是,陆贾的无为而治,特别强调统治者的示范表率作用。还是在《无为》篇,陆贾写道:

　　　　夫王者之都,南面之君,乃百姓之所取法则者也,举措动作,不可以失法度。昔者,周襄王不能事后母,出居于郑,而下多叛其亲。秦始皇骄奢靡丽,好作高台榭,广宫室,则天下豪富制屋宅者,莫不仿之,设房闼,备厩库,缮雕琢刻画之好,博玄黄琦玮之色,以乱制度。齐桓公好妇人之色,妻姑姊妹,而国中多淫于骨肉。楚平王奢侈纵恣,不能制下,检民以德,增驾百马而行,欲令天下人饶财富利,明不可及,于是楚国逾奢,君臣无别。故上之化下,犹风之靡草也。王者尚武于朝,则农夫缮甲兵于田。故君子之御下也,民奢应之以俭,骄淫者统之以理;未有上仁而下贼,让行而争路者也。故孔子曰:"移风易俗。"岂家令人视之哉？亦取之于身而已矣。

陆贾列举了周襄王、秦始皇、齐桓公、楚平王等反面例子，来说明君王行为对于民众的影响作用，强调作为治理天下的"南面之君"，都是百姓所取法的对象，务必要举措得体，不失法度，就如孔子所讲的道理，"上之化下，犹风之靡草"，不必强制而有自然之化。君上治理天下，不必法令滋章，仅需"取之于身而已"。由此看来，陆贾的无为而治，对于君主来说，也是一个积极有为的要求，而这个有为，则只是积极践行国家的法度规范，对于国家政治来说，乃是一种无为的状态。

陆贾主张无为而治，既是源自于对秦亡的历史经验的总结，也是根据当时在连年战乱之后社会凋敝的现实需要，是符合实际的历史选择。后来的事实证明，陆贾的政治主张被刘邦及其统治集团所接受，在汉初得到了很好的贯彻执行，并取得了良好的社会效果。

对于陆贾主张行无为之政，后世人们多有不解，似乎和《史记》本传中说他时常在高帝面前称引《诗》、《书》有所悖逆，并因此而怀疑《新语》的真实性。其实，这是后人的偏见。陆贾是主张以《诗》、《书》之仁义伦理作为治国之纲的，这在《新语》也是非常明确的，而他所以提出行无为之政，一方面是立足于当时的现实需要；另一方面，无为之政也不是道家所专有的政治主张，儒家本身也有无为思想，即使陆贾引用了不少道家的说教，而他也对道家的无为有所改造。况且，作为一个新时代的政治家和思想家，陆贾并没有在所谓阴阳、儒、墨、名、法、道诸家中选边站队，他是一个有独立个性的思想家，各家思想都为他所用，都是他的思想资料，他什么家都不是，而仅仅是追随时代的步伐去为新兴的大一统王朝进行理论建设。对于陆贾的这一思想个性，本书后边还有专门阐述，此处提及，只是提醒读者不要以陆贾主张无为而怀疑他是一个道家思想的践行者。因为,下文我们紧接着就要来讲陆贾对于仁义伦理的崇尚,不想使读者产生前后矛盾的印象。

(二) 以仁义为本的立国思想

无为而治是国家政策层面的指导思想,而在立国之道,为政理民的根本指导思想上,陆贾选定的是"仁义"二字,要以仁义为立国之本,用仁义作为一切为政方针的总的指导思想。

从先秦以来,在治国理政的指导思想上,主要有仁政和法治两条路线。儒家倡导仁政,但从来没有过成功的政治实践,在春秋战国那样诸侯争霸、战乱频仍的年代,以力相胜是条基本的法则,所以不管是孔子的周游列国,还是孟子对各国君王的仁政劝诫,都没有能够打动诸侯国君之心,谁都不敢相信这些柔弱的东西能够收到富国强兵、称王天下之效。而实践证明,以秦为代表的依法强国,倒是显示出莫大的成效。秦王"续六世之余烈,振长策而御宇内,吞二周而亡诸侯,履至尊而制六合,执捶拊以鞭笞天下"①,靠的就是法家路线。然而,这个梦想将帝业传至万世的始皇帝,却万万没有想到他的帝业会二世而亡,成为中国历史上第一个短命王朝。

借鉴秦亡的历史教训,陆贾选择儒家所倡导的"仁政"路线,以"仁义"为立国之本。下面我们从几个方面来讨论这个问题。

1. "治以道德为上,行以仁义为本"的立国之道

陆贾为高祖谋划的立国之道,是以仁义为根基的,这就是他在《新语·本行》篇所讲的"治以道德为上,行以仁义为本"。《新语》开卷首篇题名《道基》,而这个"道"之基,即是"仁义"二字。据统计,在仅仅万言的《新语》一书中,"仁"字出现了 41 次,"义"字出现

---

① 《史记·秦始皇本纪》。

了62次,"仁义"之词出现了15次,其词频超过了其他任何词语。《道基》篇曰:

> 故圣人怀仁仗义,分明纤微,忖度天地,危而不倾,佚而不乱者,仁义之所治也。

> 是以君子握道而治,据德而行,席仁而坐,杖义而强。

> 百姓以德附,骨肉以仁亲,夫妇以义合,朋友以义信,君臣以义序,百官以义承,曾、闵以仁成大孝,伯姬以义建至贞,守国者以仁坚固,佐君者以义不倾,君以仁治,臣以义平,乡党以仁恂恂,朝廷以义便便,美女以贞显其行,烈士以义彰其名,阳气以仁生,阴节以义降,鹿鸣以仁求其群,关雎以义鸣其雄,《春秋》以仁义贬绝,《诗》以仁义存亡,《乾》、《坤》以仁和合,《八卦》以义相承,《书》以仁叙九族,君臣以义制忠,《礼》以仁尽节,乐以礼升降。

> 仁者道之纪,义者圣之学。学之者明,失之者昏,背之者亡。陈力就列,以义建功,师旅行阵,德仁为固,仗义而强,调气养性,仁者寿长,美才次德,义者行方。君子以义相褒,小人以利相欺,愚者以力相乱,贤者以义相治。《谷梁传》曰:"仁者以治亲,义者以利尊。万世不乱,仁义之所治也。"

陆贾认为,往古圣人所以能把天下治理得宴然有序,根本的问题就是他们都秉持仁义之道,"危而不倾,佚而不乱者,仁义之所治也",是他们"怀仁仗义"的结果,仁义是他们的根本支撑。骨肉亲情、父子兄弟以"仁"成其亲,而夫妇、朋友、君臣、百官等各种社会关系,则都依赖一个"义"字相黏合,仁义二字,就可以把整个社会紧紧地组合在一起。不仅如此,在陆贾看来,阴阳之气、自然万物也都体现仁义二字,"鹿鸣以仁求其群,关雎以义鸣其雄",即使在人类看来没有灵性的走兽飞禽,也有仁义之本性。于是,古之圣贤所创作的《诗》、《书》、《礼》、《乐》、《八卦》等典籍,也都只是传承一个仁义之道。仁义,为世间万事万物之根本之理。

在陆贾这里,"仁者道之纪,义者圣之学",古之圣贤留下来的唯一学问,就是"仁义"二字;修身、做人、治国、理事,人的一切社会活动都只是这一个道理。对于这个仁义之道,"学之者明,失之者昏,背之者亡",它就像后世所谓"天理"一样,是须臾不可缺失和违背的。国君之治国理天下,就是要懂得这个道理,紧紧地抓住"仁义"二字,"德仁为固,仗义而强",以仁维持亲缘关系,以义确立尊卑等级,抓住仁义这个治国之纲,就可以万世不乱,永享太平,国祚昌盛。

2. 建树圣人政治

陆贾所崇尚的治道是圣人政治,圣人治国,国君应该是能够匡扶天下的有道之君。因为,只有圣人,才能将"仁义"二字真正地贯彻到治国理念和治国路线之中,建成和谐社会。陆贾关于圣人政治的思想,表现在以下几个方面。

(1) 天生万物,以地养之,圣人成之

《道基》开篇即曰:"《传》曰:'天生万物,以地养之,圣人成之。'"天地之德在于生养万物,而天地之生养万物,还是要靠圣人而去成就它,靠圣人对社会的治理而体现出天地的生养万物之德。所以,陆贾把天地自然的调和,人间万事之和顺,都寄托在圣人身上,建立理想的圣人政治。《思务》篇说:

圣人不空出,贤者不虚生,□□□□□□而归于善,斯乃天地之法而制其事,则世之便而设其义。故圣人不必同道……因其势而调之,使小大不得相逾,方圆不得相干,分之以度,纪之以节,星不昼见,日不夜照,雷不冬发,霜不夏降。臣不凌君,则阴不□□阳,盛夏不暑,隆冬不霜,黑气苞日,彗星扬□□,虹蜺冬见,蛰虫夏藏,荧惑乱宿,众星失行。圣人因变而立功,由异而致太平。

"圣人不空出",用通俗的话说,就是圣人不是白给的,圣人有他的特殊之处,因为只有圣人才可以按天地之法而制其事,按天地自然的法则去治理社会,使天地自然、人间社会,都按照固有的法则而有秩序地运转,小大不相逾,方圆不相干,星不昼见,日不夜照,秩序井然。按照陆贾的理解,圣人也不是有什么固定的办法,而是因势而异,根据不同的情势而有不同的应对,所谓"圣人不必同道"即是此意。圣人区别于普通人的地方,就在于他"因变而立功,由异而致太平",他可以驾驭变化,在任何情况下都可以达到天下太平。

陆贾认为,建树圣人政治不是不可能的。圣人虽然有特殊的素质,非一般人所能为,但圣人也不是不可企及的,人们是可以通过学习、修养而达到圣人的境界的。他在《思务》篇说:

夫口诵圣人之言,身学贤者之行,久而不弊,劳而不废,虽未为君□□□□□□已。孔子曰:"行夏之时,乘殷之辂,服周之冕,乐则《韶》舞,放郑声,远佞人。"□□□道而行之于世,虽非尧、舜之君,则亦尧、舜也……自人君至于庶人,未有不法圣道而为贤者也。

在陆贾看来,即使普通人,只要你"口诵圣人之言,身学贤者之行,久而不弊,劳而不废",说圣人说过的话,学习贤者的行为方式,并且常年坚持,持之以恒,就可以修炼到圣人或贤君的境界。只要你能将尧舜之道推行于世,虽然你不是尧、舜,也实际上达到了尧、舜的境界,可以建树像尧、舜一样的业绩。看来,陆贾的圣人政治,并不是一种空想,也不是等待上天为人间空降圣者贤君,而是提倡人们自己学做圣贤,激励现世帝王学做圣王。他告诫说,无论是人君还是平民,没有不师法、学习圣王之道,而能成为贤者的。陆贾所主张的圣人政治,是希望国君帝王去主动地学做圣贤而有所建树的。

《新语·明诚》篇,也表达了同样的思想。陆贾认为,圣王之所以为圣王,都是其自身修炼的结果。"昔汤以七十里之封,升帝王之位;周公自立三公之官,比德于五帝三王;斯乃口出善言,身行善道之所致也。故安危之要,吉凶之符,一出于身;存亡之道,成败之事,一起于善行;尧、舜不易日月而兴,桀、纣不易星辰而亡,天道不改而人道易也。"只要君主口出善言,身行善道,就可以成为圣王,尧、舜所以为尧、舜,桀、纣所以为桀、纣,都是他们自己的原因,是他们是否明于德、笃于义的结果。

现世帝王一旦"法圣道而为贤者",通过师法圣人之道而成为圣王,那么,他就会很自然地赢得天下仁人义士的拥戴,造成贤人毕集、义士来朝的政治局面。他说:"故仁者在位而仁人来,义者在朝而义士至。是以墨子之门多勇士,仲尼之门多道德,文王之朝多贤良,秦王之庭多不详。"①"夫善道存乎心,无远而不至也;恶行著乎己,无近而不去也。周公躬行礼义,郊祀后稷,越裳奉贡而至,麟凤白雉草泽而应。殷纣无道,微子弃骨肉而亡。行善者则百姓悦,行恶者则子孙怨。是以明者可以致远,否者可以失近。"②他用正反两方面的例子说明,能否建树圣人政治,道理很简单,全在于国君一人的道德修炼,如果帝王学做圣贤而成为圣贤,万人敬仰,天下向慕,"无远而不至",他列举的越裳奉贡而至的例子非常典型。此例在《无为》篇有较详细的叙述:"周公制作礼乐,郊天地,望山川,师旅不设,刑格法悬,而四海之内,奉供来臻,越裳之君,重译来朝。"说周公以仁义礼乐治理天下,不兴征伐之事,不施刑罚,吸引了上贡之国和朝奉的诸侯纷纷到来。甚至远在交趾之南的南方小国,也通过辗转翻译,克服语言障碍,前来朝拜。此事也被后世史

---

① 陆贾:《新语·思务》篇。
② 陆贾:《新语·明诚》篇。

家多次演绎,比如《后汉书·南蛮西南夷列传》载曰:"交趾之南有越裳国。周公居摄六年,制礼作乐,天下和平,越裳以三象重译而献白雉,曰:'道路悠远,山川岨深,音使不通,故重译而朝。'"①

(2) 圣人要专志于仁义,而不可怀有异虑

这是陆贾对圣人政治提出的希望或要求。他希望人君要专志于仁义,不要有异于仁义的功利之心。《新语·怀虑》篇说:

> 怀异虑者不可以立计,持两端者不可以定威。故治外者必调内,平远者必正近。纲维天下,劳神八极者,则忧不存于家。养气治性,思通精神,延寿命者,则志不流于外。据土子民,治国治众者,不可以图利,治产业,则教化不行,而政令不从。

> 故管仲相桓公,诎节事君,专心一意,身无境外之交,心无欹斜之虑,正其国如制天下,尊其君而屈诸侯,权行于海内,化流于诸夏,失道者诛,秉义者显,举一事而天下从,出一政而诸侯靡。

陆贾认为,治理天下者要忠诚专一,有一以贯之之政,不能政策多变,自相矛盾,心术不一。而这个专一,还是要专仁义之"一",不能分心去追求具体功利。治国理民之君,不可把功利看得太重,"据土子民,治国治众者,不可以图利,治产业"。帝王担任"纲维天下"之重任,不能存私家之忧,不能考虑一家人的利益。如果国君都去治产业,图私利,那么则众民效法,政令不畅。他举管仲相齐的例子,管仲辅佐齐桓公,心无异虑,专心于齐国的霸业,外不结交诸侯,内无奇邪之心,最终尊其君而屈诸侯,成就了齐国的霸业,使桓公成为诸侯盟主,并有效地抵御了夷狄之族的侵扰,保卫了华夏文明的传播和发展。《论语·宪问》篇载,孔子赞颂管仲说:"管仲

---

① 范晔:《后汉书》,中华书局 1965 年版,第 2835 页。

相桓公,霸诸侯,一匡天下,民到于今受其赐。微管仲,吾其被发左衽矣。"孔子认为,如果没有管仲,诸夏之民恐怕就要沦为落后民族了,也会像夷狄之族那样披散着头发,衣襟向左边开,一副落后民族的野蛮模样。管仲所以能够建树这样的业绩,就在于他的忠诚专一,不怀异虑,专志于仁义。

(3) 行事要有法度

在陆贾看来,对于圣王来说,行事要有法度,是极其重要的。《明诫》篇说:

> 夫持天地之政,操四海之纲,屈申不可以失法,动作不可以离度,谬误出口,则乱及万里之外。

圣人治国,是要有法度的,要有统一的法度作为标准或准绳,万不可随心所欲,朝令夕改。"屈申不可以失法,动作不可以离度",是国君者要谨记的。陆贾反对秦之苛法,但不等于说治国可以没有法,相反,良好的圣人政治,也是以明确的法度为基础的。法度是国家的原则,是行事的规矩,是万民的准则。

> 故圣人执一政以绳百姓,持一概以等万民,所以同一治而明一统也。①

> 故事不生于法度,道不本于天地,可言而不可行也,可听而不可传也,可□玩而不可大用也。②

法度的统一、尊严及其维系,对于陆贾时代已经建立起来的大一统帝国来说,尤其重要。一个偌大的国家,没有一个统一的行事法则是不可想象的。国事治理,要举事有据,进退有度,上下有章,先后有序,这个据、度、章、序,就是国家的根本大法。"圣人执一政以绳百姓,持一概以等万民",这个一政、一概,就是统一的法。既要有法,还要统一。法的"一"是最重要的,法是不能二,不能变,不

---

①② 陆贾:《新语·怀虑》篇。

能乱的。这个"一",既是统一的要求,也是一以贯之的要求。法的统一,是为了保障公平,不因人而施;法的一以贯之,是排斥执法的随意性,不能因国君的意志、性情而随意变更,而危及法的尊严和神圣。有了这样统一的法的贯彻,社会的秩序化就有了保障。历史上那些治道衰败的乱世,都是国君不能谨守法度纲纪的结果。陆贾说:

> 故世衰道失,非天之所为也,乃君国者有以取之也。恶政生恶气,恶气生灾异。螟虫之类,随气而生;虹蜺之属,因政而见。治道失于下,则天文变于上;恶政流于民,则螟虫生于野。贤君智则知随变而改,缘类而试思之,于□□□变。圣人之理,恩及昆虫,泽及草木,乘天气而生,随寒暑而动者,莫不延颈而望治,倾耳而听化。圣人察物,无所遗失,上及日月星辰,下至鸟兽草木昆虫……十有二月陨霜不煞菽,言寒暑之气,失其节也。鸟兽草木尚欲各得其所,纲之以法,纪之以数,而况于人乎?①

陆贾认为,所谓世道衰微,都是国君的恶政造成的,是其自取之。恶政生恶气,恶气生灾异。当有了恶政之后,自然界也会发生变化。贤明的君主发生自然的灾异变化,就会有所警觉,并随变而改,对政局做出调整,纠正恶政之失,圣人的治理是可以而且也应当"恩及昆虫,泽及草木"的。自然界的鸟兽草木也都想各得其所,何况于万物之灵的人呢?人的社会,一定要有法度,有秩序,谨守法度,为国之君一定要谨记"屈申不可以失法,动作不可以离度"的道理。

行仁政,有法度,这就是陆贾所期盼的圣人政治。

---

① 陆贾:《新语·明诫》篇。

3. 行仁政实践，建构宽舒的政治社会环境

以仁义立国，落实到社会层面，就是要建设宽舒的政治社会环境，让老百姓有安居乐业的安稳生活。《新语》在这方面有不少论述，对刘邦君臣抱有莫大期望。

从《新语》中看，陆贾一直是主张宽舒之政的。在《无为》篇，他说："君子尚宽舒以褒其身，行身中和以致疏远。"《辅政》篇说："温厚者行宽舒，怀急促者必有所亏。"因为，陆贾懂得，行宽舒之政才能够得民心，而"欲富国强威，辟地服远者，必得之于民"①，民心是建设强大皇权政治的基本依托。所以，陆贾所主张的宽舒之政，已经远远超出了与民休息的无为之政政策目标，而是要落实仁政路线，建构和谐安定的政治社会环境，以保障大一统王朝的政治统治。从这一政治目标出发，他反对一切可能疲敝百姓的奢侈和力役。在《本行》篇，他说：

> 夫怀璧玉，要环佩，服名宝，藏珍怪，玉斗酌酒，金罍刻镂，所以夸小人之目者也；高台百仞，金城文画，所以疲百姓之力者也。故圣人卑宫室而高道德，恶衣服而勤仁义，不损其行，以好其容，不亏其德，以饰其身，国不兴不事之功，家不藏不用之器，所以稀力役而省贡献也。璧玉珠玑，不御于上，则玩好之物弃于下；雕琢刻画之类，不纳于君，则淫伎曲巧绝于下。夫释农桑之事，入山海，采珠玑，捕豹翠，消筋力，散布泉，以极耳目之好，快淫侈之心，岂不谬哉？

他是从不增加百姓负担的角度，倡导统治者行节俭、戒奢侈的，这是对统治者的告诫。特别是"国不兴不事之功，家不藏不用之器"，对帝王之家来说，是需要谨记的。一切不事之功，一切豪华奢侈的玩物珍奇，最终都会落实在百姓的头上，都要取之于民，都

---

① 陆贾：《新语·至德》篇。

会疲敝百姓,耗竭民力,违背仁政之道,而成为亡国之因。

对于帝王之家来说,把仁义施予百姓,最根本的就是不去过度地役使他们,不去加重他们的负担,让他们能够安居乐业。不能做到这一点,就是没有起码的道德,并因此而导致国祚不昌,王位不稳。陆贾说:"统四海之权,主九州之众,岂弱于武力哉?然功不能自存,而威不能自守,非贫弱也,乃道德不存乎身,仁义不加于下也。"①以帝王之威势,普天之下,莫非王土,怎么可能会弱于武力、财力?凡是导致国家衰亡的,都是不能行仁义之道,不能把仁义施予百姓的结果。陆贾时时不忘提醒这一点。在《辨惑》篇中,陆贾讲述臣道,讲作为臣子应该如何直道而行、不为苟容的问题,也拿与百姓相关的例证来说明问题:

> 昔哀公问于有若曰:"年饥,用不足,如之何?"有若对曰:"盍彻乎?"盖损上而归之于下,则忤于耳而不合于意,遂逆而不用也。此所谓正其行而不苟合于世也。有若岂不知阿哀公之意,为益国之义哉?夫君子直道而行,知必屈辱而不避也。故行不敢苟合,言不为苟容,虽无功于世,而名足称也;虽言不用于国家,而举措之言可法也。

鲁哀公问政有若的故事,见于《论语·颜渊》篇:"哀公问于有若曰:'年饥,用不足,如之何?'有若对曰:'盍彻乎?'曰:'二,吾犹不足,如之何其彻也?'对曰:'百姓足,君孰与不足?百姓不足,君孰与足?'""彻"是西周春秋时天下通行的一种税法,什一而税。在一个大饥之年,国家用度不足,鲁哀公问有若怎么办。有若说为什么不实行十分抽一的税率呢?哀公说,十分抽二还用度不足,怎么能实行十分抽一呢?有若回答说,如果老百姓的用度够,您怎么会不够?如果老百姓的用度不够,您怎么会够?有若站在百姓的立

---

① 陆贾:《新语·本行》篇。

场上,损上而益下,违逆了鲁哀公的意愿而不被采纳。有若的建议虽然不被鲁哀公采纳,甚至违逆哀公的意愿,但他还是坚持正道,站在百姓的立场上,不去苟合取悦于主上。在这样讲臣道的语言场合,陆贾也不忘例举国君、国家与百姓的关系问题,可见他对于国家如何践行仁政问题的重视。

4. 以《五经》《六艺》进行社会教化

从古之兴亡的历史教训中,陆贾感到民众力量的重要性。远古有西周代殷的武王革命,眼前有汉兴秦亡的历史借鉴,这些一兴一亡的历史剧变,无不是本之于民心的向背。所以,陆贾说:"夫欲富国强威,辟地服远者,必得之于民;欲建功兴誉,垂名烈,流荣华者,必取之于身。"①虽然《无为》篇他已经为刘邦君臣指出了行"无为"之政,一再告诫不要扰民,轻徭薄赋,与民休息,但陆贾认为这还远远不够,要真正驾驭民众,还是要赢得民心,或者说是征服民心,掌控民心,让老百姓自觉自愿、心悦诚服地顺从汉王朝的统治。而达到这一目的的途径,就是对老百姓实行教化,用春风化雨般的手段,去清洗人们的头脑。从历史的经验中,陆贾看到了教化的力量。

在《无为》篇,陆贾说:

> 是以君子尚宽舒以褒其身,行身中和以致疏远;民畏其威而从其化,怀其德而归其境,美其治而不敢违其政。民不罚而畏,不赏而劝,渐渍于道德,而被服于中和之所致也。
>
> 夫法令所以诛暴也,故曾、闵之孝,夷、齐之廉,此宁畏法教而为之者哉?故尧、舜之民,可比屋而封,桀、纣之民,可比屋而诛,何者?化使其然也。
>
> 故上之化下,犹风之靡草也。王者尚武于朝,则农夫缮甲

---

① 陆贾:《新语·至德》篇。

兵于田。故君子之御下也,民奢应之以俭,骄淫者统之以理;未有上仁而下贼,让行而争路者也。故孔子曰:"移风易俗。"岂家令人视之哉?亦取之于身而已矣。

让老百姓"被服于中和",就是让老百姓都懂得仁义之道中的贵和尚中之理,崇尚和善,免于违上悖逆,做朝廷之顺民。让老百姓懂得、接受这些东西,不是通过强制性的手段,只需要通过教育和示范。陆贾说,难道像曾参、闵子骞这样的孝子,像伯夷、叔齐这样的廉者,都是因为有刑罚的约束才具备了这样的品德吗?非也,都是教化的结果。在尧、舜的时代,教化遍及四海,家家都有德行,人人都有可旌表之德,整个社会风俗纯美;而桀、纣时期的民众,家家都可杀戮,世风日下,恶人众多。这种全社会性的德化或恶行,都是教化使然。

教化是必须的,也是可行的。《慎微》篇说:"力学而诵《诗》、《书》,凡人所能为也;若欲移江、河,动太山,故人力所不能也。如调心在己,背恶向善,不贪于财,不苟于利,分财取寡,服事取劳,此天下易知之道,易行之事也,岂有难哉?"诵读诗书,是人人都可以做到的事情,不像是要移山改河,非人力所能为。教育,改变人们的心理素质,只要人们愿意"背恶向善,不贪于财",不去做坏事,是很容易就可以做到的事情。做个好人,其实只是个选择的问题,通过诗书礼乐教育,使人们懂得这个道理,就可以实现了。所以,教化之事,是不需要有多少代价或成本的。

如何教化,拿什么去教化,陆贾也讲得很清楚。教化的蓝本是《五经》《六艺》,即儒家经典。他说:

> 故圣人防乱以经艺,工正曲以准绳。
>
> 定《五经》,明《六艺》,承天统地,穷事察微,原情立本,以

绪人伦……设钟鼓歌舞之乐,以节奢侈,正风俗,通文雅。①

夫世人不学《诗》、《书》,存仁义,尊圣人之道,极经艺之深,乃论不验之语,学不然之事,图天地之形,说灾变之异,乖先王之法,异圣人之意,惑学者之心,移众人之志,指天画地,是非世事,动人以邪变,惊人以奇怪,听之者若神,视之者如异;然犹不可以济于厄而度其身,或触罪□□法,不免于辜戮。②

表定《六艺》,以重儒术,善恶不相干,贵贱不相侮,强弱不相凌,贤与不肖不得相逾……《诗》、《书》、《礼》、《乐》,为得其所,乃天道之所立,大义之所行也,岂以□□□咸耶?③

很显然,陆贾是主张用《五经》、《六艺》作为基本教材,去教化百姓、收拢人心的。"天道之所立,大义之所行",一切道理都蕴含在《五经》、《六艺》之中。只有以此去教化百姓,才能将人心收拢在国家意志的层面上。在陆贾看来,《五经》、《六艺》可以"防乱",可以"正风俗,通文雅",可以使"贵贱不相侮,强弱不相凌",可以"存仁义,尊圣人之道",可以使民众"济于厄而度其身"而"免于辜戮"。一句话,只有用《五经》、《六艺》去实行社会教化,才能纯洁民心,稳定社会,保障新生的汉家王朝的长治久安。

那么,通过什么途径去进行教化呢?陆贾设计的路径,主要是两条,一是统治者的表率作用,要国君及各级官吏都做道德楷模。《新语·术事》篇说:"德薄者位危,去道者身亡,万世不易法,古今同纪纲。"国君的道德修养是第一位的事情,关乎着国家的兴亡。道德的培养,要靠研修《五经》、《六艺》,并把把圣人的德行体现在

---

① 陆贾:《新语·道基》篇。
② 陆贾:《新语·怀虑》篇。
③ 陆贾:《新语·本行》篇。

自己的治国规范和日常行为之中。陆贾像孔子一样相信,"君子之德风,小人之德草。草上之风,必偃"①,统治者的道德对于人心之净化,起着决定性的示范、影响作用。我们在讲陆贾的"无为而治"的政治主张时,曾讲过这个问题,此处不再展开。

陆贾设计的道德教化的第二条道路,是"兴辟雍庠序而教诲之",就是兴办学校,推广教育。《新语·至德》篇说:

> 于是赏善罚恶而润色之,兴辟雍庠序而教诲之,然后贤愚异议,廉鄙异科,长幼异节,上下有差,强弱相扶,大小相怀,尊卑相承,雁行相随,不言而信,不怒而威,岂待坚甲利兵、深牢刻令、朝夕切切而后行哉?

陆贾说,兴辟雍庠序之教,是往古圣人的做法:"民知畏法,而无礼义;于是中圣乃设辟雍庠序之教,以正上下之仪,明父子之礼,君臣之义,使强不凌弱,众不暴寡,弃贪鄙之心,兴清洁之行。"②在陆贾看来,古代圣人知道老百姓只惧怕刑罚而缺乏仁义礼法修养,所以才发现了"设辟雍庠序之教"这样一条推广礼义道德的教育途径。往古圣人通过"设辟雍庠序之教",又以《五经》、《六艺》为蓝本进行教育,最后收到了"节奢侈,正风俗,通文雅"的教育效果,改变了民风民俗,实现了"百姓以德附,骨肉以仁亲,夫妇以义合,朋友以义信"这样和睦友善、国泰民安的社会局面。

(三)君臣关系的理想建构

在专制主义的官僚制社会,皇权是通过庞大的官僚系统来实现其社会控制的,帝王如何处理与官僚阶层的关系,建构一种什么样的君臣关系,是一个至关重要的问题。特别是刘邦这群出自民

---

① 《论语·颜渊》篇。
② 陆贾:《新语·道基》篇。

间的草莽英雄,几乎都没有官场经历,对于如何构建稳定、秩序的君臣关系局面,以保障皇权政治牢靠和巩固,显得尤为重要。陆贾的《新语》尽可能地解决了这个问题。

1. 君臣关系的准则是践行"君臣之义"

如何确立君臣之间的关系,根据什么来规定他们各自的权利和义务,陆贾提出的原则是"君臣之义",君和臣都要根据"君臣之义"来约束或调解自己的行为,各自尽到自己的君道或臣道。陆贾说,古之圣王治理天下所确立的天下秩序,其中就有这个"君臣之义"。《新语·道基》篇说:

> 于是先圣乃仰观天文,俯察地理,图画乾坤,以定人道,民始开悟,知有父子之亲,君臣之义,夫妇之别,长幼之序。于是百官立,王道乃生。

古之圣王设辟雍庠序之教,其中要训诲的内容也有君臣之义:

> 于是中圣乃设辟雍庠序之教,以正上下之仪,明父子之礼,君臣之义,使强不凌弱,众不暴寡,弃贪鄙之心,兴清洁之行。

那么,陆贾所谓的"君臣之义",其要义究竟是什么呢?这个君臣之义的"义"有什么样的思想内涵呢?《新语》全书都没有明确讲这个问题。这就意味着他所讲的君臣之义,应该是为人们所共识的东西,是当时的传统所明了的东西。

传统所谓君臣关系,就是先秦思想家所阐述的君臣之道。先秦时期,在这个问题上,有明确论述的,无非是儒、墨、法几家学派。儒家学派关于君臣关系,有如下论述。

《论语·颜渊》:齐景公问政于孔子,孔子对曰:"君君,臣臣,父父,子子。"

《论语·八佾》:"君使臣以礼,臣事君以忠。"

《论语·先进》:"所谓大臣者,以道事君,不可则止。"

《论语·学而》："事君,能致其身。"

这些都是孔子的话。孔子主张,君臣都要像个君或臣的样子,君行君道,臣行臣道。国君对待臣下要以礼行事,臣对待国君要竭尽忠诚。而且,君与臣是相对待的,不是单方面的。国君以礼待臣,臣下才会事君以忠。臣对国君的态度,是视国君而定。如果国君不以礼待臣,或者国君不行君道,臣下就可以选择离开,"不可则止",而不一定非要竭尽忠诚。总的来说,在君臣关系中,国君是出于相对主导的地位,但也不是臣对君的单方面效忠。

后来的孟子大体上是继承了孔子的思想,在君臣关系方面讲的是君臣间的相互义务。《孟子·离娄上》说:

> 君之视臣如手足,则臣视君如腹心。君之视臣如犬马,则臣视君如国人。君之视臣如土芥,则臣视君如寇仇。

只有国君视臣下如手足,臣下才会视国君如腹心。而如果国君视臣下如犬马,臣下则会视国君如国人,而没有恭敬之意。如果国君视臣下如泥草而无足轻重,那么,臣下则看国君如同仇敌。孟子似乎比孔子讲得更加偏激一点,没有给国君留任何情面。儒家的另一位大师荀子,特别强调社会成员之间的等级区分,强调各个社会阶层都要各安其分,每个人都要站在自己应该站的位置上。他说:"先王案为之制礼义以分之,使有贵贱之等,长幼之差,知愚、能不能之分,皆使人载其事而各得其宜。"① 建筑在君臣等级分明的基础上,《荀子·君道》篇对君臣之间的义务关系做了明确区分:

> 请问为人君?曰:"以礼分施,均遍而不偏。"请问为人臣?曰:"以礼待君,忠顺而不懈。"

国君的义务就是以礼分施,对臣下均施恩惠而不偏不倚;臣下对国君就是竭尽忠诚而不懈怠。荀子的思想,就是在君尊臣卑前

---

① 《荀子·荣辱》篇。

提下的相互以礼相待。在这个问题上,荀子的思想,似乎更接近于孔子。

墨家思想的核心是"兼爱",认为天下的理想秩序是人人兼相爱的和谐。因此,墨家学说反对一切人的不平等,提倡一切人之间的平等相爱,无差别的相爱。用之于君臣之间,也是相互慈爱,而不分尊卑。《墨子·兼爱上》说:

> 圣人以治天下为事者也,不可不察乱之所自起。当察乱何自起?起不相爱。臣子之不孝君父,所谓乱也。子自爱不爱父,故亏父而自利;弟自爱不爱兄,故亏兄而自利;臣自爱不爱君,故亏君而自利。此所谓乱也。虽父之不慈子,兄之不慈弟,君之不慈臣,此亦天下之所谓乱也。父自爱也,不爱子,故亏子而自利;兄自爱也,不爱弟,故亏弟而自利;君自爱也,不爱臣,故亏臣而自利。是何也?皆起不相爱。虽至天下之为盗贼者,亦然。

墨子要解决的是天下秩序问题,他研究天下所以乱的起源,就是人和人的不相爱,在君臣之间也是这个不相爱的问题。"臣自爱不爱君","君自爱也不爱臣",这就是天下所以乱的根源。所以,他所主张的君臣关系,也就君臣相爱,不涉及等级的区分,平等相爱。

法家关于君臣关系,也有许多论述:

《管子·君臣上》:"是故君人也者,无贵如其言。人臣也者,无爱如其力。言下力上,而臣主之道毕矣。"

《商君书·君臣》:"君尊则令行,官修则有常事,法制明则民畏刑。"

《商君书·修权》:"法者,君臣之所共操也;信者,君臣之所共立也;权者,君之所独制也。"

《韩非子·忠孝》:"夫所谓明君者,能畜其臣者也;所谓贤臣者,能明法辟、治官职以戴其君者也。"

法家是绝对君权主义者,所以,对于君臣关系,就不像儒家那样讲君臣之间那种相互的义务关系,而是一个单向性的上下关系。君尊臣卑是绝对的,臣对于君的忠诚也是绝对的。臣为君所蓄养,君为臣所拥戴,权为君所独操、独制,君臣上下之分,是天经地义之不可改。司马谈《论六家要指》论法家说:"法家严而少恩;然其正君臣上下之分,不可改矣……若尊主卑臣,明分职不得相逾越,虽百家弗能改也。"①司马公对法家君主关系的理论的揭示是极为准确的。

大体而言,以上就是陆贾时代之前的君臣关系思想,是各家所主张的君臣之义。而陆贾的时代,会继承上述哪一家的思想呢?哪家的君臣之义会成为陆贾时代的思想共识呢?显然,在代秦而起的汉初,秦所崇尚的法家,是很难被认可的,法家的君臣关系思想不被认可是理所当然。墨家呢?无差别的相爱,不分等级地看待君臣关系,是不可能被皇权所认同,所以,陆贾所讲的"君臣之义",在不给出明确解释而视为时代共识的,只可能是儒家的思想,是孔子他们所主张的君臣之义,即以国君为主导的君臣相待,"君使臣以礼,臣事君以忠"。这就是陆贾所主张要践行的"君臣之义"。陆贾所要建树的君臣关系理论,要建构的现实的君臣关系,就是在这样的"君臣之义"的基础上而展开的。

2. 君臣关系的责任方在君主

儒家的君臣之义,强调"君使臣以礼,臣事君以忠",从语言结构上看,君主是这种关系的责任方,臣是否忠诚于君主,是以君是否使臣以礼为前提的,国君在君臣关系中占据着主要的或主导性地位。陆贾的君臣关系理论,继承了儒家的这一思想。

---

① 《史记·太史公自序》。

陆贾认为,官员的选拔,能不能把良臣贤士选拔出来,是依靠国君的,是由国君的是否圣贤来决定的。汉初,是一个人才奇缺的时代。在国家与地方的治理方面,需要大批的优秀人才,而这些人才既非从多年征战中打出来的军功集团所能胜任,又不可能从一个完全被摧毁的国家废墟上获得继承的便利,要靠自己去培养和选拔。而在陆贾看来,人才任何时候都是有的,关键是看国君有没有选拔他们的慧眼和能力。他在《术事》篇说:

> 故良马非独骐骥,利剑非惟干将,美女非独西施,忠臣非独吕望。今有马而无王良之御,有剑而无砥砺之功,有女而无芳泽之饰,有士而不遭文王,道术蓄积而不舒,美玉韫椟而深藏。故怀道者须世,抱朴者待工,道为智者设,马为御者良,贤为圣者用,辩为智者通,书为晓者传,事为见者明。

陆贾告诫汉王,当下之世不缺乏人才,不是只有骐骥才是良马,也不是只有吕望才是忠臣,其实是有很多良马、利剑、有识之士、忠臣贤才在等待君王去发现他们,任用他们。他们既有治国之才,又满怀期待,空怀奇才而无用武之地,真所谓"有马而无王良之御,有剑而无砥砺之功,有女而无芳泽之饰,有士而不遭文王",处在怀才不遇的状态。"马为御者良,贤为圣者用",可谓至理名言,能不能任用贤良,关键在于有没有贤圣的君王。在秦时,也不是没有贤者可以任用,而只是贤人被壅蔽而不能用。在《资质》篇,他举例说:"鲍丘之德行,非不高于李斯、赵高也,然伏隐于蒿庐之下,而不录于世,利口之臣害之也。"鲍丘是秦时儒生,曾与李斯一起就学于荀子门下。事见《盐铁论·毁学》篇:"昔李斯与包丘子俱事荀卿,既而李斯入秦,遂取三公,据万乘之权以制海内,功侔伊、望,名巨泰山;而包丘子不免于瓮牖蒿庐,如潦岁之蛙,口非不众也,卒死于沟壑而已。"①鲍丘和李斯是同学,为什么会蛰伏隐居于乡野之间,而不被录用于世?一方面是因他不会用花言巧语取悦于时君;另一方面,也是秦王朝不重视去发现这样的人才,使其被利口之臣、谄媚之徒所害。秦不能用鲍丘而任用李斯这样的小人,完全在于秦王本身的问题。

当然,帝王之家也是想任用贤臣,也是懂得这个道理的,但为什么又往往做不到呢?在《资质》篇,陆贾说:

> 人君莫不知求贤以自助,近贤以自辅;然贤圣或隐于田里,而不预国家之事者,乃观听之臣不明于下,则闭塞之讥归于君;闭塞之讥归于君,则忠贤之士弃于野;忠贤之士弃于野,则佞臣之党存于朝;佞臣之党存于朝,则下不忠于君;下不忠于君,则上不明于下;上不明于下,是故天下所以倾覆也。

造成贤圣隐于田里的根本原因,在于"佞臣之党存于朝",是奸佞当道壅蔽了贤者的仕进之道。所以,陆贾接着要讲述的,就是帝王之家,如何要重视任用、依凭于贤者的问题。

陆贾提醒高帝刘邦,作为帝王之家,任用贤者对于巩固皇权具有极端重要性。《辅政》篇,陆贾说:

> 夫居高者自处不可以不安,履危者任杖不可以不固。自处不安则坠,任杖不固则仆。是以圣人居高处上,则以仁义为巢,乘危履倾,则以圣贤为杖,故高而不坠,危而不仆。

> 昔者,尧以仁义为巢,舜以稷、契为杖,故高而益安,动而益固。处宴安之台,承克让之涂,德配天地,光被八极,功垂于无穷,名传于不朽,盖自处得其巢,任杖得其人也。秦以刑罚为巢,故有覆巢破卵之患;以李斯、赵高为杖,故有顿仆跌伤之

---

① 王利器校注:《盐铁论校注・毁学篇》,中华书局1992年版,第229页。

祸,何者?所任者非也。故杖圣者帝,杖贤者王,杖仁者霸,杖义者强,杖谗者灭,杖贼者亡。

"任杖不可以不固",任杖就是用人问题,是任用贤者以为"杖"的问题。杖,同仗,依凭之意,圣人为政,是需要依凭于圣贤的辅佐的。陆贾举例说,舜帝为政依靠的是后稷和契两位贤臣的辅弼,所以才可能处在宴安之台而无倾危之虞,承续克让之遗风,走禅让之路,垂名于后世。而秦则不同。秦王以李斯、赵高之徒为杖,结果走上了速亡的道路。王朝之兴衰,和任杖之不同有莫大的关系,依仗于圣人者可以称帝,任用贤人者可以称王,任用仁者可以获得霸业,任用义士者可以强国,而任用谗言之徒者则覆灭,任用残贼佞人则灭亡。以圣贤为杖者兴,以残贼为杖者亡,历史的经验教训不可不鉴。

任用贤者的前提是明辨忠奸。辨忠奸,进贤臣,退小人,这对于君王来说,实在是太重要了。在《辅政》篇,陆贾用大量篇幅谈这个问题。他说:

> 君子远荧荧之色,放铮铮之声,绝恬美之味,疏嗌呕之情……谗夫似贤,美言似信,听之者惑,观之者冥。故苏秦尊于诸侯,商鞅显于西秦。世无贤智之君,孰能别其形。故尧放驩兜,仲尼诛少正卯;甘言之所嘉,靡不为之倾,惟尧知其实,仲尼见其情。故干圣王者诛,遏贤君者刑,遭凡王者贵,触乱世者荣。郑儋亡齐而归鲁,齐有九合之名,而鲁有乾时之耻。夫据千乘之国,而信谗佞之计,未有不亡者也。故《诗》云:"谗人罔极,交乱四国。"众邪合心,以倾一君,国危民失,不亦宜乎!

在陆贾看来,真正的君子是可以做到疏远那些以阿谀奉承为能事的谄媚之人的。但的确,那些谄媚之声也使人不容易拒绝,不容易辨惑。谄媚之言貌似忠贤,赞美之言似乎也很真诚,使得人听起来感到迷惑,看起来也觉得模糊,不容易对之识别。君王要识破他们,不仅要是个贤者,也还需要是个智者,此即所谓"世无贤智之君,孰能别其形"?只是那些尧、舜、仲尼般的圣君圣人才能做到。陆贾列举反面的例子如鲁国的"乾时之耻"。但这个例子的事实真相则是很难辨其真假。此处所说的郑儋,《左传》作郑詹,又作叔詹,是郑国执政大臣,是个好人,而《榖梁传》、《公羊传》则说他是一个"微者""卑者",是个卑微的"佞人"。但据《春秋》所载,齐人执郑詹和郑詹归鲁是庄公十七年,而鲁国之"乾时之耻"是在庄公九年。因此陆贾所说的"郑儋亡齐而归鲁,齐有九合之名,而鲁有乾时之耻",则不知有何依据。尽管陆贾所说的事实本身已不容易辨明,但他要表达的思想则是非常清晰的,那就是要说明"据千乘之国而信谗佞之计,未有不亡者也"这样一个千古不变的道理,说明为人君者辨明忠奸、任用贤良的重要性。

仍然是立足于秦的历史教训,在《辨惑》篇,陆贾提醒高祖刘邦,秦二世赵高横行朝政的状况,最要警惕。他说:

> 秦二世之时,赵高驾鹿而从行,王曰:"丞相何为驾鹿?"高曰:"马也。"王曰:"丞相误邪,以鹿为马也。"高曰:"乃马也。陛下以臣之言为不然,愿问群臣。"于是乃问群臣,群臣半言马半言鹿。当此之时,秦王不能自信其直目,而从邪臣之言。鹿与马之异形,乃众人之所知也,然不能别其是非,况于暗昧之事乎?《易》曰:"二人同心,其义断金。"群党合意,以倾一君,孰不移哉!

秦二世时,整个朝政完全被赵高所把持,赵高的专权达到了登峰造极之地步,竟能指鹿为马,满朝文武半数都不敢说真话。鹿与马判然分明,但群臣则"半言马半言鹿",这已经不是一个辨别是非的能力问题,而是被邪恶的强权所控制。朝政到了这样的地步,安有不倾覆的道理?"群党合意,以倾一君,孰不移哉!"秦二世亡国的教训,至为深刻!而其根源,仍然在于君王的识人用人问题。

陆贾谨遵高祖之命,处处用"古成败之国"的故事说事。《辨惑》篇中,他还列举了孔子在鲁定公时的遭遇来说明问题。这也是一个至为深刻的历史教训:

> 鲁定公之时,与齐侯会于夹谷,孔子行相事。两君升坛,两相处下,两相欲揖,君臣之礼,济济备焉。齐人鼓噪而起,欲执鲁公。孔子历阶而上,不尽一等而立,谓齐侯曰:"两君合好,以礼相率,以乐相化。臣闻嘉乐不野合,牺象之荐不下堂。夷、狄之民何求为?"命司马请止之。定公曰:"诺。"齐侯逡巡而避席曰:"寡人之过。"退而自责大夫。罢会。齐人使优旃僬于鲁公之幕下,傲戏,欲候鲁君之隙,以执定公。孔子叹曰:"君辱臣当死。"使司马行法斩焉,首足异门而出。于是齐人惧然而恐,君臣易操,不安其故行,乃归鲁四邑之侵地,终无乘鲁之心,邻□振动,人怀向鲁之意,强国骄君,莫不恐惧,邪臣佞人,变行易虑,天下之政,□□而折中;而定公拘于三家,陷于众口,不能卒用孔子者,内无独见之明,外惑邪臣之党,以弱其国而亡其身,权归于三家,邑土单于强齐。夫用人若彼,失人若此;然定公不觉悟,信季孙之计,背贞臣之策,以获拘弱之名,而丧丘山之功,不亦惑乎!

鲁定公时,夹谷之会,孔子行相事,以礼行事,仗义执言,挫败了齐侯俘虏定公以弱鲁国的图谋,捍卫了鲁国国君的尊严和鲁国的利益,并追回了被齐国侵夺的四个城邑,巩固了鲁国在诸侯国中的地位,使得"邻□(国)振动,人怀向鲁之意,强国骄君,莫不恐惧,邪臣佞人,变行易虑,天下之政,□□而折中",一举扭转了鲁国的被动局面。这是以孔子这样的贤者为相造成的历史局面。而后来的鲁定公被鲁国三家贵族所控制,"内无独见之明,外惑邪臣之党",不再任用孔子,终于"弱其国而亡其身"。鲁定公时是否任用孔子而造成两种截然不同的局面,真可谓"用人若彼,失人若此",

对比如此鲜明,历史的教训不可不鉴!

任用贤者还是谗佞,从而使得国家兴还是衰,一切都系于国君一人之身。国君有没有自觉的清醒的意识,有没有贤德,有没有智慧,都是其重要的因素。无论如何,在用人问题上,在任用什么样的人而建构什么样的君臣关系方面,国君是主要的主导的方面,是君臣关系的责任方。

3. 臣道问题

在专制主义官僚体制中,官员应该谨守什么样的为臣之道呢?陆贾在《新语》中也对官员的为臣之道,提出了几个方面的看法。

首先,陆贾主张为臣者应该坚守直道,不苟合于世。《辨惑》篇中陆贾在评论有若与鲁哀公关于用不足的对话时,说:

> 盖损上而归之于下,则忤于耳而不合于意,遂逆而不用也。此所谓正其行而不苟合于世也。有若岂不知阿哀公之意,为益国之义哉?夫君子直道而行,知必屈辱而不避也。故行不敢苟合,言不为苟容,虽无功于世,而名足称也;虽言不用于国家,而举措之言可法也。

这一事件的历史场景,前文曾经谈到过。这是在一个大饥之年,鲁国用度不足,鲁哀公问政于有若,应该如何来应对眼下的财政困难问题。有若说,为什么不实行十分抽一的税率呢?哀公说,我们现在实行十分抽二(20%)的税率还用度不足,怎么能实行十分抽一呢?有若回答说,如果老百姓的用度够,您怎么会不够?如果老百姓的用度不够,您怎么会够?有若站在百姓的立场上,损上而益下,违逆了鲁哀公的意愿而不被采纳。陆贾评论有若的做法,认为这是"正其行而不苟合于世"的直道。减少收税,损上而益下,有若知道鲁哀公不会采纳,甚至也不爱听,但是,他站在老百姓的立场上,当然也是最终有益于国家的立场上,仍然是坚持了自己的看法,并且明知违逆君意还要表达出来,这才是真正的君子行为。

虽然国君不采纳,没有产生实质性作用,言不用于国家,但这种做法仍然是值得称道和效法的。孔子在《论语》中讲为官为人,多次讲"直道而行","直道而事人",陆贾提倡的为官之道,也是如此。他赞赏像有若这样,直道而行,虽然有可能受到屈辱也不回避;行不苟合,言不苟容,即使不能建立功业,也不玷污政治清白的名声。

其次,陆贾认为,为官之道在于"笃于义",坚守大义。在《明诚》篇中他说:"君明于德,可以及于远;臣笃于义,可以至于大。"为臣,只有笃于义,才能走得远,做得大。这个"义",就是"君臣之义"中讲的"臣事君以忠"。虽然,君臣之义中的君是主动的,臣的忠是相对于君的"礼"而言的,但是在臣的方面说,也就是这个"忠"了。"忠"就是孔子讲的要"致其身",为国家或国君献出自己的全部身心,竭尽忠诚。

最后,从君臣之义以及当时社会的现实状况出发,陆贾对官员提出"朝士不商"的思想。他在《怀虑》篇说:

> 目以精明,耳以主听,口以别味,鼻以闻芳,手以之持,足以之行,各受一性,不得两兼,两兼则心惑……秉政图两,失其中央,战士不耕,朝士不商,邪不奸直,圆不乱方,违戾相错,拨刺难匡。故欲理之君,闭利门,积德之家,必无灾殃,利绝而道著,武让而德兴,斯乃持久之道,常行之法也。

从具体的论述逻辑来看,陆贾提出"朝士不商",即朝中为官之人不宜经商,是从人的精力或能力的有限论出发的。他认为,人无论干什么,都需要神志专一,不能分散精力。朝士兼职经商,离开了自己的主业,就必然要影响到他所肩负的辅佐国君治国理民的职责。而同时,官员经商,也会使他们利用所拥有的权力去谋求经济利益,把权力当做他们谋求经济利益的手段和工具,并最终为自己招致灾殃。这就是他说的"欲理之君,闭利门,积德之家,必无灾殃"。关闭了"利门",才可以积德而避免灾殃。

我们前文讨论陆贾的"圣人政治"主张时，援引过他关于"据土子民，治国治众者，不可以图利，治产业"的论述，而这同时也是对官员的要求，官员也是治国治众之人，也是不可以图利、治产业的，因为致力于购置产业，"则教化不行，而政令不从"，将会对皇权政治造成极大的危害。

在陆贾看来，为政专一是极其重要的，根本原因在于不专一会放纵自己的情欲。他在《怀虑》篇举苏秦、张仪的例子说："苏秦、张仪，身尊于位，名显于世，相六国，事六君，威振山东，横说诸侯，国异辞，人异意，欲合弱而制强，持衡而御纵，内无坚计，身无定名，功业不平，中道而废，身死于凡人之手，为天下所笑者，乃由辞语不一，而情欲放佚故也。"官员的治国理政也是如此，既治国理民，又要经商，就是"辞语不一"，也是"情欲放佚"，是不可能践履为官之道的忠诚之"义"的，是对君臣之义的悖逆。所以，实际上，陆贾提出"朝士不商"也是从君臣之义这个基本的君臣之道出发的，是对为官之道的一个很重要的要求。

另一方面，"朝士不商"也是从汉初社会的实际情况出发的。汉初建国是在经历了连年的秦末农民战争和楚汉战争之后社会极端凋敝的基础上，就像《汉书·食货志》所说，汉初"民失作业，而大饥馑。凡米石五千，人相食，死者过半"，是一片极端残破凋敝的景象，国家实行与民休息的无为而治，目的就是要恢复农业生产，改变大饥馑的困乏局面，重农抑商是其基本国策之一。官员经商，无疑会对这一国策造成重大冲击。在专制主义官僚制社会里，官员的作为有着重要的示范和引导意义。抑制官员经商，无疑也是当时贯彻重农抑商政策的需要，防止官员经商对这一基本国策的冲击。陆贾提出这一问题的时候，没有从这个方面论述问题，但其在客观上是会起到这样的历史作用的。

可以说，刘邦君臣多出身草莽，对如何为君为臣茫然无知，汉初朝廷上欢呼喧哗、拔剑击柱的混乱局面证明了这一点。叔孙通制定礼义,从行为上规范了这一场景,而陆贾《新语》关于君臣关系的论述,则从思想规范上有助于理顺君臣关系,为汉初政权创造秩序和谐的政治局面,起到了思想保障的作用。

(四)进步论的历史观念

陆贾的政治思想、治国理念,都奠定在他的进步论历史观的基础上,这个历史观,在《新语》中有很清晰的反映。《新语·道基》开篇,就讲出了一个清晰的历史发展逻辑,并用了先圣、中圣、后圣三个阶段划分的方法,来表示历史的进程。他写道:

> 于是先圣乃仰观天文,俯察地理,图画乾坤,以定人道,民始开悟,知有父子之亲,君臣之义,夫妇之别,长幼之序。于是百官立,王道乃生。
>
> 民人食肉饮血,衣皮毛;至于神农,以为行虫走兽,难以养民,乃求可食之物,尝百草之实,察酸苦之味,教人食五谷。
>
> ……
>
> 铄金镂木,分苞烧殖,以备器械,于是民知轻重,好利恶难,避劳就逸;于是皋陶乃立狱制罪,悬赏设罚,异是非,明好恶,检奸邪,消佚乱。
>
> 民知畏法,而无礼义;于是中圣乃设辟雍庠序之教,以正上下之仪,明父子之礼,君臣之义,使强不凌弱,众不暴寡,弃贪鄙之心,兴清洁之行。
>
> 礼义不行,纲纪不立,后世衰废,于是后圣乃定《五经》,明《六艺》,承天统地,穷事察微,原情立本,以绪人伦,宗诸天地,纂修篇章,垂诸来世,被诸鸟兽,以匡衰乱,天人合策,原道悉备,智者达其心,百工穷其巧,乃调之以管弦丝竹之音,设钟鼓歌舞之乐,以节奢侈,正风俗,通文雅。

这段文字,把中国早期的文明史,分成了以"先圣""中圣"和"后圣"为代表的三个阶段。所谓先圣、中圣和后圣,基本上可以认定是伏羲、文王和孔子三个代表人物。我们先来说明这个问题。

《周易·系辞下》曰:"古者包牺氏之王天下也,仰则观象于天,俯则观法于地,观鸟兽之文,与地之宜,近取诸身,远取诸物,于是始作八卦,以通神明之德,以类万物之情。作结绳而为罔罟,以佃以渔,盖取诸《离》。"这里所讲的"观象于天""观法于地""结绳而为罔罟"等历史行为,和陆贾所讲的先圣时代特征是完全吻合的。

另外,《汉书·艺文志》"六艺略"所讲的"三圣""三世",和陆贾讲的先圣、中圣、后圣也基本吻合,可相互印证。其文曰:

"《易》曰:'宓牺氏仰观象于天,俯观法于地,观鸟兽之文,与地之宜,近取诸身,远取诸物,于是始作八卦,以通神明之德,以类万物之情。'至于殷、周之际,纣在上位,逆天暴物。文王以诸侯顺命而行道,天人之占、可得而效。于是重《易》六爻,作上下篇。孔氏为之《彖》、《象》、《系辞》、《文言》、《序卦》之属十篇。故曰:《易》道深矣,人更三圣,世历三古。"

关于"三圣",韦昭注曰:"伏羲、文王、孔子。"关于"三古",孟康注曰:"伏羲为上古,文王为中古,孔子为下古。"《汉书·艺文志》的这个"三圣"说,或许是受了陆贾的影响,但它却明确说出了三圣的名讳,确认是伏羲氏、周文王和孔子。陆贾以伏羲、文王和孔子,分别代表中国早期文明史的三个历史阶段。

这三个阶段的划分,应该说是符合历史的基本进程的。先圣是文明的初始阶段,伏羲氏仰观天文,俯察地理,开启民智,使百姓知道人应该有父子之亲、君臣之义、夫妇之别、长幼之序,并由此进入人类的文明时代。但文明的初期,人们的生产能力还十分低下,以伏羲为代表的先圣们引导人们进行了一系列物质文明方面的创制,其中重大者如神农尝百草,"教人食五谷";黄帝伐木构材,筑作宫室，以避风雨；后稷辟土殖谷，以用养民，种桑麻，致丝枲，织衣蔽体；禹决江疏河，排除水患，使百川顺流，各归其所；奚仲桡曲为轮，创制舟车，以代人力。此一时期，先圣们为人们解决的是物质方面的问题。到了皋陶时期，随着物质文明的进步，人们的观念和意识也有了发展，"民知轻重，好利恶难，避劳就逸"，于是，皋陶就开始进行制度上的创设，来控制人们的欲望和行为，"立狱制罪，悬赏设罚，异是非，明好恶，检奸邪，消佚乱"，由物质文明的创制进入到制度方面的建设。这是文明史发展的第一阶段，由物质文明到制度文明。

陆贾讲述的第二个阶段，以文王为代表的中圣时期，是制度文明发展到礼制文明的时期。陆贾认为，在进行了刑罚方面的制度创设之后，又出现了新的问题，即"民知畏法，而无礼义"，对于国家的管理来说，仅有刑罚是不够的，那样会使老百姓仅仅是害怕犯法，而没有向善之心，应该有礼义方面的建设来进行劝善教化。于是，就有文王、周公一类圣人来设立"辟雍庠序之教，以正上下之仪，明父子之礼，君臣之义"。"辟雍庠序之教"，就是周代的大学学校教育。辟雍、庠、序都是西周大学的名称，后世庠序泛指学校。陆贾认为，中古时期的文王、周公开始设立学校以进行礼义教化，使历史进入礼制教化的阶段。

文明史发展的第三个阶段，是在社会的发展冲破了礼仪制度的躯壳之后，社会出现了"礼义不行，纲纪不立"的衰废局面，又有圣人出来进行新的文化建设，是谓"后圣"，这就是孔子。孔子所做的事情，就是定《五经》，明《六艺》，进行系统的文化建设，以收拢人心，"正风俗，通文雅"，将文明史拉入新的轨道。

从今天的认识出发去评判陆贾的历史分期，自然有不妥之处，但在他那个时代，能够如此去看待历史的发展，起码是体现了一个历史发展进步的观念，是一个进步论的历史观，是值得给予肯定的。

从历史发展进步的观念出发,陆贾对于古今关系的看法,也超越了时人或古人。中国古代有一个贵古贱今的思想传统,谈论任何道理,都喜欢从往古寻找根源,甚至以往古为标准,似乎越古越好,圣人也都是出自古代。陆贾的《新语》是为汉高祖刘邦做"试为我著秦所以失天下,吾所以得之者何,及古成败之国"的命题作文,所以,他谈论任何问题都从历史上寻找证据,紧紧从历史的经验教训出发,来阐发治国理民之道。但是,他却不是一个复古主义者,不是一个盲目的崇古贱今的腐儒。相反,从进步论的历史观出发,他则特别强调现当代历史的重要价值,重今重于重古。他讲历史,述往事,有着明确的现实目的,有一颗为当代政治服务的清醒头脑。

在《术事》篇,他说:"善言古者合之于今,能述远者考之于近。故说事者上陈五帝之功,而思之于身,下列桀、纣之败,而戒之于己,则德可以配日月,行可以合神灵。"他认为,人们谈论往古之事,是为了"合之于今",是为今天服务的,谈古是为了论今。述论久远的事情,是为了证明眼前的问题。人一定要有这样的历史鉴戒意识。谈论五帝的勋业的时候,要想想自身,是否也应该建树一种历史的业绩;检讨桀、纣的败亡,而能够警戒于自己,就像孔子说的"见贤而思齐,见不贤而内自省"一样,那么,我们就可以培养起好的德行,修养到"德可以配日月,行可以合神灵"的境界。

不仅如此,陆贾还明确批评那些厚古薄今的观点。《术事》篇说:

> 世俗以为自古而传之者为重,以今之作者为轻,淡于所见,甘于所闻,惑于外貌,失于中情。
>
> 道近不必出于久远,取其致要而有成。《春秋》上不及五帝,下不至三王,述齐桓、晋文之小善,鲁之十二公,至今之为

政,足以知成败之效,何必于三王? 故古人之所行者,亦与今世同。立事者不离道德,调弦者不失宫商,天道调四时,人道治五常,周公与尧、舜合符瑞,二世与桀、纣同祸殃。

从进步论的历史观出发,必然是今重于古,今优于古,而世俗之人却都以古者为重,对目下的事情和经验不予重视,对于传闻的东西津津乐道,这样的思想方法影响着人们对现实政治的认知。陆贾还认为,古今之道是相同的,所以,从历史中提炼"道"的精髓,不必都求之于遥远的往古,古今之理是相通的,这就是所谓"道近不必出于久远,取其致要而有成"。他举例说,孔夫子作《春秋》,就没有从三皇五帝谈起,而仅仅记述了鲁国十二任国君242年的历史。孔夫子通过《春秋》所记录的齐桓公、晋文公的善行及鲁国十二公的历史,其中所包含的历史经验,从历史借鉴的角度说,即使对于今天也足以够用,要知道历史上为政之得失,不一定非去三皇五帝那里去寻找借鉴。周公之德和尧、舜是相同的,秦二世的败亡和桀、纣之亡也是同一个道理,离我们最近的历史中,同样地包含着可资借鉴的经验教训。陆贾提醒刘邦君臣重视近世的历史和眼前的现实。

陆贾对现实政治有强烈的认同感,对刘邦所建立的汉家王朝寄托希望,所著《新语》12篇充满饱满的政治热情,对当下之世热情讴歌。他曾在出使南越国回答南越王赵佗时,赞颂刘邦的功业:"皇帝起丰、沛,讨暴秦,诛强楚,为天下兴利除害。继五帝、三王之业统理中国……政由一家,自天地剖泮未始有也。"这样的政治立场,是与他的进步论的历史观紧密相关的。

四 陆贾的学术师承及其思想个性

(一) 关于陆贾学术师承的推测

陆贾是汉初的思想家,而他的思想是从哪里来的?老师是谁?从其思想的深刻性、丰富性上看,他一定是有师承的,是有思想的来源渠道的。但《史记·郦生陆贾列传》中对陆贾学行的简单记载,并不足以回答这个问题,我们只能从《新语》的思想内容中去寻找其蛛丝马迹,做个大致的判断或推测。

清人戴彦升《陆子新语序》考论陆贾是《穀梁》家:

夫《穀梁》家始自江公,而江公受之申公,申公受之浮邱伯,浮邱伯为孙卿门人,今《荀子·礼论》、《大略》二篇具《穀梁》义,则荀卿《穀梁》之初祖也。荀卿晚废居楚,陆生楚人,故闻《穀梁》义欤?《盐铁论》包邱子与李斯俱事荀卿,本书《资贤》篇:"鲍邱之德行,非不高于李斯、赵高也,然伏隐于蒿庐之下,而不录于世。"鲍邱即包邱子,即浮邱伯也。《楚元王传》注,服虔曰:"浮邱伯,秦时儒生。"陆生盖尝与浮邱伯游,故称其德行,或即受其《穀梁》学欤?《辨惑》篇说夹谷之会事,与《穀梁》定十年《传》大同。《至德》篇说齐桓公遣高子立僖公事,本《穀梁》闵二年《传》。《怀虑》篇言鲁庄公不能存立子纠,亦本《穀梁》庄九年《传》,可征陆生乃《穀梁》家矣。①

唐晏《陆子新语校注序》,也认为陆贾承袭《穀梁》学:

陆生以客从高祖,时已在学成之后。或者谓陆生为荀卿弟子,然则陆生固及见全经矣,其视汉初诸儒抱残守缺者何

---

① 王利器:《新语校注》,中华书局1986年版,第218~219页。

如？故其说经之言，与汉人不同，而说《穀梁》尤精；世以《穀梁》学出申公，乌知申公尚在陆生后乎？今人知重《公羊》，而以董生为巨子；不知《公羊》齐学也，为历下游士之余绪，《穀梁》鲁学也，为阙里诸儒之雅言，而陆生为《穀梁》大师，又前乎董公，人知重董，而不知重陆，慎矣。①

戴彦升认为，陆贾和浮邱伯是同时代人，并且有一起游历的经历。而浮邱伯和李斯都是荀子的学生，荀子是《穀梁》的传人，或为《穀梁》之始祖，那么，陆贾是不是从浮邱伯那里学到了《穀梁》的真义呢？戴彦升认真考察了《新语》中诸篇的引述情况，在《辨惑》篇、《至德》篇、《怀虑》篇，都有与今本《穀梁传》相同的记述；《辅政》篇、《至德》篇、《明诫》篇、《道基》篇还出现了引述《穀梁》而今本《穀梁传》所无的文字。有人以陆贾引述《穀梁》而今本《穀梁》所无的文字来否定陆贾学承《穀梁》的真实性，甚至否定《新语》本书的真实性，并判为"伪书"，戴彦升批驳说：

> 《穀梁》之著竹帛，虽不知何时，而出自后师，陆生乃亲受之浮邱伯者，实《穀梁》先师。古经师率皆口学，容有不同，如刘子政说《穀梁》义，亦有今传所无者，可证也。或乃以《穀梁传》为贾所不及见，既昧乎授受之原，且亦不检今《传》文矣。《本传》言时时前说称《诗》、《书》，而本书多说《春秋》，《穀梁》微学，藉以存焉。②

戴彦升认为，陆贾是《穀梁》先师，他所依凭的《穀梁》要比现在传世的今本《穀梁》更为本真，不能用现在的《穀梁传》去否定陆贾所引述的《穀梁》原本；相反，陆贾的称引，反倒为我们保留了《穀梁传》更真实的面貌。唐晏的看法与戴彦升完全相同，他指斥以今本

---

① 王利器：《新语校注》，中华书局1986年版，第222页。
② 王利器：《新语校注》，中华书局1986年版，第219页。

《穀梁》与陆贾引述的差异否定《新语》是抱残守缺,批评今人重视董仲舒的春秋公羊学而轻视陆贾之《穀梁》"慎矣",是错乱和颠倒。陆贾先于董仲舒,学承鲁学,是"阙里诸儒之雅言";而董仲舒的《公羊》则是齐学,不过是承继"历下游士之余绪",安可与陆贾相比?清代学者多认为陆贾之学是传承了《穀梁》学之真义。

当代文献学大家王利器先生校注《新语》,也采纳此说。他的《新语校注》"前言"中肯定戴彦升的考论,并做补正:

> 戴氏之言是也。其揭橥陆氏为《穀梁》学,尤微至。现在还可以补二事,以证成其说。《道基》篇写道:"伯姬以义建至贞。"又写道:"美女以贞显其行。"伯姬事见《穀梁传》襄公三十三年……这些都足以证明《穀梁》未立学之前,民间早已传授其书,而陆贾特其佼佼者耳。

至此,基本可以说,陆贾之学承继《穀梁》是可以得到确证的,而这都是从文献学的角度做出的考察。当代学人张涛又撰一文,从思想倾向和文章风格上进行研究,也证明了这个问题。张涛的文章从三个方面进行论证。

第一,《穀梁传》继承和发展了春秋时代就已存在的重民思想,强烈要求改变人民的悲惨状况,提高其社会地位,实行仁德之治。从重民思想出发,《穀梁传》特别强调礼乐教化的功用。而受《穀梁传》的影响,陆贾也极重仁义德治和礼乐教化,最早向汉高祖提出"行仁义,法先圣"的建议。《穀梁传》的重民思想亦为陆贾所承继。陆贾认为,实行仁义的一个重要方面就是注意节俭,爱惜民力,造福百姓。

第二,《穀梁传》非常强调宗法情谊和血缘之亲,在《穀梁传》看来,它们中的不少是出于一姓一族,应该讲求宗法之谊,化干戈为玉帛。陆贾受其启示,十分重视宗室力量在巩固国家政权中的作用。在《春秋》三传中,强调伦常关系最著者当推《穀梁传》,它主张保证宗法等级制度的稳定,因而"特多言君臣、父子、兄弟、夫妇"之旨。而陆贾也力倡"父子之亲,君臣之义,夫妇之别,长幼之序",要求"罗之以纲纪",使"长幼异节,上下有差",以稳定刚刚建立起来的社会政治秩序。《穀梁传》中的尊王思想相当明显,陆贾也以实际行动宣传尊王,先后两次说服赵佗去号称臣,归顺汉朝皇帝。《新语·怀虑》篇强调"身无境外之交"以遵王命,是直接用《穀梁》的尊王之义。

第三,《穀梁传》的主旨是传扬经义,所以语言简朴,形制短小,形成了自己独具特色的文章风格。陆贾的文章颇得《穀梁》之沾溉,二者为文方式也多有相似之处。《穀梁传》喜欢称引先贤的格言遗训,使文字更形简约清丽,而这种为文形式,陆贾在《新语》中也屡有采用。甚至,陆贾的性情品格,处世之道,也有《穀梁传》的影子。①

以上所辨是《新语》与《穀梁传》的思想关系,陆贾受《穀梁传》影响并学承《穀梁》是没有疑问的。那么,接着而来的一个问题是,从师承的角度说,陆贾的老师是谁呢?戴彦升的论述中,已经指出"荀卿《穀梁》之初祖",这是不是可以说明陆贾也有可能是荀子的学生呢?戴彦升的《陆子新语序》中只是说浮邱伯是荀子的学生,而陆贾与浮邱伯交游而接受了《穀梁传》,从而成为汉代传《穀梁》学的始祖。那么,陆贾与荀子有没有直接的学承关系呢?这是一个问题。可以肯定地说,从陆贾的学养看,他一定是有直接受业的老师的,这个老师有没有可能就是荀子,是个值得研究的问题。

从《新语》分析,陆贾的思想与荀子是非常接近的,对荀卿之书也多有称引。请看如下诸例。

---

① 参见张涛:《略论〈谷梁传〉对陆贾的影响》,《山东社会科学》1992年第5期。

《荀子·富国》篇："故曰：'天地生之，圣人成之。'此之谓也。"

《新语·道基》篇："传曰：'天生万物，以地养之，圣人成之。'"

《荀子·天论》篇："故明于天人之分，则可谓至人矣。"

《新语·道基》篇："以匡衰乱，天人合策。"

《荀子·性恶》篇："然而曾、骞孝，己独厚于孝之实……"

《新语·道基》篇："曾、闵以仁成大孝，伯姬以义建至贞。"

《荀子·修身》篇："治气养心之术：血气刚强，则柔之以调和。"

《新语·道基》篇："仗义而强，调气养性。"

《荀子·性恶》篇："故善言古者必有节于今，善言天者必有征于人。"

《新语·术事》篇："善言古者合之于今，能述远者考之于近。"

《荀子·儒效》篇："略法先王而足乱世术，缪学杂举，不知法后王而一制度，不知隆礼义而杀《诗》、《书》。""法后王"是荀卿的一个重要历史观点。

《新语·术事》篇："世俗以为自古而传之者为重，以今之作者为轻。""道近不必出于久远，取其致要而有成。《春秋》上不及五帝，下不至三王，述齐桓、晋文之小善，鲁之十二公，至今之为政，足以知成败之效，何必于三王？"

《荀子·性恶》篇："阖闾之干将、莫邪、钜阙、辟闾，此皆古之良剑也。"

《新语·术事》篇："故良马非独骐骥，利剑非惟干将。"

《荀子·君道》篇："卿相辅佐，人主之基、杖也。"

《新语·辅政》篇："夫居高者自处不可以不安，履危者任杖不可以不固……是以圣人居高处上，则以仁义为巢，乘危履倾，则以圣贤为杖。"

《荀子·宥坐》篇："孔子为鲁摄相，朝七日而诛少正卯……"王利器《新语校注》说："孔子诛少正卯事，始详于此。"

《新语·辅政》篇:"故尧放欢兜,仲尼诛少正卯。"

《荀子·仲尼》篇:"齐桓,五伯之盛者也……内行则姑姊妹之不嫁者七人。"

《新语·无为》篇:"齐桓公好妇人之色,妻姑姊妹,而国中多淫于骨肉。"

《荀子·天论》篇:"皆知其所以成,莫知其无形,夫是之谓天。"

《新语·本行》篇:"圣人乘天威,合天气,承天功,象天容,而不与为功,岂不难哉?"

《荀子·天论》篇:"天行有常,不为尧存,不为桀亡。""治乱天邪?曰:日月星辰瑞历,是禹、桀之所同也,禹以治,桀以乱,治乱非天也。"

《新语·明诚》篇:"尧、舜不易日月而兴,桀、纣不易星辰而亡,天道不改而人道易也。"

根据王利器《新语校注》中注文,短短万字的《新语》,直接称引或暗引的荀子之语就有几十处之多,这不光是说明陆贾对荀卿之书的熟悉和服膺,更能说明陆贾对荀卿的个人感情及其由衷的崇敬,当年七十子对待孔子的情景也不过如此。这很能启发我们想象陆贾与荀子的关系。从年龄或生活时代的角度看,陆贾从学于荀子也完全是可能的。当然,判断陆贾与荀子的直接师承,判断他就是荀卿登堂入室的弟子,我们还没有直接的史料可以证明。在具体的资料状况面前,我们还是只能做出他深受荀卿之学影响这样一个指向清晰而师承模糊的大致判断,如果说他是荀卿的私淑弟子大概是可以成立的。王利器《新语校注·前言》中说:"陆贾之学,盖出于荀子……《汉书·楚元王交传》:'交与申公受《诗》浮邱伯。伯者,孙卿门人也。'孙卿即荀卿,浮邱伯即包邱子。盖荀卿适楚,因家兰陵。陆贾,楚人也,与浮丘同时相善,因而闻风相悦,私淑相闻,这是意料中事……陆贾与鲍丘游,因以得闻荀子之说于鲍丘,故其书有不少可以印证荀子之处。"王利器之说,也是肯定陆贾之学与荀卿之学的私淑渊源的,并且明确判定"陆贾之学,盖出于荀子",如此说来,认定陆贾的师承是荀子之学并不过分。

(二) 学界对陆贾学术的认同或判断

古来研究陆贾《新语》的人,一般都是遵循传统思维,把儒家归入先秦传承下来的某家某派,或为儒家说,或为道家说,或为杂家说,自古迄今,莫衷一是。我们先来对前人的论说做一检讨。

陆贾为"儒家"说

认定陆贾为儒家者,在古今学术界都是主流观点。陆贾学承荀子,司马迁在《史记·郦生陆贾列传》中又说他在高祖刘邦面前时时称说《诗》、《书》,这使得古往今来很多学者都认定陆贾是儒学的传人,是汉代儒家之初祖。其实,从个人身份认定上,司马迁也只是将其判定为"有口辩士",大概类似于纵横家,并没有说陆贾是个儒者。

东汉初的班固,在《汉书·艺文志》中,第一次将陆贾归入"儒家者流",在儒家类中收录《陆贾》二十三篇。

王充《论衡·案书》篇:"《新语》,陆贾所造,盖董仲舒相被服焉,皆言君臣政治得失,言可采行,事美足观。鸿知所言,参贰经传,虽古圣之言,不能过增。陆贾之言,未见遗阙;而仲舒之言雩祭可以应天,土龙可以致雨,颇难晓也。"王充把陆贾和董仲舒相提并论,并认为董仲舒承自陆贾,也说明他是把陆贾归之为儒家的。

《隋书·经籍志三》在"儒者"类中,收录陆贾《新语》二卷,也是将陆贾归入儒家。

宋人黄震的《黄氏日抄》中评论陆贾:"汉初儒生,未有贾比也。

而太史公屈与郦生同传,岂以其辨说欤。"①黄震认为陆贾是汉初第一儒,司马迁把他与真正的辩士郦生同传,只看到了陆贾善辩的一面,以"辩士"目之实在是委屈了陆贾。

古人将陆贾归之于儒家者颇多,以《四库全书总目提要》之论为最明确。是书曰:"据其书论之,则大旨皆崇王道,黜霸术,归本于修身用人。其称引《老子》者,惟思务篇引'上德不德'一语,余皆以孔氏为宗,所援据多《春秋》、《论语》之文,汉儒自董仲舒外,未有如是之醇正也。"②

《四库》之后,清代学者认陆贾为儒家并批评司马迁把陆贾评为辩士者颇多。严可均《新语叙》说:"汉代子书,《新语》最纯最早,贵仁义,贱刑威,述《诗》、《书》、《春秋》、《论语》,绍孟、荀而开贾、董,卓然儒者之言,史迁目为辩士,未足以尽之。"③

清人戴彦升的《陆子新语序》中说:"《本传》(指《史记》中的《陆贾列传》)言时时前说称《诗》、《书》,而本书(指《新语》)多说《春秋》,《穀梁》微学,藉以存焉。《论语》、《孝经》,亦颇见引,盖所谓'游文《六经》'之中,留意于仁义之际,祖述尧、舜,宪章文、武,宗师仲尼,以重其言'者,生书有以当之。太史公谓:'陆生《新语》十二篇,固当世之辨士。'以辨士目生,何浅之乎读是书哉!"④戴氏坚定地判断陆贾为儒家,并批评司马迁把陆贾看做是辩士之肤浅!

近代以来,判陆贾为儒家者也很普遍。余嘉锡在《四库提要辨证》中说:"贾在汉初,粹然儒者,于《诗》、《书》煨烬之余,独能诵法孔氏,开有汉数百年文学之先,较之贾、董为尤难,其功不在浮邱伯、伏生以下,故班固、王充皆亟称之,汉高以马上得天下,不知重

---

① 黄震:《黄氏日钞》卷四十六《郦生陆贾》,文渊阁四库全书本。
② 纪昀:《四库全书总目提要》,河北人民出版社2000年版,第2337页。
③④ 转自王利器:《新语校注》,中华书局1986年版,第215页,第219页。

儒,贾独为之称说《诗》、《书》,陈述仁义……汉初之拨乱反正,贾有力焉。融(东汉经学家孔融——笔者注)以贾与叔孙通、范升、卫宏并言,亦以贾为经学之儒也。然贾实具内圣外王之学,非叔孙通辈陋儒所敢望,惜乎未尽其用,否则经术之兴,不待汉武时也。史迁乃曰:'余读陆生《新语》书十二篇,固当世之辩士。'夫《新语》岂飞箝捭阖书耶? 然则国人皆以孟子为好辩,又何为读之废书而叹也!《本传》叙贾著《新语》,但粗述存亡之征,盖其不足以知陆生如此。"①余嘉锡在批评司马迁把陆贾做辩士看待的同时,还指责他根本就没有读懂陆贾,这几乎是在表达一种强烈的不满和义愤!

当代学者金春峰在其著作《汉代思想史》中,认为《新语》的基调是儒家的仁义德治思想,将其定为汉初儒家复起的代表人物。他说:"汉初儒家思想复起的代表人物,是陆贾、贾谊、韩婴等人。他们宣扬儒家的仁义德治,批判法家片面崇尚法治和黄老清静无为的思想,而同时又吸收融合法家和黄老思想,表现出汉代儒法和儒道既排斥斗争,又相互吸收、融合的历史特点。他们的思想为董仲舒神学目的论的儒家思想体系的建立,做好了某种准备。"②

把陆贾归入儒家,遇到的最大挑战是《新语》中的"无为"篇,这一篇的思想属性,太像是道家了,特别是太像是汉初的黄老之道家学派。于是,当代学术界在论证陆贾的儒家属性时,大都要在辩论陆贾的"无为"上做文章。金春峰说:"陆贾希望有一个无为而治的'至德之世',但这个至德之世是实行儒家礼义之治的……这是孔子'老者安之,少者怀之,朋友信之','庶人不议','必也使无讼乎'的社会理想的实现。"③也就是说,金春峰认为,不能因为陆贾主

---

① 转自王利器:《新语校注》,中华书局1986年版,第208页。
②③ 金春峰:《汉代思想史》(增补第三版),人民出版社2006年版,第67页;第72~73页。

张无为而治,就把他划归于道家阵营。

当代研究中国古代政治思想史的大家刘泽华先生说:"陆贾无为政治的核心是要求政府减少对社会的行政干预,减少徭赋,减轻刑罚。但他描绘的社会关系与道家思想迥然不同,完全是儒家思想的妙境。臣忠子孝、尊尊亲亲、上下有序、老安少怀,皆遵从礼义。"①

徐平华也有论文讨论陆贾无为思想的属性问题。他认为,陆贾无为思想属于儒家的"道德导向无为",并非人们通常所认为的黄老道家的"自然无为";源自儒家的仁义而非黄老道家的道。故与其说陆贾属于黄老道家,还不如说其属于儒家更确切,而其书《新语》有启"文景之治",故此,"文景之治"很大程度应归功于儒家及其"道德导向无为",而非通常我们认为的黄老道家及其"自然无为"。②

李芳的硕士论文《陆贾无为思想辨析》,专题讨论陆贾无为思想的属性问题。论文认为:要对陆贾无为思想有准确的理解和把握,关键是要抓住陆贾的圣王观和仁义论,这是其无为思想的基本精神。根据圣王观和仁义论,陆贾无为思想的基本内涵是:将理想的社会政治秩序的确立寄托于道德主体圣王一人身上。圣王通过"定五经,明六艺""定人道",选贤任能,实施以仁义为基本精神的礼乐教化,特别是发挥其完美道德人格强劲的感染力和影响力,使人民感其德化,使社会在人伦的轨道上正常运行,无为而无不为,从而天下大治。陆贾的这种治道,是相对于秦朝"举措太众、刑罚太极"的有为之治而言的,它特别强调圣王无形的人格感染力量,

---

① 刘泽华、葛荃主编:《中国古代政治思想史》(修订本),南开大学出版社2001年版,第189页。

② 徐平华:《陆贾无为思想的属性辨析及其价值》,《求索》2009年第8期。

故可称为"无为之治"。这种治道中的圣王观和仁义论,同孔子"无为而治"的思想一脉相承,其圣王是有完美的人格道德修养的主体,其仁义教化是要确立宗法人伦等级秩序。这种等级秩序,一方面建立在人对自身的反思和自觉的基础之上,另一方面通过人为的干预确立起来。正是在人为干预和宗法人伦等级这种意义上,我们说,陆贾的无为思想不归属于道家的无为而归属于儒家的无为。①

还有人为了把陆贾思想更顺利地解读为儒家思想,提出一个"新儒学"的说法,以便顺理成章地把道家的无为而治吸纳进来。新儒学就意味着不是原教旨主义的儒学了,而是在传统儒学的思想平台上,吸纳道家、法家、墨家、阴阳家等等诸家精华的基础上形成的儒学;但不管它吸收了多少其他诸家的思想,而其本质仍然是儒学。

李存山在《秦后第一儒——陆贾》一文中说:"陆贾开汉代尊儒之先河,实现了秦汉间由'任刑法'到'行仁义'的政治指导原则的转变。后来的董仲舒之尊儒,实乃步陆贾之后尘而已。但陆贾之尊儒与董仲舒之尊儒又有一个不同的方面,即前者不是儒学之独尊,而是尊儒术,不黜百家。"②他认为,陆贾尊儒术而不黜百家,以儒家的"仁义"为核心,吸收法家、道家、阴阳家诸家思想而形成了自己新的儒家思想,并开汉代经学之先河。

李禹阶认为,陆贾的新儒学主要是体现了儒法思想的融合。他说:"陆贾作为西汉建国后第一位有较系统的新儒学思想的政论家、思想家,他以儒学为本,对儒学进行了适应封建专制的大一统

---

① 参见李芳:《陆贾无为思想辨析》,兰州大学中国古代哲学硕士学位论文,2009年。

② 李存山:《秦后第一儒——陆贾》,《孔子研究》1992年第3期。

格局的更新与改造,对'君道'进行了全面的释义。他所涉及的对儒学的阐释,应当说既继承孟荀,又已超过对孟荀之学的简单的文本阐释,同时更具有广泛的,为西汉专制君权进行合法性理论辩护与儒学与法家专制主义主张合流的改弦更张的背景。实际上即是将儒家之学移植入既定的法家思想背景的新的政治游戏规则之中。"①李禹阶还有专文为陆贾的"无为"思想辩护,认为陆贾的无为而治,是援道入儒的表现。他说,陆贾"无为"论是在总结秦亡教训上的一种以道入儒的思想学说,其基本内容是以儒学"仁""礼"为纲,以道家为表,儒学为里;"无为"为用,"仁治"为体,而融合儒道两家,将儒家"仁义"思想赋予了新的内涵。②

综括古往今来人们对陆贾为儒家的看法,大体是有以下几点根据:

(1)《史记》本传所言,陆贾时常在高祖面前称引《诗》、《书》,而《诗》、《书》是儒家的基本典籍;

(2)《新语》十二篇多说《春秋》、《穀梁》,《论语》、《孝经》亦颇见引,"游文《六经》之中,留意于仁义之际",以仁义为其主旨;

(3)《新语》"无为"篇的思想属性非道家之无为,是道德导向之无为,而非黄老的自然无为;

(4)《新语》是以儒学为思想平台吸收诸家学说构建的新儒学,书中的其他思想要素,并不改变学说的儒家属性。

陆贾为道家说

此说始于近代。前文我们讨论《新语》之真伪问题的时候,提到孙次舟关于《新语》是伪书的观点,他在论证《新语》之伪的时候,

---

① 李禹阶:《陆贾新儒学的文化独尊思想——兼论儒家文化思想上的独尊性与唯我性》,《西南师范大学学报》2003年第5期。

② 李禹阶:《陆贾"新无为"论探析——论汉初新儒家的援道入儒思想》,《中华文化论坛》2003年第1期。

谈了许多《新语》中有道家观点的看法。他说：

> 今本《新语》有《无为》一篇。"无为"者，道家之说也。陆贾书中，恶得有此……"无为"实道家之所贵也。今本《新语》既有《无为》篇，而篇中所论，亦尽道家变化于无为之意……夫《新语》儒书也，而有道家之言，讵不令人眩惑乎？况儒家重"仁义"，而道家尚"道德"。孔氏重仁不重义，至子舆氏始"仁义"并称。道家卑薄"仁义"，尊重"道德"……"道德"，"仁义"，儒道之所异也。今现行《新语》书，不惟《无为》篇多道家之指，即其他诸篇亦多言道德，不滋令人生疑乎……《本行》篇曰："故圣人卑宫室而高道德，□□服而仅仁义。"《新语》本儒家书，乌得有此？况其《辅政》篇曰："故杖圣者帝，杖贤者王，杖仁者霸，杖义者强。"《术事》篇曰："故制事者因其则，服药者因其良。书不必起仲尼之门，药不必出扁鹊之方。"是直以"仁义"为仅足霸强，而仲尼之书亦不必可贵。此与儒家"留意仁义"，"宗师仲尼"之例，大相违戾。①

此说虽然没有直接说陆贾是道家，但其意甚明，孙次舟判断《新语》是符合道家"以虚无为本，以因循为用"之旨的。

现代学术史上，翦伯赞主编的《中国史纲要》明确把陆贾《新语》的思想属性定为道家。他说："西汉初年代表黄老政治思想的著作，是陆贾的《新语》……但是陆贾兼有儒家及其他诸家思想。"虽然翦伯赞指出了陆贾兼有儒家及其他诸家思想，但将其归入黄老之学还是明确的。何兆武主编的《中国思想发展史》也持这样的观点："陆贾、司马谈等人的思想中就呈现以黄老思想为主干，兼采儒家等诸子思想的特征。"哲学家肖萐父也将陆贾归之于道家，并称之为新道家。他说："陆贾《新语》所提供的以道兼儒的'无为'原

---

① 罗根泽编著：《古史辨》六，上海古籍出版社1982年版，第120页。

则,虽尚粗浅而未形成明确体系,但符合形势需要,反映了时代思潮。所以,陆贾在中央的这一建议与盖公在齐地对曹参的指教竟不谋而合,表明秦汉之际崛起的新道家思想,适应了当时封建统治者的迫切要求。"

祝瑞开的《两汉思想史》中说:"陆贾融合儒、法、道等各家思想,而以道家思想为主。他具有唯物主义的自然观和朴素辩证法的思想。他的'无为'的政治主张为刘邦及其左右采纳,对汉初'清静无为'的政治发生重要的影响。正是在这样的情况下,汉初黄老之学盛行起来。"① 按照祝瑞开的说法,陆贾不仅属于黄老道家,而且还是汉初黄老学盛行的发起人。

田昌五、安作璋先生主编的《秦汉史》第九章"秦汉思想文化"中的"西汉初年诸子余绪的活跃与新道家"一节中,讲述了陆贾《新语》中提出的实行"无为"的"治国之道",显然是把陆贾安排进了道家阵营。②

当代学术界把陆贾论为道家的代表人物是熊铁基先生,熊先生思想史研究的突出亮点,是提出了一个新道家说,陆贾就是他所论证的汉代新道家的第一位代表人物。他的《秦汉新道家》一书第十章"陆贾是汉初新道家的突出代表",用了两万字的篇幅来讨论陆贾的新道家问题,他说:

> 《新语》的指导思想显然是道家思想,在十二篇中,除《资质》专讲求贤,没有涉及道字之外(只有"功弃而德亡"一句不关紧要的话),其余十一篇都有道和德的叙述……道家著作的特点是:一方面讲得比较多,另一方面(也是更主要的)是承认道是宇宙的本体,是万物之源……我们认为,以道为指导思

---

① 祝瑞开:《两汉思想史》,上海古籍出版社1989年版,第50页。
② 田昌五、安作璋主编:《秦汉史》,人民出版社2008年版。

想,把"道法自然"的思想创造性地用之于人生和政治,是新道家的主要特点(这在前面各章中已一再指出),《新语》正是有这样的特点。

仁义在《新语》中是有较多的称述,"贵仁义"无疑是儒家的思想特点,但并不能因此就说《新语》是最纯的儒家之作。因为:

(1)"仁义"两字(有时又是"礼义",也有"德义"),和"道德"两字一样,是各家著作中都有的,道家当然也有……《新语》言及"仁义"时,始终没有离开过"道",它的"仁者道之纪,义者圣之学",就是试图说明道德与仁义的关系,仁义是具体讲行为的准则(行之本),道或者道德是最高最根本的准则。"行以仁义为本"就是"修道行德",这是《本行》篇中可以证明的……

(2)仁义之所以被强调,与当时的历史条件是分不开的,道衰世乱,举措暴众,用刑太极……仁义是与刑法相对而提出和强调的。再退一步说,即使肯定仁义是儒家的思想,被吸收到《新语》中来,正表现新道家之"采儒、墨之善"。

(3)《四库全书总目提要》说:"其称引《老子》,惟《思务》篇引'上德不德'一语,余皆以孔氏为宗,所援据多《春秋》、《论语》之文。"——这不仅是皮相之论,而且是与事实不符的。单从数量上看,"援据"的内容也是道家的多。①

综合以上各家观点,判定陆贾为道家或新道家的主要根据是:
(1)陆贾《新语》有《无为》篇,集中阐述了道家无为而治的思想;
(2)《新语》多篇中都反映出"制事者因其则,服药者因其良"

---

① 熊铁基:《秦汉新道家》,上海人民出版 2001 年版。

的因势利导、因时而变的思想，而这正好吻合司马谈归纳的道家要旨"以虚无为本，以因循为用"；

（3）视陆贾为道家或黄老道家，符合汉初大的政治思想环境。

陆贾为杂家说

因为《新语》确实引述有各家著作，所以，认陆贾为杂家的人很多。

杂家说可以追溯到宋代的石介（字守道）。《宋文选》收录有《石守道文》，其中有《汉论》三篇。石介说："汉革秦，不能尽循周之道，王道于斯驳焉。"驳，即杂，石介认为，禹、汤、文武的王道之学到汉初之时，被搞得驳杂而不纯正了；而造成王道之学驳杂的罪魁祸首，则是曹参、陆贾、叔孙通等人。至于造成汉初王道之驳杂的罪责为什么要由陆贾、叔孙通之辈来承担，石介只是笼统言之，说："（陆）贾若能远举皇帝之道，致于人君，施于国家，布于天下；（叔孙）通若能纯用三王之礼于朝廷，通于政教，格于后世，以高皇之材而不能行之乎？乃龊龊进夫当时之近务，王霸之猥略，贵乎易行，孜孜举夫近古之野礼，亡秦之杂仪，求夫疾效，使高祖上视汤武有惭德，汉家比踪三王为不侔，可惜也哉！"①具体到陆贾的问题，就是没有用纯正的文王周公之道来劝导高祖，而是用"霸王道杂之"的态度，实用主义的方法，从各家思想中杂而取之。石介称陆贾《新语》所献"十二篇"，是"王霸之猥略"，非纯正之儒。但石介的确没有具体分析陆贾所言何谓王道，何谓霸道，猥略到什么程度。

在古代目录学著作中，最早把《新语》列入杂家的是《崇文总目》。是书卷五"杂家类"下，列"《新语》二卷"。其后《宋史·艺文志》也在"杂家类"中列入"陆贾《新语》二卷"。

胡适《陆贾新语考》一文中说："《新语》一书，很有见地，其思想

---

① 《宋文选》卷十五《汉论中》，文渊阁四库全书本。

近于荀卿、韩非,其《道基篇》叙文化的演变尤有独到的见解。"在《述陆贾的思想》一文中,他更明确地说:"此书仍是一种'杂家'之言,虽时时称引儒书,而仍不免带点'左'倾的色彩,故最应放在《吕氏春秋》和《淮南子》之间。"①

前文谈到过王利器认定陆贾私淑荀子,但他则判断陆贾是杂家,学兼儒、道两家。他在《新语校注》"前言"中说:"陆贾者,盖兼儒、道二家,而为汉代学术思想道乎先路者也。陆贾传《穀梁》,私淑荀子,然于学术不专主孔氏,前举'书不必起于仲尼之门'一语,即其明证。故其书于《辅政》之后,即进说《无为》。"

徐复观先生的《两汉思想史》中说:

因为陆贾所把握的是活的五经六艺,而其目的是在解决现实上的问题,所以他把儒家的仁义与道家无为之教,结合在一起,开两汉儒道并行互用的学风……两汉政治思想的大势,由陆贾、贾谊、《淮南子》中的刘安及其宾客,董仲舒的《春秋繁露》、《盐铁论》中的贤良文学,以及扬雄,都是儒道两家思想的结合。当然其中有分量轻重的不同。尤其是以道家的态度立身处世,以儒家的用心言政治言社会,更是由陆贾开其端的两汉知识分子的特色。②

儒道两家思想之融合,也就是说他们已经不是醇儒或醇道,而是"杂之"之学了。不过徐复观这个说法,一下胪列了西汉的所有著名思想家,这我们就不好说他们都是杂家了,这种现象只是反映了西汉时期思想融合的趋势。

以上诸说,杂家说是最不需要有什么思想的,因为它不需要有

---

① 转引自王兴国:《贾谊评传》(附陆贾晁错评传),南京大学出版社1992年版,第479页。
② 徐复观:《两汉思想史》,华东师范大学出版社2001年版,第63～64页。

什么思想内涵方面的分析。任何人的思想不可能都是那么醇正，总会有对不同思想要素的吸纳，不去从总体上分析把握，单单是从现象上看，做出杂家的判断是非常简单的事情，但却没什么意义。其实，真正的思想家，思想都是有体系的，不可能是杂家。而且一个人的思想，在内在逻辑上是总会是一以贯之的。看"杂"只是现象，而其思想的主导方面，是需要分析才可以看到的。历史上所谓杂家，如《吕氏春秋》，如《淮南子》，那是成于众人之手，是编书，思想的驳杂是自然的；而陆贾的《新语》，完全出自一个人的手笔，自我思想上相互矛盾，自我冲突，是不大可能的事情。

（三）陆贾对先秦学术的批判继承

任何时代的任何思想家，都是在已有的思想资料的基础上，展开自己的思维活动或思想创造的，陆贾也不能例外。陆贾所凭借的思想资料，就是在先秦时期积累起来的历史文献，包括通过孔子整理而流传下来的六经，也包括丰富的战国诸子文献。所谓春秋战国百家争鸣中的各家各派，他们的思想资料，都是陆贾思想创造活动的基本凭借。陆贾的一切思考，都是在先秦思想的平台上展开的。他仅仅从汉初的历史实践需要出发，围绕汉代大一统政治的国家社会建设，从先秦思想中汲取营养。不管是哪一家哪一派，只要是对他有益的，适合于他的时代的，他都毫无偏见地汲取过来，并化作自己思想的有机部分。从今本《新语》十二篇的内容来看，陆贾所借鉴并吸收的思想成分，按照传统的思想分野模式来说，他所吸收的有儒家、道家、法家、墨家、阴阳家等等，先秦思想的所有主要派别，他都有所汲取，并秉持了冷静的理性的科学态度，对各家各派都有所批判，有所扬弃。我们下文主要考察陆贾对儒家、法家、道家思想的批判继承问题。

在陆贾思想体系中，儒家所占的成分无疑是最大的。他当面对刘邦讲应该"行仁义,法先圣",这同时也就是贯彻在《新语》中的基本思想。在前文关于《新语》的思想内涵的阐述中,我们已经着重谈了他所主张的"治以道德为上,行以仁义为本"的立国之道,以《五经》、《六艺》进行社会教化,以及建树圣人政治,行仁政实践、建构宽舒的政治社会环境等政治主张,都是正宗的儒家思想。但在继承儒家思想的同时,却也对儒学保持了一份比较清醒的批判意识,并不是盲目地无分析地承袭。

我们知道,先秦传统儒家,特别是孔孟,都特别推崇上古三代,将尧、舜、禹时期视为人类历史上的黄金时代,言必称尧、舜是儒家学者的基本特色。如《论语·泰伯》篇,多次称颂尧、舜、禹的时代:

子曰:"巍巍乎,舜、禹之有天下也,而不与焉。"

子曰:"大哉,尧之为君也!巍巍乎,唯天为大,唯尧则之。荡荡乎,民无能名焉。巍巍乎,其有成功也,焕乎,其有文章!"

舜有臣五人而天下治。

子曰:"禹,吾无间然矣。菲饮食而致孝乎鬼神,恶衣服而致美乎黻冕,卑宫室而尽力乎沟洫。禹,吾无间然矣。"

孔子说,舜和禹真是太崇高太伟大了,他们贵为天子,富有四海,却一点也不为了自己考虑。尧这样的君主也是太伟大了,天最高最大,而只有帝尧才能够效法天的榜样。他的恩惠是那样广博,老百姓都不知道该怎样称颂他。他的功绩实在是太崇高了,他的礼仪制度也充满了光辉。帝舜时代也使人向往,他只用了五个贤臣而天下就得到了治理。至于大禹,我就更是没有什么可说的了,他自己吃得很差,却把祭品办得很丰盛;自己穿得很破,却把祭服做得很华美;他住的公室很简陋,却把力量都用在农田水利上。他对天地鬼神的尊敬,对人民事业的尽心,真是到了无以复加的地步。

陆贾是非常崇拜孔子的,在《新语·辨惑》篇,他对齐鲁夹谷之会中孔子的大义凛然,对孔子的睿智和威武,表达了由衷的称赞。在《新语·思务》篇,他说:"昔舜、禹因盛而治世,孔子承衰而作功,圣人不空出,贤者不虚生。"把孔子看做是和舜、禹并肩的圣贤。但是,即便如此,他也并不就对孔子及其学说表现出迷信和盲从。孔子那样推崇三代政治,而陆贾则更多地提倡厚今薄古,在书中批判那种一味效法远古、以古为美的观念和做法,主张从近世历史中吸取经验教训。前文我们在讲陆贾进步论的历史观时,阐述过这样的问题。他认为,仅仅是《春秋》为我们提供的 242 年的历史,仅仅是齐桓、晋文之功业,仅仅是鲁国十二公的历史经验或教训,就足够我们思考或借鉴,何必要求助于往圣三代呢？离我们最近的历史中,同样包含着可资借鉴的经验教训,应该重视近世的历史和眼前的现实。陆贾厚今薄古的思想观念,是和传统儒家的历史观念相矛盾和冲突的,也可以看做是对先秦儒家历史观的一个批判。他所说"世俗以为自古而传之者为重,以今之作者为轻,淡于所见,甘于所闻,惑于外貌,失于中情",就是对儒家的重古观念表明了明确的批判态度。

在《新语·术事》篇,陆贾提出了一个因世权行、慎思明辨、重视实效的思想方法,涉及对待儒家经典文献的态度问题。他说:"道为智者设,马为御者良,贤为圣者用,辩为智者通,书为晓者传,事为见者明。故制事者因其则,服药者因其良。书不必起仲尼之门,药不必出扁鹊之方,合之者善,可以为法,因世而权行。"他讲的是一个既辩证而又很直白浅显的道理。道是为智者准备的,没有高超的智慧是不可能掌握道的灵魂或原则的。马遇到善驭者才是匹好马,再好的马遇到不会骑的人也无法驾驭。贤人遇到圣人才能任用,遇到暗主暴君,真是贤人也无法发挥作用。辩士遇到智者才能通达,遇到不明事理的人,再好的辩才也和他讲不通。书中的道理遇到明白人才能读懂而传播,再经典的理论,在读不懂他的人那里也没有用处。事情的道理,遇到有洞察力的人才能说得明白。一切事情都要靠人的睿智、思考和主动性。有了思维的主动性,做事就遵循事物的法则,用药就顺其药理。所以,读书不一定都要是出于孔子之门的书才是好书,用药也不一定是神医扁鹊开的方子才是良方,只要合乎事物的道理,只要在实际中管用,就是好书,就是良方,就可以照着去做。处世、做事,都要因循世事的变化而进行权衡、选择。对于一个大量吸取儒家经典之智慧的人来说,提出"书不必起仲尼之门",真是石破天惊之论,表现出了一个杰出思想家卓越的思维品质,完全是一种理性、清醒的学术批判态度。

法家是陆贾主要的批判对象。陆贾要帮助刘邦确立无为而治的治国路线,主要就是针对秦代的法家路线的。秦王朝役民过重,刑罚过苛,导致其速亡,陆贾《新语》的一切设计,几乎都是针对亡秦的教训而来。所以,《新语》在很多地方都把秦的法家路线作为靶子来批判。"事逾烦天下逾乱,法逾滋而天下逾炽……秦非不欲治也,然失之者,乃举措太众、刑罚太极故也。"这是陆贾从秦的行政实践中看到的最基本的历史教训。所以,陆贾的政治蓝图中,是排斥法家思想的。但是,陆贾还是有分析地对待法家的基本思想,而不是一味地否定。

陆贾认为,法家所以有问题,主要是在于刑罚太重,执法太酷,是用法的过度的问题,而不在于法的本身。《明诫》说:"夫持天地之政,操四海之纲,屈申不可以失法,动作不可以离度,谬误出口,则乱及万里之外,何况刑无罪于狱,而诛无辜于市乎?"秦朝的法家路线之失,就在于"失法""离度",成了滥施淫法,"刑无罪于狱,而诛无辜于市",而导致了整个社会秩序的失范。而一个正常的政治状态,也是不能没有法度的,也是需要有法的秩序的。所以,陆贾还是主张有法,用法。在《无为》篇,他说:"夫王者之都,南面之君,乃百姓之所取法则者也,举措动作,不可以失法度。"没有法度,百姓就会手足无措。当然,这个法度,是要有王者来体现的。王者有法度,百姓来效法。除此而外,陆贾也主张有统一的明确的法度。《怀虑》篇说:"故圣人执一政以绳百姓,持一概以等万民,所以同一治而明一统也。"这个"执一政""持一概""同一治",就是法,是整个国民共同的行为准则。圣王要靠这个共同的"法",才能达到一统之治。显然,陆贾对于其批判对象,也是抱持了一种有分析地扬弃的态度,有所弃,有所取。

最后我们来看看陆贾对待道家的态度问题。不管是否认可陆贾是道家的判断,《新语》吸取道家思想是没有异议的,《无为》篇是集中的体现,其他一些篇中也有道家的思想成分,陆贾对道家思想的欣赏是毋庸置疑的。但是,与陆贾对儒家的态度一样,对待道家,陆贾同样是抱持了一种有分析地批判继承的态度。

陆贾在《无为》篇憧憬舜帝治天下和周公制礼作乐所达到的理想境界:"昔舜治天下也,弹五弦之琴,歌《南风》之诗,寂若无治国之意,漠若无忧天下之心,然而天下大治。周公制作礼乐,郊天地,望山川,师旅不设,刑格法悬,而四海之内,奉供来臻。"但在这段话的最后,则说了一句最核心的话"故无为者乃有为也"。所以要行无为之政,主要是鉴于在经历了秦的暴政及反秦的连年战争之后,社会的确需要有一个休养生息的安定环境,与民休息,轻徭薄赋,都是必需的政策选择。而同时,无为之政的选择,在政治方针上也是对秦的暴政矫正。所以,行无为之政绝不意味着不应该大有作为,无为的落脚点还在于要有为,要有所作为。在无为之政之下,蕴含的是积极向上的能量,是大有作为的正气。于是,从这一基点出发,陆贾对道家思想中的消极因素,则给予了明确的批判。

在道家思想中,有关政治方面,最消极的就是遁世、避世、逃避现实的思想,这一思想严重影响人们的社会参与,特别是影响士人阶层参与社会建设的积极性,而汉初社会凋敝,百业待兴,正是用人之际。所以,陆贾就对道家的避世思想进行了严肃批判。他在《慎微》篇说:

> 道者,人之所行也。夫大道履之而行,则无不能,故谓之道。故孔子曰:"道之不行也。"言人不能行之。故谓颜渊曰:"用之则行,舍之则藏,惟我与尔有是夫。"言颜渊道施于世而莫之用。由人不能怀仁行义,分别纤微,忖度天地,乃苦身劳形,入深山,求神仙,弃二亲,捐骨肉,绝五谷,废《诗》、《书》,背天地之宝,求不死之道,非所以通世防非者也。

> 夫播布革,乱毛发,登高山,食木实,视之无优游之容,听之无仁义之辞,忽忽若狂痴,推之不往,引之不来,当世不蒙其功,后代不见其才,君倾而不扶,国危而不持,寂寞而无邻,寥廓而独寐,可谓避世,而非怀道者也。故杀身以避难则非计也,怀道而避世则不忠也。

第一段话,是在辨析孔子的两段话,讲对孔子的相关思想应该怎么正确地理解。《论语·公冶长》篇,孔子云:"道不行,乘桴浮于海。"《论语·述而》篇,子谓颜渊曰:"用之则行,舍之则藏。"孔子这两句话,都有点避世的意思。第一句话是说,如果我的主张不能实行,就乘一只木船到海上去。第二句话说,如果用我的话,就干起来,就去做;如果没有人用我,就藏起来。这两句话看似有些消极,容易被人拿来作为隐士的挡箭牌,说道不能行,就舍弃道而隐居不仕。陆贾说,道没有不能行的,"大道履之而行,则无不能"。孔子所说道之不行,是说人不能践行道的时候,而不是道行不通。舍之则藏,是施于世而不被用。这里都是"道"不被施用时的被动情况,而不是对"道"失去信心。在今天这样的时代,如果不能怀仁行义,践行大道,审时度势,积极而为,相反却"苦身劳形,入深山,求神仙,弃二亲,捐骨肉,绝五谷,废《诗》、《书》,背天地之宝,求不死之道",那就是完全误入了歧途。

第二段话是对避世者的直接批判。陆贾认为那些"当世不蒙其功,后代不见其才,君倾而不扶,国危而不持",不积极出仕建功立业的避世者,都不是怀道之人。如果有道的追求,却还要避世,那就是不忠,实际上是对"道"的背弃。陆贾对避世者的批判,完全是从国家立场或者说皇权立场出发的,避世者背离了这样的立场,不能辅佐国君建功立业,是士人的耻辱。特别是在天下已定,进入社会建设的时代,或者说是"邦有道"的时代,远离仕途,遁入深山,按《论语·泰伯》篇的话说,那就是"邦有道,贫且贱焉,耻也"。真正的士人是应该摈弃消极态度,而建功于当代的。陆贾对道家思想消极面的批判,表明了他的政治立场,也显示了他有分析地对待前人思想资料的科学态度。

(四)陆贾的思想个性

通过前文的分析,我们的确看到了陆贾思想的形成,是吸收了诸多思想成分的结果,而且在吸收前人的过程中,有分析,有取舍,而不是简单地摘取和拿来,而是从自己的角度进行了选择和改造,把前人的东西融入自己的体系之中。那么,他究竟是以哪一家的思想为主体,来兼收并蓄?如果这样去思考问题,我们就会再度陷入前人关于陆贾思想属性分歧的泥潭。其实,我们可以另辟蹊径,从另外一个角度去思考,即陆贾为什么非得是儒家、道家、杂家,而不能不是任何一家而仅仅是他自己呢?陆贾就是陆贾,这样看问题不行吗?

其实,先秦学术分成阴阳、儒、墨、名、法、道诸家,不一定就是先秦学术的真实情况,它是汉代人给予我们的学术观念。笔者几年前提出过这个问题,写作过专门的论文,可为参考。①从先秦思想的实际状况看,在先秦时代,人们是没有学术划分为阴阳、儒、墨、名、法、道诸家之概念的。先秦学术史上的名篇,诸如《庄子·天下》篇、《荀子·非十二子》、《吕氏春秋·不二》篇、《韩非子·显学》篇等,都没有明确的学派划分。先秦时代学人论学术,大多是因人设论,学派意识并不明确。他们并没有给后人指示出当时学术分野的大体图景。西汉初期的《淮南子·要略》中,谈及先秦学术,分别论述了儒者之学、墨家之学、管子之学、刑名之学、商鞅之学和纵横之学,其本意在于探讨诸子学说的背景条件,也不是讨论他们的学术分野。所以,这篇出自汉初的作品,仍然没有表现出明确的学派意识,没有给后人划定一个先秦学术的基本图景。我们现在所接受的先秦学术的学派体系,首见于司马迁《史记·太史公自序》中所保留的司马谈的《论六家要指》:

> 夫阴阳、儒、墨、名、法、道德,此务为治者也,直所从言之异路,有省不省耳。尝窃观阴阳之术,大祥而众忌讳,使人拘而多所畏;然其序四时之大顺,不可失也。儒者博而寡要,劳而少功,是以其事难尽从;然其序君臣父子之礼,列夫妇长幼之别,不可易也。墨者俭而难遵,是以其事不可遍循;然其强本节用,不可废也。法家严而少恩;然其正君臣上下之分,不可改矣。名家使人俭而善失真;然其正名实,不可不察也。道家使人精神专一,动合无形,赡足万物。其为术也,因阴阳之大顺,采儒墨之善,撮名法之要,与时迁移,应物变化,立俗施事,无所不宜,指约而易操,事少而功多。

《论六家要指》划分了我们今天所知的先秦学术的基本框架,

---

① 李振宏:《论先秦学术体系的汉代生成》,《河南大学学报》2008年第2期。

不仅六家之说明确,而且各家学说的要旨与短长,也都跃然纸上。所缺乏的,只是对各家代表人物的确定,以及所有先秦学人的归类排队。而这个任务是由后来的刘向、刘歆父子来完成的。

《汉书·艺文志》记载:汉成帝时,使谒者陈农求遗书于天下,并诏光禄大夫刘向整理图书,校定经传、诸子、诗赋等典籍。"每一书已,向辄条其篇目,撮其指意,录而奏之。会向卒,哀帝复使向子侍中奉车都尉歆卒父业。歆于是总群书而奏其《七略》,故有《辑略》,有《六艺略》,有《诸子略》,有《诗赋略》,有《兵书略》,有《术数略》,有《方技略》。"正是刘向、刘歆父子的这次图书整理,完成了对先秦学术体系的构造过程。

东汉初班固写就的《汉书·艺文志》,保留了刘向、刘歆父子整理典籍的理论成果,按《七略》的思路来划分天下图书。其中,关于《诸子略》,他们把司马谈提出的六家之说,发展为"十家九流",按照"十家九流"将诸子书分类排队,列出图书目录。班固说:"诸子十家,其可观者九家而已。"这九家即:"儒家者流""道家者流""阴阳家者流""法家者流""名家者流""墨家者流""纵横家者流""杂家者流""农家者流"。从学术史上看,是《汉书·艺文志》明确地划分了诸子百家的思想分野,并按照一定的逻辑对先秦诸子进行排队归位,将他们一个个对号入座,塞入某一确定的学派序列。从他们这里,先秦诸子开始有了一个"某家""某家"的固定称谓。这种"六家"或"十家九流"的学派划分,是否符合先秦学术的历史实际,后人很少去质疑,就这么传延下来。

后世人们讨论陆贾的学术思想,就按照自司马迁之后才形成的观察先秦学术的学派模式,来定性陆贾的学术归属,殊不知,在陆贾生活的时代,根本就没有这样的学术观念。试想,在先秦学术各家各派的观念还没有形成的时代,陆贾怎么会有那样一种学术站队的自觉呢?他怎么会自觉地肩负儒家的使命或者道家的使命？他自己都不知道这些壁垒森严的学派对立为何物,他脑子里没有这样的概念。如果我们在《新语》中检索就会发现,《新语》中根本没有出现儒家、道家、墨家这样的概念、词汇,甚至连"儒者""墨者"之类的词也没有出现,分家分派不是那个时代思想舞台上的学术观念。

陆贾什么家什么派也不是,他只是他自己。他讲道、讲无为、讲仁义道德,都是他从当时的社会实际出发,从先秦思想中选取思想资料的结果,是利用这些思想资料进行新时代文化建设的结果。周桂钿的《秦汉思想史》认为,陆贾之思想是讲求实际。他说:"陆贾有一个很难得的思想,那就是讲求实际。""陆贾认为真正的道要'施于世',要干预社会,介入生活,要在社会上起作用。如果只能挂在口头上空谈,不能用于社会,那不是真正的道。"①这实际上就是摆脱把陆贾当做某家某家的论断方法,讲一个真实的陆贾。

那么,陆贾的独到的理论体系和思想个性是如何形成的?关于这个问题,我们可以从几个方面有所理解。

首先是陆贾自己"因世而权行"的思想方法。前文讲陆贾对待儒家经典文献的态度时,我们分析过他在《术事》篇中的一个重要观点:"书不必起仲尼之门,药不必出扁鹊之方,合之者善,可以为法,因世而权行。"这实际上就是陆贾看待一切问题的重要的思想方法。在他的观念中,一切思想理论,目的都是为当世服务的,而历史是发展变化的,为当世服务,就要"因世而权行",随着社会历史的变化,做出思想及行为的选择,不能固守任何一种已有的观念或理论。这样,在现实的时代需要面前,一切所谓儒家的、道家的、墨家的、阴阳家的等等都不重要,重要的是他们书中所包含的仍然适合于今天的东西。"善言古者合之于今,能述远者考之于近。"

---

① 周桂钿:《秦汉思想史》,河北人民出版社2000年版,第57、59页。

"合之于今",就是决定他从前人的思想资料中取舍什么的唯一标准;"合之者善",符合今天的需要就是好的,是他的价值标准。这样,他就不需要顾忌何家何派,而仅仅从"合之于今"出发,就可以对先前的思想资料做出抉择。于是我们看到,出于休养生息的需要,他拿来了道家;借鉴秦暴政而亡的教训,他从儒家那里拿来了"仁义"、"德政";出于社会秩序的需要,他仍强调法的观念……而这一切,都融合进一个思想的体系,而形成一个仁政立国、德主刑辅、无为而治的治国路线。这样的政治路线,既有儒、有道,也有法,但既不是儒、不是道,也不是法,并且也浑然一体,有着内在的思想逻辑。这就是仅仅属于他陆贾的思想。

其次,汉初大一统的历史时代,决定了以往任何一家学说都不可能独自承担其意识形态建构的任务。先秦时期的各家学说,都有其面对世界的特殊视角,在诸侯国林立的状态中,各抒己见,攻评争鸣,各自把自己的优长之处发挥到极致。在这样的时代,诸侯国林立的局面和争鸣而不施于政的特殊性,包容了学说的局限性。而当天下的统一得到解决,需要思想在统一的政治舞台上施展其才华的时候,单一思想的特殊视角掌控统一国家政务的局限性就暴露了出来,秦的法家思想的单一性而导致的最后败亡,已经很清晰地说明了这一点。因此,在新的统一确立之后,大一统的政治局面对思想意识形态的适应性,提出了严峻的要求,必须抛弃所有的门户之见,围绕统一而复杂的社会管理,围绕皇权的确立与巩固,去建设适应其需要的思想理论体系。从这个角度说,陆贾兼容百家而创造新的思想理论体系,实际上也是历史提出的任务。

最后,陆贾思想的学术个性,也是和他的学术师承相联系的。前文我们已经讲过,虽然从直接的师承关系上说,我们无法判定陆贾确曾从学于荀卿,但从思想关系的分析上,则可以明确判定其思想的确学承荀卿,即使仅仅从思想方法上看也是如此。荀子的历史观是法后王,强调古今一致,以近知远。《荀子·非相》篇说:"欲观圣王之迹,则于其粲然者矣,后王是也。彼后王者,天下之君也,舍后王而道上古,譬之是犹舍己之君而事人之君也。故曰:欲观千岁则数今日,欲知亿万则审一二,欲知上世则审周道,欲知周道则审其人所贵君子。"《荀子·不苟》篇说:"天地始者,今日是也;百王之道,后王是也。君子审后王之道而论于百王之前,若端拜而议。"这样的历史观就导致了厚今薄古、从现实出发的思想方法:"善言古者必有节于今,善言天者必有征于人。"(《荀子·性恶》)在了解了荀子以近、今为出发点的思想方法之后,我们就会明显地感到陆贾"善言古者合之于今,能述远者考之于近"方法论思想的思想源头,二者是何其相似! 而这样的思想方法,恰恰是陆贾构建适合新时代需要之思想体系的方法论基础。

五　陆贾及其《新语》的历史影响

《汉书·高帝纪》说:"天下既定,命萧何次律令,韩信申军法,张苍定章程,叔孙通制礼仪,陆贾造《新语》。"在班固看来,陆贾著《新语》是汉初和萧何造律令、韩信定军法一样,是一个重大的政治事件。这些重大事件从属性上来区分,萧何造律令,韩信定军法,是国家和军队的法制建设;张苍定章程,叔孙通制礼仪,是国家的制度建设;而陆贾造《新语》,则是国家的思想文化建设。仅此而论,就可以知道陆贾的《新语》在汉代历史上具有多么重大的价值和意义。

(一) 对汉初社会的影响

陆贾对汉初社会、对当时代的影响,在本书第一部分《陆贾其人》里我们已经详细评述了他一生所做的四件大事,足以说明陆贾对汉王朝的历史贡献,说明他不可替代的历史地位,这里主要从《新语》本身来谈他的影响问题。

首先,《新语》填补了汉初政局的意识形态真空,改变了高祖刘邦对待儒者、文人学士的态度,为汉政府树立了清晰可行的治国理念。前文已经言及刘邦最初对待儒士的轻蔑态度,但在陆贾劝诫特别是《新语》的思想影响之下,刘邦转变了自己思想观念中的这个根本缺陷,开始重视儒士在治国理政中的地位和作用,实现指导思想上的根本转折。东汉思想家王充就谈到过陆贾对刘邦的影响,他在《论衡·书解》篇说:"高祖既得天下,马上之计未败,陆贾造《新语》,高祖粗采纳。"王充认为,刘邦是真正地接受了并实践了陆贾《新语》中阐述的政治主张的。当今学界就有人把刘邦重用叔孙通归结为陆贾的影响。关健英写道:

> 陆贾著《新语》之后,刘邦对儒生和儒学的态度发生了很大的变化,以下一些记载可见其端倪。第一,刘邦起用儒生叔孙通制订朝仪,使诸侯群臣尊卑有别,进退有序……第二,"汉九年,高帝徙叔孙通为太子太傅。"……第三,晚年曾写《手敕太子》的诏书,追悔自己对儒学的态度。"吾遭乱世,当秦禁学,自喜,谓读书无益。洎践阼以来,时方省书,乃使人知作者之意。追思昔所行,多不是。"第四,"汉十二年,过鲁,以太牢祠孔子。"①

关健英把刘邦重用叔孙通归结为受陆贾《新语》的影响,似乎也是有道理的。我们前文对陆贾著《新语》的时间做过详细推断,将其定在刘邦初即帝位之时,关健英也认为即在此时,即汉五年

---

① 关健英:《陆贾与汉初的治国理念略论》,《齐鲁学刊》2003年第3期。关于刘邦的《手敕太子》书,作者注引徐复观的《两汉思想史》,华东师范大学出版社2001年版。

（公元前202年）。如果此说成立，叔孙通制定礼仪规范朝纲，也就可以视为《新语》的直接影响。汉十二年刘邦过鲁地以太牢祀孔子，更是他受陆贾影响而转变指导思想的明显证据。从他的《手敕太子》书中，我们更可以看到他在思想深处的触动，真正地自我反省，"追思昔所行，多不是"。在皇权专制时代，只要改变了皇帝的观念，也就等于是改变了国家观念，一个明确的重文休武的治国纲领就正式确立了。至于《新语》为汉王朝制定的治国理念的具体内容，我们在前文已经有过详尽讨论，此不赘述。

国内治秦汉史的著名学者刘修明先生，曾评价过陆贾对于汉代统治思想确立的历史地位。他说：

> 地主阶级自战国时期登上政治舞台后，在选择统治思想的历程中曾长期徘徊摸索。汉代大体完成了这一过程，但也不是一蹴而就的。汉代统治思想的演变、发展经过了三个阶段：一、儒家陆贾的"无为"思想，二、贾谊的儒家思想和文景时代的黄老思想，三、武帝时罢黜百家，独尊儒术。在统治思想选择过程中，陆贾不仅在理论上开了汉初"无为而治"的先河，也奠定了贾谊、董仲舒等封建统治思想的倡导者、集大成者的基础。①

现在的学术界，一般都肯定陆贾对于汉代统治思想的奠基意义。

其次，陆贾及其《新语》对汉初历史的影响，最直接的是他所制定的无为而治的治国策略，对汉代社会经济的促进作用。我们在前文讲"《新语》的思想内涵"的时候，首先讲的就是"无为而治的治国方略"。他在《新语》中说："昔舜治天下也，弹五弦之琴，歌《南

---

① 刘修明：《汉代统治思想选择的重要环节——浅论陆贾思想的时代条件和历史作用》，《湖南师院学报》1984年第2期。

风》之诗,寂若无治国之意,漠若无忧天下之心,然而天下大治。"舜之治在若无其事之中实现,无为是一种智慧,也是一种力量,舜就像不是在治国,而是在琴弦之和声中达到了天下大治的境界。这是陆贾最为推崇的治国境界。所以,他认为,"君子之为治也,块然若无事,寂然若无声,官府若无吏,亭落若无民,闾里不讼于巷,老幼不愁于庭",要完全放任社会、经济的自然自由发展。有人将陆贾的这种无为而治方略,称之为自由主义的经济政策,而竭力称颂。①

在汉初的政治实践中,我们看到,陆贾无为而治的治国纲领,是真正得到了贯彻和体现的。在刘邦刚刚初定天下的时候,就颁布了重要的政策纲领。《汉书·高帝纪》载,高帝五年夏五月诏曰:

> 诸侯子在关中者,复之十二岁,其归者半之。民前或相聚保山泽,不书名数,今天下已定,令各归其县,复故爵田宅,吏以文法教训辨告,勿笞辱。民以饥饿自卖为人奴婢者,皆免为庶人。军吏卒会赦,甚亡罪而亡爵及不满大夫者,皆赐爵为大夫。故大夫以上,赐爵各一级。其七大夫以上,皆令食邑,非七大夫以下,皆复其身及户,勿事。

刘邦初定天下后的这第一道诏书,即明确地体现着安抚天下、无为而治的思想。楚汉战争一旦结束,刘邦就立即着手军队的复员安置,偃武修文,安定天下。诏书规定,关东诸国的从军子弟,如果愿意留在关中的,可以免除12年的徭役;如果想返回原籍,可以免除6年的徭役;没有爵位或有爵位而不及大夫(20级军功爵中的第五级)的,都赐给大夫爵位;已经有大夫以上爵位的,都增加一级爵位;具有七大夫以上高级爵位的军吏,皆可以获得食邑特权,

---

① 参看马涛:《论陆贾的经济思想及对汉初经济政策的影响》,《世界经济文汇》2002年第3期。

给予封地而衣食租税，并免除其终身徭役；对从军吏卒给予妥善安置，使他们回归田里，安心生产。对于普通百姓，因战乱失去户籍的，都可以返回原籍，重新获得原来的土地、住宅和爵位，一切恢复如故；如果是因饥饿而卖身为奴隶的，一律解除奴隶身份，免为庶人。这道诏令的中心思想，就是要安定天下，表明国家安抚百姓、一任百姓自由发展之意。

刘邦之后到文景时期，皇帝都不断有减免租税、鼓励耕稼，减少刑罚、放宽政令的诏令颁布，不滋事，不扰民，无为而治的指导思想一直非常明确。无为而治，让百姓自由发展，首先就是要减轻百姓的租税徭役负担，让他们有休养生息的条件，所以，在《汉书》中，我们经常可以看到文景时期关于减轻租税徭役的记载。文帝三年九月的诏令中，就有对当年田租减半的规定，即"赐天下民今年田租之半"。文帝十二年三月诏中，又有"赐农民今年租税之半"的记载。汉初实行十五税一，田租减半，就是三十税一，这样的租率应该是非常之低了。《汉书·食货志上》记载："孝景二年，令民半出田租，三十而税一也。"有些史书以此证明，整个景帝时期都是执行三十税一的田租政策，这似乎也无法从《食货志》的这句话中得到确证。因为，这个孝景二年令民半出田租，究竟是不是像文帝三年或十二年的诏书中所言仅限于当年的田租，似乎从这句话的文字上并不能得到确切的证明。但是，无论是限于一年的半出田租，还是整个景帝时期都执行这样的政令，都反映了同一个事实，那就是景帝是重视减轻百姓的租税负担的。

减轻租税，是对百姓经济负担的减压；但在帝制时代，对人民最严酷的束缚，是人身的控制，要实现无为而治，任百姓自由发展，就必须在人身控制方面有所放松。为人身松绑的主要方面，是对严刑酷法的改善，而这也是秦亡的主要教训之一。于是，汉初的帝王，在改变秦王朝的严刑酷法方面，是做了不少工作的。

我们知道，刘邦初入关中，为了赢得民心，除秦苛政，曾废除秦王朝的繁苛法令，而为民约法三章。但汉立国之后，要治理天下，靠这简约的三章之法，是无法治理天下的，于是，高祖就命萧何修订法律，这就是有了萧何制定"九章之律"的说法。《汉书·刑法志》载："汉兴，高祖初入关，约法三章曰：'杀人者死，伤人及盗抵罪。'蠲削烦苛，兆民大说。其后四夷未附，兵革未息，三章之法不足以御奸，于是相国萧何捃摭秦法，取其宜于时者，作律九章。"《唐律疏议·名例》："魏文侯师于里悝，集诸国刑典，造《法经》六篇：一盗法，二贼法，三囚法，四捕法，五杂法，六具法。商鞅传授，改法为律。汉相萧何，更加悝所造户、兴、厩三篇，谓《九章之律》。"这里已经把"九章之律"的全部律名都胪列出来了，汉初法律之简约可见一斑。但是，这个"九章之律"的说法，实在是有点离谱，一个国家的法律，要面对几千万人的管理，单凭这几条恐怕是远远不行的，所以，九章之律是否可靠的确值得怀疑。

1983年湖北江陵出土的张家山汉墓竹简《二年律令》，给我们揭开了汉初法律的真实面目。《二年律令》中保存的汉律篇名有：《贼律》、《盗律》、《具律》、《告律》、《捕律》、《亡律》、《收律》、《集律》、《钱律》、《置吏律》、《均输律》、《传食律》、《田律》、《□市律》、《行书律》、《复律》、《赐律》、《户律》、《效律》、《傅律》、《置后律》、《爵律》、《兴律》、《徭律》、《金布律》、《秩律》、《史律》、《关津令》等。① 这个法律文献有28章，作为一个法律模本基本上是颇具规模而真实可信了。28章对于九章之律来说是多出了不少，但一方面九章之律并不可信；另一方面，它对于后世特别是汉武帝时期"律、令凡三百五十九章，大辟四百九条，千八百八十二事，死罪决事比万三千四百七十二事。文书盈于几阁，典者不能遍睹"的法律状况来说，也

---

① 《张家山汉墓竹简》（二七四号墓），文物出版社2001年版。

堪称简约而疏阔了。《二年律令》所反映的汉初法律环境是比较宽松的,是无为而治治国方略的重要体现。

不仅如此,高祖之后直至文景时期,我们所能看到的法律方面的修订改动,基本上都保持着放松或松绑的趋势,以下约略介绍。

1. 惠帝省法令妨吏民者,除挟书律

惠帝四年,"省法令妨吏民者,除挟书律"①。挟书,即私藏图书。秦始皇三十四年,李斯上"焚书议":"古者天下散乱,莫能相一,是以诸侯并作,语皆道古以害今,饰虚言以乱实,人善其所私学,以非上所建立。今陛下并有天下,别白黑而定一尊;而私学乃相与非法教之制,闻令下,即各以其私学议之,入则心非,出则巷议,非主以为名,异趣以为高,率群下以造谤。如此不禁,则主势降乎上,党与成乎下。禁之便。臣请诸有文学《诗》《书》百家语者,蠲除去之。令到满三十日弗去,黥为城旦。所不去者,医药卜筮种树之书。若有欲学者,以吏为师。"②始皇采纳李斯的建议,收去《诗》、《书》百家之语,禁止百姓私藏图书,禁止儒生以古非今。秦的挟书律大概即是由此而来。可能是汉初并没有完全废除此法,到惠帝时始有此举。惠帝四年的这一法律变革,不仅仅是除挟书律,而且是大范围的"省法令妨吏民者",也就是要普遍地检点法律状况,凡是有妨碍吏民正常活动的,都要废除,除挟书律只是这些活动中的一种比较突出的情况。

2. 高后除三族罪、妖言令

高后元年春正月诏曰:"前日孝惠皇帝言欲除三族罪、妖言令,议未决而崩,今除之。"③从这条诏令的文字看,在惠帝时就议论过

---

① 《汉书·惠帝纪》。
② 《史记·李斯列传》。
③ 《汉书·高后纪》。

废除三族罪和妖言令,但议而未决而惠帝驾崩,没有实行,高后元年则正式颁令废除。

妖言,是迷惑人的邪恶言论。所谓妖言令,就是以妖言治罪的法令,依言治罪是其主要特征。

关于三族罪,渊源有自,大概在西周时期就已经有了,但何谓三族,或者说三族何指则说法不一。第一种说法,是指父、子、孙三代。如《周礼·春官·小宗伯》:"掌三族之别,以辨亲疏。"郑玄注曰:"三族,谓父、子、孙。"郑玄在注《仪礼·士昏礼》"惟是三族之不虞"句时,说:"三族,谓父昆弟、己昆弟、子昆弟。"可见东汉经学大家郑玄是这一说法的发明者。

第二种说法,是指父族、母族、妻族。北朝时期西魏人卢辩注《大戴礼记·保傅》"三族辅之"句曰:"三族,父族、母族、妻族。"唐李贤在注《后汉书·杨终传》"秦政酷烈,违悟天心,一人有罪,延及三族"句时,引《汉书音义》曰:"父族、母族、妻族也。"《汉书音义》是东晋时人蔡谟所作,看来父、母、妻三族说,发明者是蔡谟,唐李贤是沿袭前人之说。

第三种说法,是指父母、兄弟、妻子。《史记·秦本纪》有"法初有三族之罪"之说,南朝宋人裴骃的《史记集解》引汉晋间人张晏的《汉书注》曰:"父母、兄弟、妻子也。"可见这一说法的发明者是汉晋之际人张晏。

关于三族罪的解释,很难有确论,但这并不影响我们关于高后时期废除三族罪的价值判断。不管三族何指,三族罪的本质就是亲人连坐,即一人犯罪而诛其三族,这是专制时代刑罚对人的严酷控制和无辜戕害。废除三族罪是皇权专制时代人身控制方面的一个松弛性的表现。

3. 文帝"除收帑相坐律令"

文帝元年冬十二月,"尽除收帑相坐律令"①。古时,一人犯法,妻子连坐,没为官奴婢,谓之收帑。"尽除收帑相坐律令",和高后时期的除三族罪是同样的性质,是对放松人身控制的一大进步,也是法律走向文明的表现。

4. 文帝再除诽谤妖言罪

文帝二年五月诏曰:"古之治天下,朝有进善之旌,诽谤之木,所以通治道而来谏者也。今法有诽谤妖言之罪,是使众臣不敢尽情,而上无由闻过失也。将何以来远方之贤良?其除之。民或祝诅上,以相约而后相谩,吏以为大逆,其有他言,吏又以为诽谤。此细民之愚,无知抵死,朕甚不取。自今以来,有犯此者勿听治。"②根据前文,高后时已经废除妖言罪,文帝二年诏书再提此事,或有出入。但此次诏令在妖言罪之前多了"诽谤"二字,究竟是"诽谤妖言罪",还是诽谤罪和妖言罪,不易理清。无论如何,废除诽谤罪是一个进步。诽谤没有严格的判断界限,就像诏书所说,"细民之愚,无知抵死",老百姓是很容易被强权者以此罪构陷的。并且,诽谤也好,妖言也好,都是以言治罪,专制政府及其爪牙以此罗织罪名陷平民于死地,或者是政治对手以此置对方以死地,就像当代史上"文革"中大批判的无限上纲,诽谤罪是最容易被利用的罪名。解除诽谤妖言罪,起码可以改善思想、舆论环境,给人以说话的自由,标志着人身束缚的一定程度的放松。

5. 文帝除盗铸钱令

文帝五年,"夏四月,除盗铸钱令"③。之前政府是严格禁止民间、私人铸钱的,此次除盗铸钱令,是皇权政府对经济活动的放手,

---

①② 《汉书·文帝纪》。
③ 《汉书·文帝纪》。

在汉初急需活跃经济的时代条件下,是一个经济自由的重大决策。

6. 文帝除肉刑,改肉刑为笞刑

关于文帝废除肉刑,《汉书》中有几处记载:

(文帝十三年)除肉刑及田租税律、戍卒令。①

(文帝)即位十三年,齐太仓令淳于公有罪当刑,诏狱逮系长安,淳于公无男,有五女,当行会逮,骂其女曰:"生子不生男,缓急非有益(也)!"其少女缇萦,自伤悲泣,乃随其父至长安,上书曰:"妾父为吏,齐中皆称其廉平,今坐法当刑。妾伤夫死者不可复生,刑者不可复属,虽后欲改过自新,其道无由也。妾愿没入为官婢,以赎父刑罪,使得自新。"书奏天子,天子怜悲其意,遂下令曰:"制诏御史:盖闻有虞氏之时,画衣冠异章服以为僇,而民弗犯,何治之至也!今法有肉刑三,而奸不止,其咎安在?非乃朕德之薄,而教不明与!吾甚自愧。故夫训导不纯而愚民陷焉。诗曰:'恺弟君子,民之父母。'今人有过,教未施而刑已加焉,或欲改行为善,而道无由至,朕甚怜之。夫刑至断支体,刻肌肤,终身不息,何其刑之痛而不德也!岂称为民父母之意哉?其除肉刑,有以易之;及令罪人各以轻重,不亡逃,有年而免。具为令。"②

(文帝时)丞相张苍、御史大夫冯敬奏言:"肉刑所以禁奸,所由来者久矣。陛下下明诏,怜万民之一有过被刑者终身不息,及罪人欲改行为善而道无由至,于盛德,臣等所不及也。臣谨议请定律曰:诸当完者,完为城旦舂;当黥者,髡钳为城旦舂;当劓者,笞三百;当斩左止者,笞五百;当斩右止,及杀人先自告,及吏坐受赇枉法,守县官财物而即盗之,已论命复有笞

---

① 《史记·汉兴以来将相名臣年表》。
② 《汉书·刑法志》。

罪者，皆弃市……"制曰："可。"①

三处文献说的都是文帝十三年废除肉刑这同一件事。其缘由是齐太仓令淳于公有罪当刑，女儿缇萦为父求情，说"夫死者不可复生，刑者不可复属，虽后欲改过自新，其道无由也。妾愿没入为官婢，以赎父刑罪"，情深意切，甚是感人，由是打动了文帝，促成了文帝对肉刑的反省，下诏废除肉刑。但废除肉刑并不是免除对罪人的惩罚，如何处理罪人，于是有了丞相张苍、御史大夫冯敬的建言，即改肉刑为笞刑。肉刑如黥刑，在脸上刺字；劓刑，割去鼻子；或者是其他如斩掉脚趾，都会给人的身体留下无法恢复的残缺，改为笞刑，用荆条或竹板捶打臀部或脊背，虽然依然痛苦则不至于造成身体的残疾。无疑，除肉刑而改笞刑，是一个进步，是减轻刑罚的重大举措。

7. 景帝减轻笞刑

景帝元年，对笞刑又有所改变，趋向依然是减轻刑罚的程度。本年的诏书说："加笞与重罪无异，幸而不死，不可为人。其定律：笞五百曰三百，笞三百曰二百。"至景帝中元六年，又下诏曰："加笞者，或至死而笞未毕，朕甚怜之。其减笞三百曰二百，笞二百曰一百。"又曰："笞者，所以教之也，其定箠令。"丞相刘舍、御史大夫卫绾又提出建议，一方面改变笞刑的刑具长短厚薄的规格，明确规定笞刑只能捶打臀部，以减轻受刑的程度；另一方面，建议实施笞刑的人，对于罪犯实行一对一的行刑，譬如笞二百，打200下，只能有一个人来执行，不能中间换人，即"毋得更人，毕一罪乃更人"，这样施刑者本人打得没有力气了，自然也就减轻了施刑的力度。自从景帝对笞刑做了这样的改变，"自是笞者得全"，就不再出现因笞刑

---

① 《汉书·刑法志》。

而死人的情况了。①

以上所谈惠帝、高后、文帝、景帝时期法律方面的变动情况,可以看到有一个明显的趋势,那就是政府逐步放松对人的控制,为人身松绑,这实际上就是无为而治的治国方略在国家施政方针上的体现。经济上减轻人民的租税徭役负担,人身上放松法律控制,政府不再去折腾老百姓,那么天下的状况就会出现像陆贾所期望的"块然若无事,寂然若无声,官府若无吏,亭落若无民,闾里不讼于巷,老幼不愁于庭"的理想局面。而事实上,无为而治方针指导下的汉初社会,的确达到了一种史家笔下的理想状态。《史记》、《汉书》中对这段历史的社会状态,都有清晰的赞许性描述。

《史记·平准书》:

> 汉兴七十余年之间,国家无事,非遇水旱之灾,民则人给家足,都鄙廪庾皆满,而府库余货财。京师之钱累巨万,贯朽而不可校。太仓之粟陈陈相因,充溢露积于外,至腐败不可食。众庶街巷有马,阡陌之间成群,而乘字牝者傧而不得聚会。守闾阎者食粱肉,为吏者长子孙,居官者以为姓号,故人人自爱而重犯法,先行义而后绌耻辱焉。当是之时,网疏而民富,役财骄溢。

《汉书·刑法志》:

> 当孝惠、高后时,百姓新免毒蠚,人欲长幼养老。萧、曹为相,填以无为,从民之欲,而不扰乱,是以衣食滋殖,刑罚用稀。及孝文即位,躬修玄默,劝趣农桑,减省租赋。而将相皆旧功臣,少文多质,惩恶亡秦之政,论议务在宽厚,耻言人之过失。化行天下,告讦之俗易。吏安其官,民乐其业,畜积岁增,户口寖息。风流笃厚,禁罔疏阔。选张释之为廷尉,罪疑者予民,

---

① 参见:《汉书·刑法志》。

是以刑罚大省,至于断狱四百,有刑错之风。

应该说,汉初几十年社会经济的恢复性发展,"风流笃厚,禁罔疏阔"的政治局面的形成,是与陆贾倡导的政治主张相联系的。

(二) 对汉初过秦思潮的影响

从社会思潮的角度看,汉初社会最强大的思潮即是过秦思潮,是对秦王朝政治、经济、文化政策的反思和批判。这一思潮应该说是陆贾开其端。

陆贾《新语》中的许多重大政治主张,都是通过对秦王朝的批判、对亡秦教训的总结提出的,以秦为镜来讲述问题,是《新语》的一个重要言说方式。《新语》的这种思维特点,在很大程度上影响了汉初的政治家和思想家,由此形成汉初强大的过秦思潮。从《史记》、《汉书》的记载来看,文帝时期的贾山、邹阳、贾谊、张释之、晁错等,都沿袭了陆贾以秦为镜的言说方式,有大量的过秦言论。即使到了汉代中期,武帝和昭宣时期,政治家和思想家们,也还多拿秦说事,以喻当今。如汉武帝朝的主父偃、严安、伍被、董仲舒、刘安等,宣帝时期的路温舒等,都发表过"过秦"的看法。他们的言论中,都反映着陆贾的历史影响。

陆贾对汉代过秦思潮的影响,主要表现在以下几个方面。

1. 对秦王朝滥施刑罚、尚刑不尚德的批判

批判秦滥施刑罚,主张尚德,是陆贾在《新语》中表述的基本思想,陆贾对秦王朝的批判,也主要是从这个方面出发的。如他在《道基》篇说:"齐桓公尚德以霸,秦二世尚刑而亡。故虐行则怨积,德布则功兴。"《辅政》篇说:"秦以刑罚为巢,故有覆巢破卵之患。"《无为》篇说:"蒙恬讨乱于外,李斯治法于内,事逾烦天下逾乱,法逾滋而天下逾炽,兵马益设而敌人逾多。秦非不欲治也,然失之者,乃举措太众、刑罚太极故也。是以君子尚宽舒以苞其身,行中

和以致疏远；民畏其威而从其化,怀其德而归其境,美其治而不敢违其政。"陆贾认为,秦失其政,最根本的原因是执行了一条过于严苛的法家路线,而完全背弃了德政、仁政。陆贾对秦亡的这一认识角度,几乎完全左右了汉代人对秦王朝速亡的认识,后来的政治家、思想家大抵都沿袭了这样的认识路线。

陆贾之后,文帝时期的贾山曾经借秦为喻,写下名篇《至言》。《汉书·贾山传》载曰：

> 秦政力并万国,富有天下,破六国以为郡县,筑长城以为关塞。秦地之固,大小之势,轻重之权,其与一家之富,一夫之强,胡可胜计也！然而兵破于陈涉,地夺于刘氏者,何也？秦王贪狼暴虐,残贼天下,穷困万民,以适其欲也……劳罢者不得休息,饥寒者不得衣食,亡罪而死刑者无所告诉,人与之为怨,家与之为仇,故天下坏也。

贾山所讲主要是秦王的贪狼暴虐导致了灭亡。贪狼,是对天下财富的过度盘剥；暴虐,就是刑罚之残酷。这两个方面都是悖逆仁德的表现。

文帝时期的贾谊,是个富有才华的思想家,《过秦论》是其传之千年的历史名篇,以至于很多人都以为贾谊才是汉代过秦思潮的发起者。其实,贾谊也是受陆贾影响,其《过秦论》中所表述的主要观点,对秦速亡的原因的揭示,也和陆贾保持着深刻的一致性。《过秦论》中说：

> 及至秦王,续六世之余烈,振长策而御宇内,吞二周而亡诸侯,履至尊而制六合,执棰拊以鞭笞天下,威振四海。南取百越之地,以为桂林、象郡,百越之君俯首系颈,委命下吏。乃使蒙恬北筑长城而守藩篱,却匈奴七百余里,胡人不敢南下而牧马,士不敢弯弓而报怨。于是废先王之道,焚百家之言,以愚黔首。堕名城,杀豪俊,收天下之兵聚之咸阳,销锋铸镰,以

为金人十二,以弱黔首之民。然后斩华为城,因河为津,据亿丈之城,临不测之谿以为固。良将劲弩守要害之处,信臣精卒陈利兵而谁何,天下以定。秦王之心,自以为关中之固,金城千里,子孙帝王万世之业也。……且夫天下非小弱也,雍州之地,殽函之固自若也。陈涉之位,非尊於齐、楚、燕、赵、韩、魏、宋、卫、中山之君;钮耰棘矜,非铦于句戟长铩也;適戍之众,非抗于九国之师;深谋远虑,行军用兵之道,非及乡时之士也。然而成败异变,功业相反也。试使山东之国与陈涉度长絜大,比权量力,则不可同年而语矣。然秦以区区之地,千乘之权,招八州而朝同列,百有余年矣。然后以六合为家,殽函为宫,一夫作难而七庙堕,身死人手,为天下笑者,何也?仁义不施而攻守之势异也。①

在贾谊看来,以秦始皇之强势,续六世之余烈,振长策而御宇内,是可以鞭笞天下的;"吞二周而亡诸侯"之后的秦王朝政权,其强大也的确是金城千里、固若金汤。而这样一个强大的秦王朝,又何以会顷刻之间便归入瓦解?这的确是个引人深思的问题,也是一个原因非常复杂的问题。而贾谊所给出的答案却极其简单:"仁义不施而攻守之势异也。"仁义不施就是陆贾所指出的尚刑不尚德的问题;攻守之势异也,就是不懂得陆贾所提出的马上得天下与马上治天下的问题,不懂得取天下之道与治天下之方的根本不同。贾谊的结论和陆贾完全相同,只是贾谊的文采,使得他的文字读起来更有摄人心魄的力量。

汉武帝时期的董仲舒,在他著名的"贤良对策"中,也有对亡秦的反思。他说:

至秦则不然。师申商之法,行韩非之说,憎帝王之道,以

---

① 《史记·秦始皇本纪》。

贪狼为俗,非有文德以教训于下也。诛名而不察实,为善者不必免,而犯恶者未必刑也。是以百官皆饰虚辞而不顾实,外有事君之礼,内有背上之心,造伪饰诈,趣利无耻;又好用憯酷之吏,赋敛亡度,竭民财力,百姓散亡,不得从耕织之业,群盗并起。是以刑者甚众,死者相望,而奸不息,俗化使然也。故孔子曰"导之以政,齐之以刑,民免而无耻",此之谓也。①

显然,董仲舒也是把秦亡的教训归结为不行仁政。在董仲舒看来,秦王朝"师申商之法,行韩非之说",在治国理政的指导思想上选错了方针,忘记了孔子"导之以政,齐之以刑,民免而无耻"的训诫,背弃了"道之以德,齐之以礼,有耻且格"的为政之道。董仲舒是汉代思想史上最耀眼的思想家,他的结论和陆贾保持着深刻的一致性。晚陆贾七十年(前文已经推测陆贾著《新语》是在高帝五年,即公元前202年,而董仲舒的"贤良对策"则是武帝元光元年,即公元前134年,前后相距近70年)的董仲舒,是不是也深受陆贾之影响呢?

宣帝时期的路温舒,曾上书谈尚德缓刑的问题,其辞曰:

秦之时,羞文学,好武勇,贱仁义之士,贵治狱之吏;正言者谓之诽谤,遏过者谓之妖言。故盛服先生不用于世,忠良切言皆郁于胸,誉谀之声日满于耳;虚美熏心,实祸蔽塞。此乃秦之所以亡天下也。②

路温舒的观点也很明确。他认为"秦之所以亡天下",根本的原因就在于"贱仁义之士,贵治狱之吏",尚刑不尚德。路温舒已是西汉中期人,可见陆贾对秦亡的反思,一直影响到身后百余年而因袭不变。

---

① 《汉书·董仲舒传》。
② 《汉书·贾邹枚路传》。

2. 对秦人才政策的批判

在很大程度上,陆贾也把秦之速亡,归结为其人才政策,即用非其人。而对于当政者来说,用人是个重要的问题。陆贾在《辅政》篇说:

> 夫居高者自处不可以不安,履危者任杖不可以不固。自处不安则坠,任杖不固则仆。是以圣人居高处上,则以仁义为巢,乘危履倾,则以贤圣为杖,故高而不坠,危而不仆。昔者,尧以仁义为巢,舜以稷、契为杖,故高而益安,动而益固。处宴安之台,承克让之涂,德配天地,光被八极,功垂于无穷,名传于不朽,盖自处得其巢,任杖得其人也。秦以刑罚为巢,故有覆巢破卵之患以李斯、赵高为杖,故有顿仆跌伤之祸,何者?所任者非也。故杖圣者帝,杖贤者王,杖仁者霸,杖义者强,杖谗者灭,杖贼者亡。

这段话的基本思想,本书前文已经讲过,此处只是指出他对秦的批判。陆贾认为,帝王之治国理政,必须是"以仁义为巢""以贤圣为杖";而秦则反是,不仅在国家指导思想上废仁义而施刑罚,而且在用人的选择上,也废置仁义之士,而是选用了尚法重刑的贼仁之人赵高、李斯之徒,自然就招致了"顿仆跌伤之祸",顷刻覆亡,土崩瓦解。贼仁之人所以不能为杖,关键在于这些人的人心之邪恶,而不在于他的能力如何。这类人在能力上都没有问题,问题是他们的能力用在了邪恶和奸诈的方面。陆贾在《辨惑》篇,以赵高为例讲这个问题:

> 秦二世之时,赵高驾鹿而从行,王曰:"丞相何为驾鹿?"高曰:"马也。"王曰:"丞相误邪,以鹿为马也。"高曰:"乃马也。陛下以臣之言为不然,愿问群臣。"于是乃问群臣,群臣半言马半言鹿。当此之时,秦王不能自信其直目,而从邪臣之言。鹿为马之异形,乃众人之所知也,然不能别其是非,况于暗昧之

事乎?

这就是著名的指鹿为马的故事。马鹿之异形,是人人可以分辨的事情,可是,畏于赵高的权势,群臣皆不敢实言。赵高指鹿为马,难道不知道这骗不住众人?而他还要"愿问群臣",以群臣来作证,那就是别有心机。有这样飞扬跋扈、骄横奸诈的人作为依仗,国君之权柄旁落就是必然的事情。用人问题,关乎着国君的命运和国家政权的存亡。

陆贾从用人角度对亡秦做出的批判,也为后人提供了思路。其后的政治家、思想家也沿袭了这个思考角度。贾山的《至言》中说:

> 秦皇帝居灭绝之中而不自知者何也?天下莫敢告也。其所以莫敢告者何也?亡养老之义,亡辅弼之臣,亡进谏之士,纵恣行诛,退诽谤之人,杀直谏之士,是以道谀偷合苟容,比其德则贤于尧、舜,课其功则贤于汤、武,天下已溃而莫之告也。①

在贾山看来,不能任用贤人是秦始皇的致命伤。秦王无辅弼之臣,无进谏之士,整天围绕在他周围的都是一些苟容、谄媚之徒,充斥于耳边的尽是些秦王德贤于尧舜、功大于汤武的奉承、顺耳之言,至于王朝的溃败危机则避而不谈,这就使得秦始皇深陷灭绝之中而不自知。贾山之言,和陆贾所说"以赵高、李斯为杖,故有顿仆**跌伤之祸**"是完全一致的。

贾谊《新书》卷五《保傅》是讲太子培养的专篇,其最为强调的则是如何为太子挑选辅弼之臣的问题。贾谊从这个方面思考秦之所以速亡,实际上也是谈的用人问题。太子作为一国之储君,是决定未来王朝命运的人,所谓"太子正而天下定矣"。正因为如此,太

---

① 《汉书·贾邹枚路传》。

子从小的教育培养,为他挑选什么样的人做保傅,就显得尤为重要。在贾谊看来,殷王朝能传国三十余代,周王朝能传位三十余王,而秦则二世而亡,其根本的原因即在于太子辅弼之臣的选择方面,在这方面用非其人,而导致了秦的速亡。他说:

> 殷为天子三十余世而周受之,周为天子三十余世而秦受之,秦为天子二世而亡。人性非甚相远也,何殷、周之君有道而长也,而秦无道之暴也?其故可知也……《明堂之位》曰:"笃仁而好学,多闻而道顺。天子疑则问,应而不穷者谓之道。道者,道天子以道者也,常立于前,是周公也。诚立而敦断,辅善而相义者谓之辅。辅者,辅天子之意者也,常立于左,是太公也。洁廉而切直,匡过而谏邪者谓之拂。拂者,拂天子之过者也,常立于右,是召公也。博闻强记,捷给而善对者谓之承。承者,承天子之遗忘者也,常立于后,是史佚也。"故成王中立听朝,则四圣维之,是以虑无失计而举无过事。殷、周之所以长久者,其辅翼天子有此具也。
>
> 及秦而不然,其俗固非贵辞让也,所上者告讦也;固非贵礼让也,所上者刑罚也。使赵高傅胡亥而教之狱,所习者非斩劓人,则夷人之三族也。故今日即位,明日射人,忠谏者谓之诽谤,深为之计者谓之妖言,其视杀人若艾草菅然。岂胡亥之性恶哉?其所以集道之者非理故也。

贾谊实际上是在回答人们关于秦亡于刑罚之繁苛的深层追问。一般人只是看到了秦王朝滥施刑罚的问题,而贾谊是要回答他为什么会滥施刑罚,为什么秦始皇死后他的严刑峻法比起他在世时更有过而无不及。贾谊找出的问题在于太子的培养,在于太子的辅佐之臣,在于"使赵高傅胡亥而教之狱"。殷周之所以长久,就是因为他们都重视太子辅弼之臣的选择。譬如西周的成王,前有"道天子以道者"周公,左有"辅天子之意者"太公,右有"拂天子之过者"召公,后有"承天子之遗忘者"史佚,有四圣维之,是以虑无失计而举无过事,王朝自然就可以兴旺而国运长久。太子保傅的选择,辅弼之臣的选择,是决定其国运是否长久的大事,秦正是在这一点上,导致了二世而亡的结局,用人之道大矣哉!

3. 对秦穷兵黩武的对外政策的批判

传统批判秦王朝一般都是从对外穷兵黩武、对内滥施刑罚两个方面,而这实际上也是陆贾所定下的基调,并是根据于前边所引《无为》篇那段话。为了讲述的方便,我们把它作为两个问题分开来讲。这里还是要把那段话再引述出来:

> 秦始皇设刑罚,为车裂之诛,以敛奸邪,筑长城于戎境,以备胡、越,征大吞小,威震天下,将帅横行,以服外国,蒙恬讨乱于外,李斯治法于内,事逾烦天下逾乱,法逾滋而天下逾炽,兵马益设而敌人逾多。秦非不欲治也,然失之者,乃举措太众、刑罚太极故也。

陆贾认为秦之失在于"举措暴众"。所谓举措暴众,就包括对外穷兵黩武、大兴征伐之事,而过度滥用民力。这一个批判角度,对后世影响颇大。比如汉文帝时,晁错上书言守边备塞之事,其中对秦的征伐胡貉进行批判。

> 臣闻秦时北攻胡貉,筑塞河上,南攻杨粤,置戍卒焉。其起兵而攻胡、粤者,非以卫边地而救民死也,贪戾而欲广大也,故功未立而天下乱……今秦之发卒也,有万死之害,而亡铢两之报,死事之后不得一算之复,天下明知祸烈及已也。陈胜行戍,至于大泽,为天下先倡,天下从之如流水者,秦以威劫而行之之敝也。①

很显然,晁错是把秦的灭亡归之于秦王朝的北攻胡貉、南攻杨

---

① 《汉书·晁错传》。

粤的对外。晁错认为,秦的北攻胡貉与南攻杨粤,都不是自己的防守、卫边之举,而是为了满足自己的贪婪欲望而主动进攻,终于造成功未立而天下乱的悲剧。在晁错看来,穷兵黩武就势必要大肆扩兵,滥征戍卒,而陈胜之振臂一呼,就发生在行戍道上。因此,如果没有征兵服役的问题,也就不会有陈胜吴广的举起义旗。"秦以威劫而行之之敝也",正是秦王朝的威武用兵导致了它的速亡。

汉武帝时改变前朝的匈奴政策,主张征伐匈奴。主父偃上书言事,谏伐匈奴:

《司马法》曰:"国虽大,好战必亡;天下虽平,忘战必危。"……怒者逆德也,兵者凶器也,争者末节也。古之人君一怒必伏尸流血,故圣王重行之。夫务战胜穷武事者,未有不悔者也。昔秦皇帝任战胜之威,蚕食天下,并吞战国,海内为一,功齐三代。务胜不休,欲攻匈奴,李斯谏……秦皇帝不听,遂使蒙恬将兵攻胡,辟地千里,以河为境。地固泽卤,不生五谷。然后发天下丁男以守北河。暴兵露师十有余年,死者不可胜数,终不能逾河而北……百姓靡敝,孤寡老弱不能相养,道路死者相望,盖天下始畔秦也。

……

今欲招南夷,朝夜郎,降羌僰,略薉州,建城邑,深入匈奴,燔其茏城,议者美之。此人臣之利也,非天下之长策也。今中国无狗吠之惊,而外累于远方之备,靡敝国家,非所以子民也。行无穷之欲,甘心快意,结怨于匈奴,非所以安边也。祸结而不解,兵休而复起,近者愁苦,远者惊骇,非所以持久也。今天下锻甲砥剑,桥箭累弦,转输运粮,未见休时,此天下之所共忧也。夫兵久而变起,事烦而虑生……①

---

① 《史记·平津侯主父列传》。

主父偃谏武帝放弃攻打匈奴的计划,理论根据是《司马法》,例证则是秦的北攻胡貉,认为正是秦始皇的穷兵黩武,导致了天下叛秦的悲剧。他批评武帝的外事政策,穷兵黩武,"未见休时","事烦而虑生",和陆贾"事逾烦天下逾乱","举措太众"等,即使在措辞上也保持着极大的一致性。主父偃对秦亡的认识,以及对穷兵黩武的批判,显然是深受陆贾的影响的。

和主父偃同时,并也上书谏武帝征伐匈奴之事的还有严安。严安的上书,也是把秦时的征伐之事视为反面教材,说:"当是时,秦祸北构于胡,南挂于越,宿兵无用之地,进而不得退。行十余年,丁男被甲,丁女转输,苦不聊生,自经于道树,死者相望。及秦皇帝崩,天下大叛……秦贵为天子,富有天下,灭世绝祀者,穷兵之祸也。"①严安明确地把秦的灭世绝祀,归结为"穷兵之祸"。总之,在陆贾之后直至武帝时期,陆贾提出的穷兵黩武的过秦思路,几乎成为一种共识。特别是在汉武帝时期,凡是不赞成征伐匈奴的,都无例外地拿秦说事,引为借鉴。

关于陆贾对秦亡的反思,以及他对过秦思潮的影响,学术界也有所关注。曾有人写专门的论文来讨论这个问题,如张强的《西汉"过秦"思潮的发生和发展——从陆贾到司马迁》一文,就是一个比较系统的研究。该文说:

> 陆贾对秦亡天下的原因进行了富有成效的探讨,具体地讲有五点值得注意:其一,认为秦失天下的原因与主张"尚刑",轻视"尚德"相关;其二,认为秦失天下的原因与用人不当有关;其三,认为与对外穷兵黩武,对内实行酷法有关;其四,认为与君主骄奢靡丽,自乱制度有关;其五,认为与君主不能明辨是非相关。这五点是从历史评判的角度来批评秦政

---

① 《史记·平津侯主父列传》。

的,其思想方法是在批判法家的过程中表达以仁义治国的思想的。①

张强把陆贾的过秦思想归纳为五个方面,我们只是讲了三个问题。我们所讲的三点,是陆贾思想对汉代过秦思潮影响较大的方面,更全面的认识,可以参考张强的这篇论文。

(三) 对汉代思想走向的影响

《新语》是汉代思想史上的第一本著作,它的产生不仅在当时的朝廷上获得了"左右呼万岁"的轰动,而且也在汉代思想史上产生了重大影响。可以说,陆贾的《新语》是一本深深影响了汉代思想走向的著作。这一点在现代的思想史著作中,尚未得到充分论证。

陆贾《新语》对汉代思想史的第一个重大影响,是其学术个性,他的容纳百家的学术风格,影响汉代学者形成了融汇百家的学术风气。

前文我们已经讲过,陆贾的学术思想创造,虽然仍然以先秦思想为依托,但却并不局限于先秦时期的某家某派,不在先秦思想分野中选边站队,而是紧紧围绕现实政治的需要,从先秦学术中汲取营养。所以,从学派属性上说,他什么派也不是,不是道家,不是法家,也不是杂家,而是有着独立学术个性和学术风格的思想家。正是因为这样,我们看到,在他的学术思想体系中,可以看到各家的影子,有各家的思想元素,而他则是把各家思想元素,围绕自己的明确目标,而融合成一个有机的整体。概言之,陆贾对先秦思想的融合,大概有以下几个方面比较突出。

---

① 张强:《西汉"过秦"思潮的发生和发展——从陆贾到司马迁》,《淮阴师范学院学报》2004 年第 2 期。

(1) 糅合道家的"无为"和儒家的"仁义",而创造出新的德政学说

陆贾尚德不尚刑,主张德政仁义,正因为如此,才有很多人把他归入儒家。但是,陆贾却也明确地主张无为政治,并且他不是一般地讲无为,而是真的把老子的无为思想拿了过来。像他在《辅政》篇所说:"怀刚者久而缺,持柔者久而长,躁疾者为厥速,迟重者为常存,尚勇者为悔近,温厚者行宽舒,怀急促者必有所亏,柔懦者制刚强……自媚饰非,而不能为公方,藏其端巧,逃其事功。"《无为》篇所言:"道莫大于无为,行莫大于谨敬。""事逾烦天下逾乱,法逾滋而天下逾炽,兵马益设而敌人逾多。"这些话不仅从字面上看来自道家,来自老子,而且就论证方式、语言风格上说,也和老子何其相似!但是,他却是用这些道家的思想要素,来论证他的德政学说、仁义学说的,是和仁义理论密切地糅合在一起的。如他在《至德》篇说:

> 是以君子之为治也,块然若无事,寂然若无声,官府若无吏,亭落若无民,闾里不讼于巷,老幼不愁于庭,近者无所议,远者无所听,邮无夜行之卒,乡无夜召之征,犬不夜吠,鸡不夜鸣,耆老甘味于堂,丁男耕耘于野,在朝者忠于君,在家者孝于亲;于是赏善罚恶而润色之,兴辟雍庠序而教诲之,然后贤愚异议,廉鄙异科,长幼异节,上下有差,强弱相扶,大小相怀,尊卑相承,雁行相随,不言而信,不怒而威,岂待坚甲利兵、深牢刻令、朝夕切切而后行哉?

这段话可以看做是陆贾糅合儒道两家思想于一体的典范。形似道家而神似儒家,用道家的智慧论证了一个在实质上是属于儒家范畴的问题,强调的主要问题是"忠君""孝亲",是"长幼异节,上下有差",是天下大治的愿景。糅合儒道而形成一个新的具有陆贾个体风格的思想体系。儒道在他这里并不对立,并都为他所用。

(2) 批判法家之尚刑,但却吸收法家有益的思想成分

陆贾在《新语》中极力批判法家的滥施刑罚,批判法家的尚刑思想,但是,他却没有对法家思想采取一概排斥的态度,还是重视法家的一些积极思想成分,并注意吸收到自己的体系中。

首先,在对待法家的问题上,陆贾对法家思想与法家思想的运用作出了问题的区分。陆贾认为,法家思想作为一种理论或思想来说,有其有用性的一面,而法家思想的运用,那就要审时度势,根据情况的变化来决定其取舍。比如,法家的耕战政策,在秦国的强盛过程中,在秦始皇统一中国的过程中,当然是发挥了重大作用的,有其合理性、积极性。但是,对于一个统一的稳定的政权来说,一味地固守这一观念,不知道根据形势的变化做出调整,就自然会出问题。而秦的问题就在于这一方面。陆贾就是这样认识问题的。他的马上取天下与马下治天下的区分,对攻取异术的阐述就是基于这一点认识。对于马上取天下,耕战政策,富国强兵,甚至严苛法律,都是必要的;而对于治天下来说,对于统一了的大一统王朝的治理来说,这一套就必须做出调整了。陆贾提出马上马下理论,当然是为着阐述他的以仁德治天下的重要性,但这一理论则是并不否定法家思想对于取天下的正当性、合理性。这一点就说明了陆贾对法家理论并不是绝对的排斥或否定。

其次,他也确实把一些原本属于法家的观点,纳入到了自己的思想体系中。陆贾很明白,法令、刑罚这些东西,虽然不能以之劝善,但却可以拿来惩恶,治理一个大的国家,没有惩恶的手段和方法显然是不行的,所以,法的东西也还是需要的。他在《明诫》篇说:"鸟兽草木尚欲各得其所,纲之以法,纪之以数,而况于人乎?"没有法律是不可能安顿这个社会的。再如法家的一套法术势理论,陆贾认为也是有用的。《辨惑》篇说:"道因权而立,德因势而行,不在其位者,则无以齐其政,不操其柄者,则无以制其刚。"道需

要借助强有力的政治权力,德也需要因势而产生影响,没有权柄,不在其位,是不可能实现治国平天下的理想的。一个国君,要推行德政,是必须借助他的权势和地位,是需要稳稳地操持权柄的。

(3) 融天人相分与天人相感为一体

我们前文讲过,陆贾的学术传承,基本是私淑荀子,他从荀子那里也继承了天人相分的宝贵思想。如他在《明诫》篇中说:"安危之要,吉凶之符,一出于身;存亡之道,成败之事,一起于善行;尧、舜不易日月而兴,桀、纣不易星辰而亡,天道不改而人道易也。"读这样的文字,很容易使人联想起《荀子·天论》中"天行有常,不为尧存,不为桀亡"的名言。但是,他的《新语》中又吸收了天人感应、天人相感的思想,并且很巧妙地把二者结合在一起。请看《明诫》篇的这段话:

> 故世衰道失,非天之所为也,乃君国者有以取之也。恶政生恶气,恶气生灾异。螟虫之类,随气而生;虹蜺之属,因政而见。治道失于下,则天文变于上;恶政流于民,则螟虫生于野。贤君智则知随变而改,缘类而试思之,于□□□变。圣人之理,恩及昆虫,泽及草木,乘天气而生,随寒暑而动者,莫不延颈而望治,倾耳而听化。圣人察物,无所遗失,上及日月星辰,下至鸟兽草木昆虫,□□□鹢之退飞,治五石之所陨,所以不失纤微。

这段话很有意思,第一句话还在讲天人相分,所谓"世衰道失,非天之所为也";紧接着下边的话,却变成了另一个完全不同的意思表达,要国君对自然灾异的发生负责。世间一切灾异发生,都是国家治理上出现了问题,"恶政生恶气,恶气生灾异"。而且,"治道失于下,则天文变于上",好像有一个人格化的"天文",在观察着国君治理下的社会状况。一旦政治上出现了问题,这个人格化的天就会以灾异来昭示你。真正的明君贤圣,则知道根据自然灾异的变化,来反思自己的治理问题,"缘类而试思之",随变而改。陆贾用了阴阳家的话,套到自己的理论体系中,而且也不显得牵强。

总之,陆贾完全是为着现实政治治理的需要,摒弃一切门户之见,重视吸收各家各派的学术思想,融为一体,创造出一个适合当下时代的政治思想体系。这就是陆贾的思想方法:"书不必起仲尼之门,药不必出扁鹊之方,合之者善。"合之者善,只要是合乎当下需要的,可以解决现实问题的,就统统拿来,不拒绝任何学派的思想素养。于是,陆贾就为其后的思想史发展,开辟出了一条新的道路,那就是顺时应变,融汇百家,独立思考,服务当代。

事实上,我们看到,陆贾之后汉代学术思想的发展,就正是带有了这样的特征。当代学界基本上形成的共识是,在汉初思想史上,所活跃的道家,是新道家;所传延的儒家,是新儒家。所谓新,就是他们在坚持先秦这些学派的基本理念的基础上,都表现出了吸收其他诸家而丰富发展自己的明显特征,都不再拘泥于狭隘的门户之见。综合性、兼收并蓄、融会贯通,几乎成了这一时期学术发展的时代性特征。而这一点,就正是陆贾《新语》所产生的示范性影响。

1. 新道家对其他学派思想的吸收

关于新道家这个概念,学术界分歧较多,我们不去辩驳,只是取这个概念,来表达在汉代继承了先秦道家之衣钵,而在学术形态上有所发展的这个学派。新道家之"新",其实就是在原来道家思想的基础上,吸收了其他各家的思想元素,以使其更适合于汉代的社会需要。司马迁在《史记·太史公自序》中所载其父司马谈的《论六家之要指》,对道家思想特性的概括,指的就是新道家,是他那个时代的道家。他说:"道家使人精神专一,动合无形,赡足万物。其为术也,因阴阳之大顺,采儒墨之善,撮名法之要,与时迁移,应物变化,立俗施事,无所不宜,指约而易操,事少而功多。"这里很明确地讲了新道家"采儒墨之善,撮名法之要"的特点,即它吸收了儒、墨、名、法各家的思想要素。承认"新道家"之说的人,大都认为《淮南子》是其代表作。我们就以《淮南子》为例,来看一下新道家对诸子各家思想的汲取。

在这个问题上,《淮南子·泰族训》中的一段话比较典型：

> 昔者,五帝三王之莅政施教,必用参五。何谓参五？仰取象于天,俯取度于地,中取法于人,乃立明堂之朝,行明堂之令,以调阴阳之气,以和四时之节,以辟疾病之菑（灾）。俯视地理,以制度量,察陵陆水泽肥墩高下之宜,立事生财,以除饥寒之患。中考乎人德,以制礼乐,行仁义之道,以治人伦而除暴乱之祸。乃澄列金木水火土之性,故立父子之亲而成家；别清浊五音六律相生之数,以立君臣之义而成国；察四时季孟之序,以立长幼之礼而成官。此之谓参。制君臣之义,父子之亲,夫妇之辨,长幼之序,朋友之际,此之谓五。乃裂地而州之,分职而治之,筑城而居之,割宅而异之,分财而衣食之,立大学而教诲之,夙兴夜寐而劳力之。此治之纲纪也。

这本立足于道家的著作,大谈"行仁义之道,以治人伦""制君臣之义,父子之亲,夫妇之辨,长幼之序,朋友之际"等等本属于儒家的观念,并且整段话的精神还是莅政施教,讲的是一种大有作为的治国之道,这与传统的道家思想有明显差异,显然是吸收了儒家的思想营养。文中"以调阴阳之气,以和四时之节"之类的话,又显然是阴阳家的思想成分。

其实,《淮南子》中的很多论述可以证明,它不仅是融儒家的思想成分于自身体系之中,而且也是明确提倡以仁义礼乐来作为治国之方的,是把儒家所讲的君臣、父子、夫妇、长幼、朋友之五伦,作为"治之纲纪"来对待的。他们也主张以仁义道德来规范人民的思想与行为,并通过仁义礼乐之教化,来提高人们的品德修养。如

《淮南子·本经训》说:"夫仁者所以救争也,义者所以救失也,礼者所以救淫也,乐者所以救忧也。"《齐俗训》说:"礼者,实之文也。仁者,恩之效也。故礼因人情而为之节文,而仁发併以见容。礼不过实,仁不溢恩也,治世之道也。"

在新道家《淮南子》的思想体系中,道德与仁义并提,二者只是处于不同的层面,道德是最高最根本的准则,而仁义则是更具体的行为准则。诸如《缪称训》中所说:"道者物之所导也,德者性之所扶也,仁者积恩之见证也,义者比于人心而合于众适者也。故道灭而德用,德衰而仁义生。故上世体道而不德,中世守德而弗坏也,末世绳绳乎唯恐失仁义。君子非仁义无以生,失仁义则失其所以生。"所以,治国理政者需要"持以道德,辅以仁义",道德与仁义都不可偏废。

总之,从《淮南子》可以看出,新道家的政治理论,是道儒融合的产物,它与先秦之道家已经有了很大差异。虽然他们都主张以"无为"为治国原则,都主张"清静无为""无为而无不为";而不同的是,先秦道家在某种程度上是否定和排斥仁、义、礼、智、情、法这些思想元素的,他们所主张的治理模式是顺其自然,反对儒家那套礼乐教化说教。如《老子》第五十七章所说:"我无为,而民自化,我好静,而民自正,我无事,而民自富,我无欲,而民自朴。"而新道家的政治理论,则把仁、义、礼、情、法融入"道"的范畴,和而用之,融为一体,主张一种以无为为主,休养生息,慎用刑罚,倡导仁义教化的以道治国理论。

以上我们主要是考察了新道家对儒学思想的吸收,《淮南子》中还有其他诸多非先秦道家的思想元素,我们不再去展开分析了。总之,新道家与先秦道家相比,思想已经不再纯净,无怪乎《汉书·艺文志》把《淮南子》列入杂家,确实是杂糅了多家思想的要素。但这却不是一个"杂"字所可以概括的,而实是顺乎时代需要的融合百家之举,是思想的与时俱进,是由陆贾所开启的学术思潮。

2. 新儒家对其他学派思想的吸收

新儒家这个概念学术界存在分歧,对汉初儒学思想的发展,要不要用新儒家来概括,学界也有不同看法,但汉初之儒,与先秦时期的儒家也的确有了许多明显的变化,以至于不少学者在谈论这些问题时,不免要使用原始儒家或先秦儒家的提法,以便与汉代儒家相区别。在与先秦之儒学相区别的层面上说,把汉代儒家称为新儒家也是说得通的。汉代的新儒家,指哪些人,也有不同看法,陆贾？贾谊？他们算不算新儒家？学界也有争议,但有一个人却是没有争议的,那就是董仲舒。可以说,学界公推董仲舒为汉代新儒家的代表性人物。所以,我们就以董仲舒为例,来分析新儒家对待其他学派的态度问题,看他在这个问题上,如何受到了陆贾的影响。

董仲舒儒学之新,究竟"新"在哪里？他的儒学思想和先秦儒学的最大区别是什么？其实,其新就新在他的思想的多元性,新在他对诸子学派思想的广泛吸纳,他用先秦儒学的核心精神来统筹各种思想遗产,而建构起符合新时代要求的多层次儒学思想体系,使儒学在与其他学派并不矛盾的基础上重新确立起来。

董仲舒对先秦儒学的改造,最重要的是引入了阴阳五行家的思想,把现实世界的一切重大变化,都和一个神秘的"天"联系起来,从而创造出一个天人感应的逻辑体系。他在《春秋繁露·王道》篇写道:

> 周衰,天子微弱,诸侯力政,大夫专国,士专邑,不能行度制法文之礼,诸侯背叛,莫修贡聘,奉献天子,臣弑其君,子弑其父,孽杀其宗,不能统理,更相伐铚以广地,以强相胁,不能制属。强奄弱,众暴寡,富使贫,并兼无已,臣下上僭,不能禁止。日为之食,星霣如雨,雨螽,沙鹿崩。夏大雨水,冬大雨

雪,霣石于宋五,六鹢退飞。霣霜不杀草,李梅实。正月不雨,至于秋七月。地震,梁山崩,壅河,三日不流。画晦。彗星见于东方,孛于大辰。鹳鹆来巢,《春秋》异之。以此见悖乱之征。孔子明得失,差贵贱,反王道之本。讥天王以致太平。刺恶讥微,不遗小大,善无细而不举,恶无细而不去,进善诛恶,绝诸本而已矣。

在这段话里,春秋时期的各种政治乱象,诸如"诸侯力政,大夫专国""诸侯背叛,莫修贡聘""臣弑其君,子弑其父""强奄弱,众暴寡""臣下上僭"等等,都成了"日为之食,星霣如雨,雨螽,沙鹿崩。夏大雨水,冬大雨雪""霣石于宋五,六鹢退飞""霣霜不杀草""正月不雨""地震,梁山崩,壅河,三日不流""彗星见于东方"等等自然界异常现象的"因",强使社会乱象与自然灾异之间发生因果关系。这两种属性完全不同的现象之间为什么有因果关系呢?其中的奥妙,就在于有一个人格神的"天"的存在,有一个像人一样有精神、有灵魂、有思想的"天"在那里观察着人间的变化,如果人间的事情做得不好,出了问题,这个"天"就制造一些自然界的异常变化,作为对人的警示,于是,自然界的异常变化,就成了一种天的意志的宣示,成了人间异常的征兆,即"以此见悖乱之征"。董仲舒说,孔子就是发现了这个问题,看到了这个"以此见悖乱之征",并明其得失,才担负起一种拨乱反正、"反王道之本"的历史责任。所谓儒学,就是这样才产生的。董仲舒第一次用天人相感的逻辑,解释了儒学的产生,而这种逻辑是大异于先秦儒学的。

董仲舒把他的"天人感应"说成是一种普适性的理论,世间万物变化都隐含着"天人交感""同类相动"的规则。《春秋繁露·同类相动》篇说:

> 今平地注水,去燥就湿,均薪施火,去湿就燥。百物去其所与异,而从其所与同,故气同则会,声比则应,其验皦然也。

> 试调琴瑟而错之,鼓其宫则他宫应之,鼓其商而他商应之,五音比而自鸣,非有神,其数然也。美事召美类,恶事召恶类,类之相应而起也。如马鸣则马应之,牛鸣则牛应之。帝王之将兴也,其美祥亦先见;其将亡也,妖孽亦先见。物故以类相召也。

在他看来,自然界或人类社会的同类事物之间存在相互感应的现象不是偶然的,而是因为事物都具有阴阳属性,一切事物都表现为阴阳二气交感相生的有规律的运动。所以,帝王之将兴,王朝之败落,也都有相应的美祥或妖孽出现,这是"以类相召"的结果。

董仲舒是治春秋学的,是春秋公羊学的大师。《春秋》中记载了不少自然界的灾异现象,他就引入阴阳五行学说,来解读《春秋》中的灾异,形成了他的天人关系理论。他这样解读《春秋》,在先秦时代是不可想象的。孔子的思想品格绝非如此。《论语》中多次讲到孔子罕言天命、鬼神,"子不语乱、力、鬼、神",而董仲舒所要建立的却是一套严密的神学目的论的思想体系。董仲舒对先秦儒学的改造,可谓脱胎换骨,而这主要就是将阴阳五行思想纳入儒学体系的结果。

董仲舒的阴阳五行说来自哪里?过去人们一般认为直接继承了战国时期五行家邹衍的思想。如侯外庐先生主编的《中国思想通史》中说:

> 按《春秋》一书,自孟子以来即为儒家所推崇。但过去儒家,只从政治观点以推崇《春秋》的微言大义。自董仲舒起,始援阴阳家之言解说《春秋》,始为天道人事相互影响之说开拓了新土,始使《春秋》成为天人感应的神学经典,始使其政治范畴的微言大义兼有了哲学神学的内容。这是董仲舒在中世纪思想史上别开生面的东西,也是他在中世纪发端期所以取得正宗的合法地位的秘密。

董仲舒吸取了邹衍的思想。①

但是,20世纪70年代以后,由于马王堆汉墓帛书《皇帝书》的发现,人们看到了真正的道家黄老学派的作品,《皇帝书》中对阴阳五行、天人相感等有很精致的论证,于是,学界逐渐认识到董仲舒的天人感应思想,是直接承袭黄老道家而有所改造。如有学者专题探讨董仲舒与黄老之学的关系,认为董仲舒《春秋繁露》对"黄老之学"的吸收,主要表现在四个方面:(1)吸取"黄老"道论之精华,以充实儒家的"天人相应"之说;(2)采道家"无为"之精要,以补儒家"有为"之不足;(3)采"黄老"阴阳尊卑之说,以论儒家之"三纲";(4)因道家"黄老"之"刑德并用",以代儒家之"任德而不任刑"②。汉初几十年黄老学派在意识形态领域占据主导地位,董仲舒受其影响是完全可以理解的。至于对之是不是全盘接受,那是应该有更具体的材料来说明的。

梁宗华也有专门论文探讨董仲舒与道家黄老学的关系。文章说:

汉武帝时期被定于一尊的董仲舒所构建的新儒学思想体系,实际呈现一种多元的开放的结构,其中黄老道家思想占据了相当重要的地位。董仲舒以儒家思想为基础本位,吸收融合了道、法、墨、阴阳等多家思想,先秦诸子学说中互为关联、相通互补的积极因素于此得到集中强化,并与儒家的基本思想融为一体。黄老之学虽然是被替代的对象,但其基本精神已被融汇到改铸后的儒学体系中,道家黄老学的道论、精气说、自然无为、阴阳刑德、权谋术数、爱气养生等思想都给予董

---

① 侯外庐等:《中国思想通史》第二卷,人民出版社1957年版,第90、104页。

② 张国华:《从〈天人三策〉到〈春秋繁露〉——兼论董仲舒与"黄老之学"》,《中国社会科学院研究生院学报》1995年第3期。

仲舒儒学以十分深刻的影响,成为汉代新儒学的重要组成部分。①

这些是偏重考察董仲舒与黄老道家的关系,说明董仲舒新儒学是吸收黄老道家阴阳五行思想以改造儒学的结果。但还不足以说明董仲舒对各家学说的全面吸纳。20世纪90年代,黄朴民的博士论文《董仲舒与汉代新儒学的发展》中,有一节专讲"董仲舒新儒学的多元特征",文中写道:

> 董仲舒较先秦儒学高明之处,是他重视为自己学说建立一个理论大框架,来统筹安置新儒学多层次的丰富内容。在这个过程中,他大量地吸收了阴阳家学说的理论和墨学的部分要义。
>
> 1. 新儒学理论框架中的阴阳学说特征是十分明显的……新儒学也汲取阴阳家学说,作为自己理论框架的外在形式。而董仲舒继承与改造阴阳家学说,对儒学政治思想予以总体的发展,最大的成功莫过于在"天人感应"说基础上,创立了"天人合一"的理论。
>
> 2. 墨家"天志"学说的理性精神。董仲舒的"天人说",其总源头当为墨子的"天志"论……两者思维定式一致,论证材料接近,指导观念相仿,表明新儒学对墨家"天志"说的大量汲取……董仲舒新儒学受墨家学说影响的又一个痕迹,是他主张在"文质"问题上"损文用忠",即主张从夏政而远周政,这与孔子"从周"思想相背悖,却与"背周道而用夏政"的墨学相一致。另外,董仲舒新儒学中还吸收了墨子的"尚同"理论。稍有不同的是,董仲舒在这方面所提示的途径是自上而下,而墨

---

① 梁宗华:《董仲舒新儒学体系与道家黄老学》,《齐鲁学刊》1999年第6期。

家"尚同"说立论却是自下而上罢了。

  3. 新儒学对于道家、申韩法家思想的吸取与改造……对申韩为代表的法家思想的众多长处,董仲舒新儒学体系中也多有采纳。其中有阴阳光环笼罩下的法家"臣施其劳,君收其功"的君臣观,有对"势"、"术"的强调,有"循名责实"的考绩理论,等等。用法家富有现实性的主张来充实儒学的统治理论,这正是新儒学的特点之一。在社会政治思想方面,法、道、墨诸家思想中有关政治伦理方面的经验与认识,也通过董仲舒在儒学原则下的改造,被有机地纳入新儒学的体系之中,从而弥补了早期儒家在政治思想方面的某些矛盾与不足。①

  黄朴民对董仲舒思想多元性的考察应该说是比较充分和全面的,完全可以用来说明董仲舒对多元思想融汇吸纳的学术特性。而这样一种学术风气,就正是陆贾所开创的。这是陆贾影响汉代学术风气的一个很重要的方面。

  陆贾对汉代学术的另一重大影响,是学术对政治的强烈依附,开了学术直接为政治当局服务的先河。

  先秦思想家无论各家各派,都有自己的独立性品格;他们也是要为政治服务的,但他们不一定要依附于政治当局,不一定要依附于确定的政治主体。譬如孔子,他有自己独立的政治见解,也很希望找到能够实现自己政治志向的国君以施展才华,但他却不会为了迎合政治当局的需要而扭曲自己的意志,不会为哪一个诸侯国当局改变自己的学说而曲意逢迎。孟子更是如此。所谓分庭抗礼,就是反映的知识分子的独立性问题。

  但自陆贾时,以学术迎合政治的倾向就十分明确了。《新语》是命题作文,这一点就足以证明。但陆贾还好,他在学说的创造过

---

① 黄朴民:《董仲舒与汉代新儒学的发展》,《文献》1989 年第 2 期。

程中,还是有很强烈的影响当局的意识,有点为王者师的情愫。他时时在刘邦面前称说《诗》《书》,不惜冒犯圣颜而阐述马上得天下但不可马上治天下的道理,都说明了他的某种独立性品格。但是,毕竟《新语》是为着确定的政治主体的需要而写作,特定的明确的政治属性,就必然在很大程度上局限到其思想的独立性问题。而这一点在后世的影响,随着专制主义皇权的日益强化,必将被不断放大,而导致思想创造在依附于皇权的过程中,完全丧失其独立性,最终成为政治的婢女。

这一点在董仲舒及其以后的儒学发展中,表现得特别明显。

有人特别考察董仲舒的《天人三策》,研究董仲舒应对武帝三次策问的具体过程,最后得出结论说:

> (1)在《三策》中,武帝对于仲舒的"对策"从大的方向看是满意或者较为满意的,但对于仲舒的一些具体说法以及仲舒建构思想体系的方法也有不甚满意或不满意之处,而这种不满意的程度又随着仲舒思想的不断完善而有所减轻;(2)在《三策》中,仲舒在武帝启发下经历了一个由专言儒家的"王道教化"、"多欲有为"而逐渐也讲道家的"刑德并用"、"无为而治"的思想演变过程。但只有到了《春秋繁露》,道家"黄老"的思想精要才被全面吸收到了董氏儒学思想体系之中。①

可以说,三次对策的过程,就是董仲舒逐渐迎合武帝而丧失思想独立性的过程,每一次他都要揣测武帝的旨意,而对自己的对策作出修改,以消除武帝的不满意之处。董仲舒在《天人三策》和《春秋繁露》中形成的思想,其实也是汉武帝引导的结果,是思想迎合政治需要的结果。

---

① 参见张国华:《从〈天人三策〉到〈春秋繁露〉——兼论董仲舒与"黄老之学"》,《中国社会科学院研究生院学报》1995年第3期。

董仲舒之后,皇权独尊儒术,各家学说偃旗息鼓,一部学术史、思想史也就逐步演变为经学史,所谓学术完全成了国家控制的御用工具。自此,由陆贾所开启的学术向政治靠拢之路,变成了学术对政治的完全依附。即便如此,学术内部还是起了争议,并且还争得你死我活,这就是两汉历史上著名的经今古文之争①。今文经和古文经,都是孔学的余绪,都是皇权的舆论工具,他们争什么呢?

　　经今古文同出于一源,虽有差异,二者还是有融通互补的作用。二者的矛盾,说穿了就是争依附于皇权的权利,争被皇权荫庇的资格,争着更能获得皇权的青睐,各自都想独享帝王的恩宠。汉代直到宣帝时期,社会上流行的还都是今文经,所以无论是武帝设立五经博士,还是宣帝置十二经博士,所立自然都是今文经。古文经跃出水面,并与今文经形成竞争态势,争立官学地位,是从哀帝时期开始的。此后经今古文之争经历了几个阶段,剖析其发展过程,便可揭示汉代儒士、经学家卖身皇权的本质。

　　第一阶段是哀帝时期,刘歆为古文经争立博士官而招致失败。

　　《汉书·楚元王传附刘歆传》记曰:"及歆亲近,欲建立《左氏春秋》及《毛诗》、《逸礼》、《古文尚书》皆列于学官。哀帝令歆与《五

---

　　① 经今、古文最初的分野只是书写形式的不同,没有思想属性方面的根本不同。经过秦始皇的焚书坑儒和项羽焚毁秦之图籍,儒家典籍焚毁殆尽,汉初恢复学术,经书的传播只有用当时通行的隶书凭记忆书写出来,由此书写的经书就称为"今文经"。武帝时期几次发现了保存下来的战国时期的经书,这些经书自然是战国文字的原貌,相对于今文经来说,就是古文经。今文经是靠记忆书写,已经打上了书写者的现代印记,加之又要为当今社会所用,所以治今文经自然就倾向于对经义的解读,重视阐发微言大义和"通经致用";古文经后出,文字上与今文经面貌不同,治古文经自然就首先要从文字的厘定、经文原貌的复原着手,由此形成古文经家重章句训诂,讲求古义,带有一种以经为史的倾向。如果说经今古文确有不同的话,最初的差异也就仅止于此。后世经学家总结出经今古文的众多不同,都是在形成经今古文之争之后,逐渐发展出来的,或者是被人为地造成的学术壁垒。

经》博士讲论其义,诸博士或不肯置对,歆因移书太常博士,责让之。"刘歆的移让博士书,在强调《古文尚书》、《逸礼》、《左氏春秋》等古文经立博士官的正当性之外,对现有的博士官所职提出了尖锐批评:"往者缀学之士不思废绝之阙,苟因陋就寡,分文析字,烦言碎辞,学者罢老且不能究其一艺。信口说而背传记,是末师而非往古,至于国家将有大事,若立辟雍、封禅、巡狩之仪,则幽冥而莫知其原。犹欲保残守缺,挟恐见破之私意,而无从善服义之公心,或怀妒嫉,不考情实,雷同相从,随声是非,抑此三学,以《尚书》为备,谓左氏为不传《春秋》,岂不哀哉!"刘歆的批评,主要是三个方面,一是博士官所职,章句之学把经义搞得支离破碎,烦琐之至,以至达到学者终老不能究其一艺的地步;二是各家章句的发展,多"信口说而背传记,是末师而非往古",离开经典本义越来越远;三是这些章句解说不能回答现实的实际问题,对于辟雍、封禅、巡狩等重大国家礼仪,不能说明其来源,找不到历史根据,而这些根据保存在古文诸经之中。实际上,刘歆所强调的重点,或者说最能打动皇权的地方,还在于第三个理由,即古文诸经,最能够为皇权的重大国家活动找到历史性或曰合法性根据。刘歆强调的即是古文经的御用功能。但由于今文经的势力过于强大,"歆由是忤执政大臣,为众儒所讪"而未能如愿,并招致贬官。

第二阶段是平帝和王莽新政时期,这是王莽的时代,古文经配合王莽复古变革的政治需要而被正式列入学官。

《汉书·儒林传》:"自武帝立《五经》博士……平帝时,又立《左氏春秋》、《毛诗》、逸《礼》、古文《尚书》,所以周罗遗失,兼而存之,是在其中矣。"

《汉书·艺文志》:"《周官经》六篇。王莽时刘歆置博士。"

第三个阶段是东汉光武帝时期。这一时期经今古文激烈交锋,古文经经历了废立反复、荣辱交替的艰难历程。

光武帝新立，王莽新朝的一切建树都自然摧毁，古文博士也随之罢黜，这是政治变革的自然成果，也是古文经学家无奈的悲剧。但是，几乎在这同时，即有人再提立古文经《左氏》博士的问题。这次立《左氏》博士的问题，前后经过了范升与韩歆、陈元与范升多次辩论，经陈元与范升的相互辩难，终于说服了光武帝，立《左氏》博士于学官。① 但时隔不久，待《左氏》博士李封病死，其《左氏》博士官也随之废黜。而这个代表古文经的《左氏》博士为什么不能立于学官，直到章帝时贾逵再次提出立古文经博士时，才最终揭开了谜底。我们也留待下文分析。

第四个阶段是章帝时期，贾逵秉承章帝授意再提立《左氏》博士；最终《左氏》未正式立于官学，但却得到了皇权的提倡，并促成了今古文合流之势。

章帝雅好儒术，特好《古文尚书》、《左氏传》。建初元年，章帝特诏古文经大师贾逵入讲北宫白虎观、南宫云台。根据章帝的授意，贾逵上疏阐发"《左氏传》大义长于二传"（指已经立于学官的《公羊》和《穀梁》）的道理。贾逵在上疏中说：

> 臣谨撮出《左氏》三十事尤著明者，斯皆君臣之正义，父子之纪纲……《左氏》义深于君父，《公羊》多任于权变，其相殊绝，固以甚远，而冤抑积久，莫肯分明。
>
> 臣以永平中上言《左氏》与图谶合者，先帝不遗刍荛，省纳臣言，写其传诂，藏之秘书……光武皇帝，奋独见之明，兴立《左氏》、《穀梁》，会二家先师不晓图谶，故令中道而废。凡所以存先王之道者，要在安上理民也。今《左氏》崇君父，卑臣子，强干弱枝，劝善戒恶，至明至切，至直至顺……又《五经》家皆无以证图谶明刘氏为尧后者，而《左氏》独有明文。《五经》

---

① 参见：《后汉书·陈元传》。

家皆言颛顼代黄帝,而尧不得为火德。《左氏》以为少昊代黄帝,即图谶所谓帝宣也。如令尧不得为火,则汉不得为赤。其所发明,补益实多。①

贾逵上疏,首先强调《左氏》所讲,"皆君臣之正义,父子之纪纲",若与《公羊》相较,"《左氏》义深于君父,《公羊》多任于权变"。贾逵认为,《左氏》的思想特质在于"崇君父,卑臣子,强干弱枝,劝善戒恶",最适合皇权专制的需要。其次,贾逵分析先帝光武时期,为什么《左氏》已经立于学官而又被废置,其原因仅在于当时所选的博士官李封等人"不晓图谶",不能适应皇权的需要,而并不是《左氏》本身不讲图谶。最后,贾逵强调,正是《左氏》所讲的图谶,才真正能为刘汉王朝找到合法性根据,即"《五经》家皆无以证图谶明刘氏为尧后者,而《左氏》独有明文";"《左氏》以为少昊代黄帝,即图谶所谓帝宣也"。贾逵真是个聪明人,他清醒地知道皇帝需要什么,每一条都讲到了要害之处。

对于刘汉皇朝来说,贾逵所说句句在理,也深得章帝赞许,但《左氏》还是没有能正式立于学官。这大概是章帝不能违逆先帝光武的缘故。贾逵上疏立《左氏》未竟,是古文经为立博士事的最后一次政治博弈。

贾逵的上疏,透露出一个信息,那就是从光武到章帝,古文经立于学官的道路如此坎坷,关键在于它与当朝政治倡导图谶之学相违逆。光武帝喜好图谶,而古文经不讲图谶,无法博得皇权的青睐,这是一个致命的死穴。东汉初期几个经学大家,都治古文经,并都对图谶之学极其反感,并因此被光武责斥或疏远。后汉史上

---

① 《后汉书·贾逵传》,中华书局1965年版。关于光武朝立《左氏》博士,而又旋即废之事,见《后汉书·陈元传》。贾逵把此次《左氏》博士的废置,归结为当时的《左氏》博士李封等不晓图谶因而无法为当朝政治服务所致。

有相关记载:

> 《后汉书·郑兴传》:帝尝问兴郊祀事,曰:"吾欲以谶断之,何如?"兴对曰:"臣不为谶。"帝怒曰:"卿之不为谶,非之邪?"兴惶恐曰:"臣于书有所未学,而无所非也。"帝意乃解。兴数言政事,依经守义,文章温雅,然以不善谶故不能任。

> 《后汉书·桓谭传》:帝方信谶,多以决定嫌疑……有诏会议灵台所处,帝谓谭曰:"吾欲以谶决之,何如?"谭默然良久,曰:"臣不读谶。"帝问其故,谭复极言谶之非经。帝大怒曰:"桓谭非圣无法,将下斩之!"谭叩头流血,良久乃得解。

郑兴"以不善谶故不能任",桓谭以"臣不读谶""非圣无法"贬官外任而死于途中。经今古文都是"经",都是儒家崇尚之典籍,为何古文经终不能战胜今文,或者不能争得一席之地呢?为什么皇权一味地喜欢今文呢?光武对待郑兴和桓谭的态度说明了问题,说到底,还是古文经的学术属性,决定了它不能被皇权所吸纳的命运。钱穆在《两汉博士家法考》中说:"今学务趋时,古学贵守真……在昔前汉,齐学通时达变,鲁学笃信善道,东京今古之分,乃亦犹之。其时光武尚图谶,今学经师几乎无勿言图谶者。图谶之于后汉,抑犹阴阳灾变之于先汉也。惟古学家则不言谶。"[①]今文善趋时,光武尚图谶,今文经就无不言图谶;而古文经笃信善道,不言图谶,自然不可能获得皇权的青睐。这些情况贾逵看得明白,如果要想借经术获得皇权的信任,必须使自己所治之经,也披上谶纬的外衣,直接为皇权服务。于是,贾逵就不惜曲意经书,皈依图谶。贾逵作为古文经大师,在对待图谶的态度上本来和郑兴、桓谭是完全一致的,现在为了古文经的命运,为了跻身皇家殿堂,他就汲取郑兴和桓谭的教训,而向皇权卖身了。

---

① 钱穆:《两汉经学今古文平议》,商务印书馆 2001 年版,第 247 页。

贾逵的这次卖身很有效果,终使古文经被皇权所接纳。虽然章帝不敢违逆先帝而立古文经《左氏》,但对贾逵所论甚为满意,在博士官职之外给古文经开辟了发展的空间。史载:"书奏,帝嘉之,赐布五百匹,衣一袭,令逵自选《公羊》严、颜诸生高才者二十人,教以《左氏》,与简纸经传各一通。""诏诸儒各选高才生,受《左氏》、《穀梁春秋》、《古文尚书》、《毛诗》,由是四经遂行于世。"①

分析说明,经今古文之争的过程,始终是学术向皇权献媚的过程,两派都在不遗余力地展示自己对于皇权的价值,以便被其接纳和利用。单就学术本身说,经今、古文并没有原则的差异,并能互补或融通,这一点先贤已经看得非常明白。马宗霍的《中国经学史》中说:

"自其末流观之,古今学固若不相入矣。而当古文未出之先,汉初故老,其传授虽以今文,其诵习多在秦火之前,虑无不同古文者。""古文既出之后,虽不立学,而今文诸师杂采古文,则往往而有。""可见西京今文虽盛,而与古文未尝不可通。讫乎东汉,争论既起,其界始严,然争论自争论,而古今学兼治者,则较西京为尤多。""荀悦《申鉴》有言,仲尼作经本一而已,古今文不同,而皆自谓真本经,古今先师义一而已。异家别说不同,而皆自谓古今。仲尼邈而靡质,昔先师没而无闻,将谁使折之者? 明乎此,则知古今本出一源,立言惟求其当,比而论之,必有可参。"②

马氏注意到从汉初至元帝、成帝,治今文者亦多通古文,并引用古文;东汉以后,治古文者也多通今文,兼通古今文的大家越来越多。而为什么从西汉晚期到东汉早期的经今古文之争,同是儒

---

① 《后汉书·贾逵传》。
② 马宗霍:《中国经学史》,上海书店1984年影印本,第44~46页。

家学派又相互视若寇仇、势同水火呢？其实很简单，就是争宠；争政治之宠，争皇权之宠。就在这一争宠的过程中，今文和古文两派都最终将自己紧紧地捆绑到皇权专制的机体上，实现了与皇权的完全结合。

从董仲舒《天人三策》对皇权的思想迎合，到其后持续百余年的经今古文之争中的两派学人竞相向皇权诌媚，汉代人开启了学术完全依附于政治而丧失其独立性品格的过程。可以说，汉之后中国两千年的学术发展，也是走了一条这样的发展道路。而这一中国学术的政治化、依附性品格，即是由陆贾开启端的。

六 《新语》阅读提示

《新语》的成书，至今已 2200 余年，时代的隔膜，语言上的问题，对于今天的一般社会青年来说，会有一定的阅读障碍。那么，如何读懂《新语》，领会其精神内涵，从中获得有益的文化信息和精神营养，就是一个值得一谈的问题。

以笔者之拙见，读懂《新语》，需要注意以下几个方面的问题。

（一）熟悉《新语》的著作时代

弄清作品的时代背景，是阅读任何典籍的前提条件，《新语》的阅读也是如此。陆贾著《新语》的时代背景，可以从三个方面去认识。

一是社会状况背景。按照我们的看法，《新语》写作于汉高祖五年，刚刚结束了楚汉战争的时候，社会经历了秦的统一战争十几年；秦始皇时代的暴虐统治，征伐不已，对外战争和繁重的徭役，社会被严酷的摧残十几年；从陈胜吴广举起义旗，天下倒秦到楚汉战争又近十年；在长达几十年的战争环境中走过来的社会，经济急需要有一个恢复的过程,人民对安定和发展极其向往,安居乐业,自由发展,既是人民的心声,也是时代的主题。只有真正理解了这个时代的特质,才会对陆贾的政治思想主张有充分的价值评估。

二是政治背景。政治背景比较简单,那就是一个新王朝的确立。秦是中国第一个真正的大一统王朝,但却只有十几年的时间就迅速瓦解,代秦而起的汉王朝将会有什么样的历史命运,如何摆脱"其兴也勃焉其亡也忽焉"的历史悲剧,什么样的政治路线可以规避这样的悲剧,解决这个问题,这是当时代最大的政治背景。弄清楚这一点,是理解《新语》时代性的基础。

三是陆贾一类知识分子的命运问题。当汉王朝重新统一中国,站稳脚跟的时候,知识分子的命运问题就已经被历史的决定了。因为,这个时期的中国,已经完全不同于先秦时代,已经不是读书人可以游走天下在诸侯国之间自由选择的时代了,而是只有一个唯一的服务主体可以依附的时代。像孟夫子那样与王者分庭抗礼的政治氛围,对于自恃清高的读书人已经变成了梦境式的存在,再也回不来了。知识分子体现其政治使命的唯一出路,就是向王者靠拢,除此之外别无选择!理解新时代知识分子的政治命运,是弄清陆贾学术本质的重要因素。

那么,该如何去弄清这样的历史背景呢?除了读书,没有其他更好的办法。问题就是读什么书,读哪些书。最基本的书,是关于这个时代原始资料性史书,即《史记》、《汉书》。《史记》中的《秦始皇本纪》、《项羽本纪》、《高祖本纪》、《吕太后本纪》、《孝文帝本纪》,《汉书》中的《高帝纪》、《惠帝纪》、《高后纪》、《文帝纪》,以及《史记》、《汉书》中关于活跃在这一时期的重要历史人物传记。这些书是反映这段历史的原始资料,现代人读原始资料,未必能很好地理解,所以,还需要大量阅读关于这段历史的现代著作,即近现代人书写的这段历史。这方面的主要著作胪列如下,供有心者参阅。

翦伯赞:《秦汉史》,北京大学出版社2001年版。

吕思勉:《秦汉史》,新世界出版社2009年版。

钱穆:《秦汉史》,香港新华印刷股分公司1957年版。

白寿彝总主编:《中国通史》之《中古时代·秦汉时期》上下册,上海人民出版社1999年版。

田昌五、安作璋主编:《秦汉史》,人民出版社1993年版。

林剑鸣:《秦汉史》,上海人民出版社1989年版。

这些书不一定都读,能够找到一两种读一读,就可以大体了解了陆贾的时代,这对理解陆贾及其《新语》会有很好的帮助。

(二)阅读秦汉思想史著作

要真正理解《新语》,还必须了解近现代学界对陆贾及其《新语》的分析、解读和评价,并充分认识《新语》在秦汉思想史上的地位。对于一般读者来说,即使消除了阅读方面的文字障碍,也未必能够对《新语》的思想内涵有多么深入的理解,特别是要全面地整体性地把握其思想实质,是不容易做到的,于是,我们就要借助学术界对《新语》的研究成果,看看这些专业人士是如何解读的。另外,如果要全面地认识陆贾的思想,特别是要认识他的思想的历史价值,还必须把他放到思想史的长河之中,看他对后世思想究竟产生了哪些影响,产生了多大影响,而这也必须读思想史的著作。所以,要读《新语》,就要参照已有的关于秦汉思想史的研究性著作。目前学界关于这方面的著作,主要有以下诸种。

徐复观:《两汉思想史》,华东师范大学出版社2001年版。

金春峰:《汉代思想史》(增补第三版),中国社会科学出版社2006年版。

周桂钿:《秦汉思想史》,河北人民出版社2000年版。

祝瑞开:《两汉思想史》,上海古籍出版社1989年版。

雷戈：《秦汉之际的政治思想与皇权主义》，上海古籍出版社2006年版。

张立文主编，周桂钿、李祥俊著：《中国学术通史》（秦汉卷），人民出版社2004年版。

张岂之总主编，黄留珠主编：《中国思想学说史》（秦汉卷），广西师范大学出版社2004年版。

王兴国著：《贾谊评传》（附陆贾晁错评传），南京大学出版社1992年版。

关于以上书目，我们择其要者粗略介绍如下。

(1) 徐复观《两汉思想史》

徐复观(1903～1982)，现代新儒家的重要代表人物，在儒家思想与中国传统文化问题，中国知识分子的性格及历史命运问题等方面，有大量论著，三卷本的《两汉思想史》是其代表作之一。该书第二卷中有专篇"汉初的启蒙思想家——陆贾"，讲陆贾的思想及其影响。他所谓"启蒙"，"是指在文化上启汉室统治集团之蒙"，徐复观将《新语》定性为针对刘邦统治集团的文化状况，"适应刘邦的文化水准所编的教材"。徐复观对陆贾的评价比较中肯，书中指出："两汉政治思想的大势，由陆贾，贾谊，《淮南子》中的刘安及其宾客，董仲舒的《春秋繁露》，《盐铁论》中的贤良文学，以及扬雄，都是儒道两家思想的结合。当然其中有分量轻重的不同。尤其是以道家的态度立身处世，以儒家的用心言政治言社会，更是由陆贾开其端的两汉知识分子的特色。"

(2) 金春峰《汉代思想史》

金春峰，哲学史学科背景，主要从事先秦文化与哲学、周易哲学、汉代哲学、宋明理学史、朱熹哲学、黄老帛书等方面的研究，《汉代思想史》是其重要代表作，也是当今大陆学界关于汉代思想史研究方面最好的著作之一。《汉代思想史》初版于20世纪80年代，

2005年出版"增补第三版"。该书凡五十余万言,是系统研究汉代思想史分量很重的学术专著。是书关于《新语》的篇幅并不大,但对于认识汉代思想的发展轨迹,从而把陆贾《新语》放到汉代思想史长河中去认识,有重要的阅读价值。

(3)周桂钿《秦汉思想史》

周桂钿,哲学学科背景,主要从事中国哲学史、思想史研究,在汉代思想史方面,著有《王充哲学思想新探》(1984年版)、《董学探微》(1989年版)、《王充评传》(1993年版)、《中国历代思想史》(秦汉卷,1993年版)、《董仲舒评传》(1995年版)等专著。所著《秦汉思想史》关于陆贾的专门研究篇幅不大,只有几千字,但所论平实、中肯,富有启发性。该著认为,陆贾道论的无为而治,虽与汉初盛行的黄老道家思想相合,但却无师承关系,陆贾的主要思想,与其说来源于黄老,不如说来源于儒家。但作者也不简单地认陆贾为儒家,并结论说:"陆贾的政治思想从总体上说,是'文武并用',是汉代霸王道相杂的思想渊源。"书中评价陆贾的思想方法为"讲求实际的思想方法",很有启发意义。该书系统研究两汉思想史,凡50万言,是重要参考书。

(4)雷戈《秦汉之际的政治思想与皇权主义》

雷戈是活跃在当代史坛的中年学者,其学术、论著以思想性见长,所著《秦汉之际的政治思想与皇权主义》,是其博士论文的一部分,是对秦汉之际政治思想本质及发展走向的宏观性研究。是书没有专论任何一个汉代的思想家,当然也没有专门研究陆贾,或者说也不提及陆贾,但作者所论正是陆贾的时代,是该时期政治思想的特质及走向。该书提出"后战国时代"和"天高皇帝近"两个重要的思想史命题,前者强调秦汉之际思想史对于先秦思想的断裂性,后者表征该时期政治思想的专制主义属性,全书之主旨在于强调秦汉之际政治思想史的本质,在于确立皇权主义的意识形态。阅读此书,对于理解陆贾时代的思想史本质会有诸多启发。

(5) 王兴国《贾谊评传》(附陆贾晁错评传)

王兴国,思想史学者,主要著作有《郭嵩焘评传》、《王夫之认识论范畴研究》、《毛泽东与佛教》等,《贾谊评传》(附陆贾晁错评传)是其代表作。该书副篇(第11—14章),分别论述陆贾与晁错的生平业绩、政治主张、哲学思想及其后人对陆贾与晁错的评价,用了152页共计10万字的篇幅,评论了两位思想家,评论颇为中肯、到位,很有参考价值。特别是后人对陆贾的评论部分,为陆贾研究的学术史,提供了不少学术信息。

(三) 重在理解其思想内涵

对于一般读者来说,阅读《新语》重在理解其思想内涵,不必过于在个别文词的理解上费工夫。陶渊明曾经讲自己好读书,不求甚解,每有兴味,便欣然忘食。后世将这个"不求甚解"贬义化了,常用这个术语来批评那些读书不认真的人。其实,陶渊明的不求甚解,是对汉代那种烦琐注经式治学方法的一种反动,也是一种很高的读书境界。读书,弄懂了它的思想就已经达到了目的,为什么要求那个"甚解"呢?甚者过也,为什么要求那过分之解呢?著名史学家吕思勉先生讲过这样一段话:"凡读书,决无能一字一句,无不懂得的。不但初学如此,即老师宿儒,亦系如此。吾乡有一句俗话说:'若要盘驳,性命交托。'若读书必要一字一句都能解说,然后读下去,则终身将无读完一部书之日,更不必说第二部了。其实,有许多问题,在现时情形之下,是无法求解的;有些是非专门研究,不能得解;即能专门研究,得解与否,仍未可知的;有些虽可求解,然非读下去,或读到他书,不能得解,但就本文钻研,是无益的;并有些,在我是可不求甚解的。不分轻重缓急,停滞一处,阻塞不前,最为无谓。所以前人教初学读书,譬如略地,务求其速,而戒攻坚。

但定为应读的,略读则可,越过则不可;因为越过是不读,非略读耳。"①吕思勉先生的这段话,是真正的经验之谈,值得我们认真地回味、思考、借鉴。

关于《新语》,作为一般读者,不是一个学术研究工作者,我们只要从中读出了陆贾对于无为政治的解读,推行德治仁政的主张,并且懂得他为什么要选择这样的思想主张,这样的主张如何适合于他的时代,陆贾的主张是如何建立在对亡秦的批判的基础上,他这些主张如何影响了身后的时代,与中国传统文化有什么样的联系性,大概也就实现了阅读的目的,甚至是达到了很高的阅读水平。至于个别字句是否真的理解透彻,就不是特别重要的了。或者一时留下悬疑,将来还有机会去慢慢琢磨,当下的大致理解,就足可以补充、丰富我们的思想营养了。

(四)学习陆贾讲求实际的思想方法

读书不是仅仅为了获得知识,还有思想方法方面的修养问题,甚至这方面比起获得具体的知识更为重要。对于阅读《新语》来说,就是要强调从中学习陆贾讲求实际的思想方法。

前边讲周桂钿先生专门讲到了陆贾"讲求实际的思想方法",本书前边也专门讲过陆贾的学术个性,都强调的是这个问题。陆贾的时代紧接先秦,作为一个学者,自然是有很深厚的诸子学的修养,但是他却没有在先秦时期的各家各派中选边站队,而是从各家各派的思想中汲取营养,从而为新的时代选定符合当下需要的政治思想路线。无论是儒家的、道家的、墨家的,甚至是法家的,都不盲目的排斥,也不盲目地因袭照搬,吸取什么,完全从现实的需要出发。

---

① 吕思勉:《史学四种》,上海人民出版社1981年版,第80~81页。

他明显汲取了道家的"无为",却并不认同道家的思想倾向,而是把"无为"嫁接到德治仁政的机体上,让"无为"作手段或途径,去实现德治仁政的目的,从而有所作为。他的德治仁政,似乎是明显的儒家立场,但却明确地宣称"书不必起仲尼之门",不拘泥于孔子学派的道德说教。一切从实际出发,让任何理论或学说,都接受实践的裁决,符合当今社会实际的才可以拿来。他在《术事》篇说:

> 善言古者合之于今,能述远者考之于近。故说事者上陈五帝之功,而思之于身,下列桀、纣之败,而戒之于己,则德可以配日月,行可以合神灵。

> 道近不必出于久远,取其致要而有成。

像这样的话都可以视为经典名言。讲历史是为了今天,述远古是验证于当下,所以,一切都要从当下的实际出发。借鉴历史上三皇五帝的功勋,要拿来对照自身的作为,向他们看齐;胪列桀纣之暴虐,为的是引以为戒。历史人物的借鉴,是为着提升今天人们的德行和修养。一切道理的衡定评判,不是看它是否出自久远,是否远古圣贤之所履所言,关键是取其能够致要之处,而是能否使我们有所建树而做出成就。

讲求实际的思想方法,暗合辩证法的精髓,是我们应该永远汲取的思想素养。

七 校注说明

1. 本注本以中华书局"新编诸子集成"王利器校注本《新语校注》为底本。王利器校注本重在校勘而注释简略,本注本则重在疏通文义,因以注释为主,而未在校勘上着力。《新语》传本较多,文字差异颇大,王利器校注本从文献的角度做了基础性的工作。因此,本注本即以此为依托,省略校勘功夫,节段划分、文字、标点等均以该本。王本以为误而未改者,亦因循不改,但在注释中给予说明。

2. 王利器校注本与他本差异均依循王本,个别节段文字着实不通而不能释读者,在注释中给予说明。

3.《新语》以史为鉴阐述治国方略,历史典故颇多,因此注文需有对历史故事原始文献的征引以疏通文义;由此而征引的古籍原文,不再作注。

4. 附录四则:附录一《史记》中的陆贾本传,即《史记·郦生陆贾列传》"陆贾传"部分,从中华书局1959年版点校本中摘出,而删略了该本所附的三家注(裴骃《集解》、司马贞《索隐》、张守节《正义》),并不再作注,仅收录《史记》原文;附录二《汉书》中的陆贾本传,即《汉书·郦陆朱刘叔孙传》"陆贾传"部分,从中华书局1962年版点校本中摘出,而删略该本所附的颜师古注,并不再作注,仅收录《汉书》原文;附录三《四库全书总目提要·新语》(附余嘉锡辨证)及附录四"序文杂录五篇",皆选自王利器《新语校注》的附录三"书录"。

《新语》简注

道 基 第 一

传曰①:"天生万物,以地养之,圣人成之。"功德参合②,而道术③生焉。

[注释]①传曰:往古之传言。 ②功德参合:功,功业;德,德化。功德参合,圣人的功业和德化,与天地相参。 ③道术:《庄子·天下》篇讲先秦时期的学术史,称"古之所谓道术",以"道术"指称当时的天下学术。据此,道术可以理解为治理天下之道,或曰政治思想、学术思想主张。

故曰①:张②日月,列星辰,序四时,调阴阳,布气治性③,次置五行,春生夏长,秋收冬藏④,阳生雷电,阴成霜雪⑤,养育群生,一茂一亡,润之以风雨,曝之以日光,温之以节气,降之以殒霜,位之以众星,制之以斗衡⑥,苞之以六合⑦,罗之以纪纲⑧,改之以灾变,告之以祯祥⑨,动之以生杀,悟之以文章⑩。

[注释]①《史记》司马贞《索隐》曰:"古人之言及俗语,故云故曰。"

②张：张设，陈列。　③布气治性：布，播散。治性，顺应万物自然之性。　④春生夏长，秋收冬藏：言天地自然之道，一年四季，有它自己的规律。　⑤阳生雷电，阴成霜雪：雷电、霜雪都是阴阳二气所生，是自然规律使然。　⑥位之以众星，制之以斗衡：斗衡，北斗七星的第五星名"玉衡"。此句意谓，排列好众星的位置，以北斗七星来作为统领。　⑦六合：上下四方，泛指天地和宇宙的整个空间。　⑧罗之以纪纲：纪纲本意是网罟的纲绳。用之于社会治理，纪纲则是治理社会的纲领或法度。《吕氏春秋·用民》篇云："用民有纪有纲，一引其纪，万目皆起，一引其纲，万目皆张。为民纪纲者何也？"后世逐渐形成的规范人们伦理行为的纲纪概念，就是《白虎通》的三纲六纪说："三纲者，何谓也？谓君臣、父子、夫妇也。六纪者，谓诸父、兄弟、族人、诸舅、师长、朋友也。"三纲的原则是君为臣纲、父为子纲、夫为妻纲，六纪的原则是敬诸父兄、昆弟有亲、族人有序、诸舅有义、师长有尊、朋友有旧。罗之以纪纲，就是将天下人伦按照这样的纲纪原则规范起来。　⑨祯祥：吉祥之兆。　⑩文章：古人有"伏羲德洽上下，天应之以鸟兽文章""仰观天文，俯察地理"之说，此处的文章即为天文之意。

故在天者可见，在地者可量①，在物者可纪②，在人者可相③。

[注释]①在天者可见，在地者可量：意谓天地的变化是可以观察的和预见的。　②在物者可纪：纪，丝缕的头绪。意谓事物的变化是有内在之理的，是有迹可循的。　③在人者可相：相，观察。对于人事的情状或变化，是可以观察和认识的。

故地封五岳①，画四渎②，规洿③泽，通水泉，树物养类，苞植万根，暴形养精，以立群生④，不违天时，不夺物性⑤，不藏其情，不匿其诈⑥。

[注释]①五岳：东岳泰山、西岳华山、北岳恒山、南岳衡山、中岳嵩山。其

中泰山居首,是古代帝王封禅祭天的地方。 ②四渎:指长江、黄河、淮河、济水。 ③洿(wū):低洼的地方。 ④暴形养精,以立群生:暴(bō),鼓起,突出。此句意谓,大地对于万物,都有养育之恩泽,都是强壮其物形,养育其精气,以使万物生长。 ⑤不夺物性:万物各存其性,顺其情。 ⑥不藏其情,不匿其诈:《荀子·修身》篇曰:"匿行曰诈。"此句意谓,对于万物,不掩饰其物性,也不藏匿其行迹。

故知天者仰观天文,知地者俯察地理。跂行喘息,蜎飞蠕动之类①,水生陆行,根著叶长之属②,为宁其心而安其性,盖天地相承,气感相应而成者③也。

[注释]①跂行喘息,蜎飞蠕动之类:跂(qi),同蚑。跂行,用足行走者。跂行喘息,本谓虫豸爬行呼吸,借指用脚爬行用嘴呼吸的虫豸。蜎飞蠕动,亦作娟飞蠕动,虫豸之属或蠕蠕而行,借指能飞翔或爬行的昆虫。此句泛指有灵性的飞禽走兽之类。 ②水生陆行,根著叶长之属:泛指有生命的生物类属。 ③盖天地相承,气感相应而成者:人世万物之理皆出于天道,都由气类相感而生。

于是先圣乃仰观天文,俯察地理①,图画乾坤,以定人道②,民始开悟,知有父子之亲,君臣之义,夫妇之别,长幼之序。于是百官立,王道乃生。

[注释]①先圣乃仰观天文,俯察地理:《汉书·艺文志》:"《易》曰:'宓牺氏仰观象于天,俯观法于地,观鸟兽之文,与地之宜,近取诸身,远取诸物,于是始作八卦,以通神明之德,以类万物之情。'"以此说,先圣则是指传说中的伏羲氏。 ②人道:以亲亲尊尊为核心的纲常伦理之道。《礼记》孔颖达《正义》曰:"人道之大者也,言此亲亲、尊尊、长长、男女有别,人间道理最大者。"

民人食肉饮血,衣皮毛①;至于神农②,以为行虫走兽,难以养民,乃求可食之物,尝百草之实,察酸苦之味,教人食五谷③。

[**注释**]①食肉饮血,衣皮毛:原始时代人们的生存状况。关于早期先民的生存状况,文献中一般都用茹毛饮血来形容,较完整的文献是《礼记·礼运》篇:"昔者先王未有宫室,冬则居营窟,夏则居橧巢。未有火化,食草木之实,鸟兽之肉,饮其血,茹其毛。未有麻丝,衣其羽皮。后圣有作,然后修火之利,范金合土,以为台榭宫室牖户,以炮以燔,以亨以炙,以为醴酪,治其麻丝,以为布帛,以养生送死,以事鬼神上帝,皆从其朔。" ②神农:中国古代神话人物。相传是神农氏开辟了中国的农业时代。在中国古代始祖传说中,神农氏属于三皇之一和五氏之一。三皇有伏羲、神农、黄帝,伏羲、神农、女娲,伏羲、神农、祝融,伏羲、神农、燧人等多种说法,但各说都包含神农。五氏即有巢氏、燧人氏、伏羲氏、女娲氏、神农氏。相传,神农氏的肚皮是透明的,可以看见各种植物在肚子里的反应,这样能分辨什么植物可以吃,什么植物不可以吃。他亲尝百草,以辨别药物作用,并以此撰写了人类最早的著作《神农本草经》,教人种植五谷、豢养家畜,使中国进入农业时代。 ③五谷:菽、麦、黍、稷、稻。

天下人民,野居穴处,未有室屋,则与禽兽同域。于是黄帝①乃伐木构材,筑作宫室,上栋下宇,以避风雨。

[**注释**]①黄帝:中国远古时代的五帝之首(五帝:黄帝、颛顼、唐尧、虞舜、帝喾),是华夏民族的共主。传说黄帝是少典之子,本姓公孙,居轩辕之丘,号轩辕氏,建都于有熊(今河南新郑市),亦称有熊氏。轩辕黄帝部落由天水自西向东迁移。史载炎帝以姜水成,因有火德之瑞,故号炎帝;黄帝以姬水成,因有土德之瑞,故号黄帝。黄帝以征服东夷、九黎族而统一中华的伟绩载入史册。黄帝在位期间,播百谷草木,大力发展生产,始制衣冠、建舟车、制音律、创医学等,被尊为中华"人文初祖"。

民知室居食谷,而未知功力。于是后稷①乃列封疆②,画畔界③,以分土地之所宜;辟土殖谷,以用养民;种桑麻,致丝枲④,以蔽形体。

[注释]①后稷:周人先祖。传说有邰氏之女姜嫄踏巨人脚迹,怀孕而生,因一度被弃,所以叫"弃"。弃为儿童时,好种树麻、菽。成人后,好耕农,相地之宜,善种谷物稼穑,民皆效法。帝尧听说后,举为农师,天下得其利。舜时代仍做农官,教民耕种,被认为是开始种稷和麦的人,称为"后稷",别姓姬氏。其后子孙繁衍,逐渐强大,是为周。　②列封疆:分列诸侯国疆界。　③画畔界:分画农田地界。　④丝枲:指缫丝织麻之事。

当斯之时,四渎未通,洪水为害①;禹②乃决江疏河,通之四渎,致之于海,大小相引③,高下相受,百川顺流,各归其所,然后人民得去高险,处平土。

[注释]①洪水为害:关于民族早期历史上洪水的传说很多。《尚书·尧典》:"汤汤洪水方割,荡荡怀山襄陵,浩浩滔天。"《诗经·商颂》:"濬哲维商,长发其祥。洪水芒芒,禹敷下土方。"《孟子·滕文公上》:"当尧之时,天下犹未平,洪水横流,泛滥于天下。"　②禹:夏朝的第一位君王,相传以治水有功,而受舜的禅让获得帝位,成为华夏族部落联盟的首领。　③大小相引:以小就大。

川谷交错①,风化②未通,九州绝隔,未有舟车之用,以济深致远;于是奚仲③乃桡曲为轮④,因直为辕,驾马服牛⑤,浮舟杖楫⑥,以代人力。

[注释]①川谷交错:东西为交,邪行为错。　②风化:教化。　③奚仲:古薛国的祖先,因造车有功,被夏王禹封为车正,职掌车服诸事。前文注中已说过黄帝是车的发明者,但关于"奚仲造车"并奉为车神的说法,史书也多有记载。《左传·定公元年》:"薛之皇祖奚仲,居薛以为夏车正。"《荀子·解蔽》篇:"奚仲作车,乘杜作乘马,而造父精于御。"杨倞注:"奚仲,夏禹时车正。黄

帝时已有车服,故谓之轩辕,此云奚仲者,亦改制耳。世本云:'相土作乘马。''杜'与'土'同。乘马,驷马也。四马驾车,起于相土,故曰作乘马;以其作乘马之法,故谓之乘杜。乘并音剩。相土,契孙也。"《滕县志》记曰:"当夏禹之时封为薛,为禹掌车服大夫。奚仲生吉光,吉光时始以木为车。以木为车盖仍缘车正旧职,故后人亦称奚仲造车。" ④桡曲为轮:弯曲曲木以作车轮。桡,弯曲,屈服。 ⑤服牛:亦即驾用牛。驾马服牛,驾与服只是说法不同,也有区分之,但意义不大。《易经·系辞下》:"服牛乘马,引重致远,以利天下。《正义》曰:"今服用其牛,乘驾其马。服牛以引重,乘马以致远,是以人之所用,各得其宜。" ⑥浮舟杖楫:舟与楫的区分,《易经·系辞下》曰:"刳木为舟,剡木为楫,舟楫之利,以济不通,致远以利天下。"《正义》曰:"舟必用大木刳凿其中,故云刳木也。剡木为楫者,楫必须纤长,理当剡削,故曰剡木也。"

铄金①镂木,分苞烧殖②,以备器械,于是民知轻重,好利恶难,避劳就逸;于是皋陶③乃立狱制罪,悬赏设罚,异是非,明好恶,检奸邪,消佚乱④。

[注释]①铄金:熔化金属。铄,销,熔化。 ②分苞烧殖:苞,同匏,匏瓜。殖,即埴,烧埴。分苞烧殖,剖分匏瓜,做陶埴之事。 ③皋陶:传说中虞舜时的司法官。传说皋陶是少昊的后裔,东夷部落的首领,舜帝和夏朝初期的一位贤臣。曾经被舜任命为掌管刑法的"理官",以正直闻名天下。后世奉为中国司法之鼻祖,为狱官或狱神的代称。 ④佚乱:淫乱。

民知畏法,而无礼义;于是中圣①乃设辟雍庠序之教②,以正上下之仪,明父子之礼,君臣之义,使强不凌弱,众不暴寡③,弃贪鄙之心,兴清洁之行。

[注释]①中圣:文王、周公。在秦汉之际,一般以三皇五帝为上古,商周时代为中古。上古圣王是尧、舜、禹,中古的圣人则是文王、周公。 ②辟雍庠序之教:周代的大学学校教育。辟雍、庠、序都是西周大学的名称。后世庠

序泛指学校。《白虎通义·辟雍》篇:"天子立辟雍何?辟雍所以行礼乐,宣德化也。辟者,壁也,象璧圆又以法天;于雍水侧,象教化流行也。辟之为言积也,积天下之道德也;雍之为言壅也,壅天下之残贼。故谓之辟雍也。《王制》曰:'天子曰辟雍,诸侯曰泮宫。'""乡曰庠,里曰序。庠者,庠礼义;序者,序长幼也。《礼·五帝记》曰:'帝庠序之学,则父子有亲,长幼有序,善如尔舍。'"
③众不暴寡:暴,横蹋,损害。众人不欺凌少数人。

礼义不行,纲纪不立,后世衰废,于是后圣乃定《五经》,明《六艺》①,承天统地,穷事察微,原情立本,以绪人伦②,宗诸天地,篡修篇章③,垂诸来世,被诸鸟兽④,以匡衰乱,天人合策⑤,原道⑥悉备,智者达其心,百工穷其巧,乃调之以管弦丝竹之音,设钟鼓歌舞之乐,以节奢侈,正风俗,通文雅⑦。

[注释]①后圣乃定《五经》,明《六艺》:后圣,指孔子。《五经》指《诗》《书》《礼》《易》《春秋》五部经典书籍,《六艺》指礼、乐、射、御、书、数六种技能。对《五经》《六艺》的解释有不同看法。有以《六艺》为《诗》《书》《礼》《乐》《易》《春秋》之"六经"者,这一说法也有道理,因为在汉代称经学为"六艺之学"很普遍。但是,在陆贾这里,当《五经》和《六艺》并列出现的情况下,就不宜再将《六艺》解为《六经》了,它们不能重复并列。 ②承天统地……以绪人伦:后圣所篡之《五经》《六艺》,是承天之意志而统领万物,穷察万物之精微事理,推究本情,建立根本,绪论人伦之道。承天统地,即承天统物。伦者,理也,即关于人的道理。大抵是指后世儒家所讲的君臣父子之义、朋友之交、男女之别等人之伦理。 ③篡修篇章:指孔子编篡"六经"。一般认为,后世所传授的儒家经书,都是经孔子之手所编定的。 ④被诸鸟兽:后圣的恩泽覆盖到了飞禽走兽,泽及万物。这是极端地夸张性说法。王利器的注中,引《尚书》中"予击石拊石,百兽率舞,庶尹允谐"之语,论证圣人的恩泽的确是被诸鸟兽了。此说过于牵强。 ⑤天人合策:此言孔子整理的典籍,论证了天人统一的共同道理。后儒董仲舒的《天人三策》中说:"孔子作《春秋》,上揆之天道,

下质诸人情,鉴之于古,考之于今。"大概即此之谓。 ⑥原道:本道,本根性的道理。《淮南子·原道》篇高诱注:"原,本也,本道根真,包裹天地,以历万物,故曰原道。" ⑦文雅:文采典雅。

后世淫邪,增之以郑、卫之音①,民弃本趋末②,技巧横出,用意各殊,则加雕文刻镂,傅致胶漆③丹青、玄黄琦玮之色④,以穷耳目之好,极工匠之巧。

[注释]①郑、卫之音:淫靡之乐,亡国之乐,犹今之所谓靡靡之音。文献中多有记述。《礼记·乐记》:"郑、卫之音,乱世之音也,比于慢矣。桑间、濮上之音,亡国之音也。"郑注:"濮水之上,地有桑间者,亡国之音于此之水出也。昔殷纣使师延作靡靡之乐,已而自沈于濮水,后师涓过焉,夜闻而写之,为晋平公鼓之,是之谓也。"《吕氏春秋·本生》篇:"郑、卫之音,务以自乐,命之曰伐性之斧。"高诱注:"郑国淫辟,男女私会于溱、洧之上,有绚盱之乐,芍药之和。昔者,殷纣使乐师作朝歌北鄙靡靡之乐,以为淫乱。武王伐纣,乐师抱其乐器自投濮水之中。暨卫灵公北朝于晋,宿于濮上,夜闻水中有琴瑟之音,乃使师涓以琴写其音。灵公至晋国,晋平公作乐,公曰:'寡人得新声,请以乐君。'遂使师涓作之,平公大悦。师旷止之曰:'此亡国之音也。纣之太师以此音自投于濮水,得此声必于濮水之上。'地在卫,因曰郑、卫之音。" ②弃本趋末:弃农经商。传统以农业为本业,工商为末业。 ③傅致胶漆:以胶漆附益于所髹饰之物。傅、致同义,附着。 ④玄黄琦玮之色:玄黄,玉石之色。琦玮,浮华,美丽,泛指绚丽之色彩。

夫驴骡骆驼,犀象玳瑁①,琥珀珊瑚,翠羽珠玉,山生水藏,择地而居,洁清明朗,润泽而濡②,磨而不磷,涅而不淄③,天气所生,神灵所治④,幽闲清净,与神浮沈⑤,莫不⑥效力为用,尽情为器。故曰,圣人成之⑦。所以能统物通变,治情性,显仁义⑧也。

[注释]①玳瑁(dài mào)：热带和亚热带海洋里的一种食肉性海龟,壳具黄色斑纹的褐色大型角质板呈覆瓦状排列,是贸易上的优良龟甲。　②濡(rú)：湿润而有光泽。　③磨而不磷,涅而不淄：磨砺而不薄,浸染黑色而不黑。磷,薄。涅,以黑色染物,以墨涂物。淄,同缁,黑色。此语出自《论语·阳货》篇："不曰坚乎？磨而不磷。不曰白乎？涅而不缁。"《集解》："孔曰：'磷,薄也。涅可以染皂。言至坚者磨之而不薄,至白者染之于涅而不黑。'"④天气所生,神灵所治：这些奇异之物,都是天之化气所生,是神灵所支配。《列子·汤问》篇："神灵所生,其物异形。"《鬼谷子·本经阴符》："物之所造,天之所生,包宏无形。化气先天地而成。莫见其形,莫知其名,谓之神灵。"⑤与神浮沈：随着神灵而变化。沈,同沉。　⑥莫不：指所有这些驴骡骆驼,犀象玳瑁,琥珀珊瑚,翠羽珠玉之类神奇宝物,无不为我所用。　⑦圣人成之：上述所说这一切,都是圣人之所作为,唯圣人能承天统地(前文有注)。⑧治情性,显仁义：所有万物之变都因其性情,而体现了仁义二字。

夫人者,宽博浩大,恢廓①密微,附远宁近,怀来②万邦。故圣人怀仁仗义,分明纤微,忖度天地,危而不倾,佚而不乱者,仁义之所治③也。行之于亲近而疏远悦④,修之于闺门之内而名誉驰于外。故仁无隐而不著⑤,无幽而不彰者⑥。虞舜蒸蒸于父母⑦,光耀于天地；伯夷、叔齐饿于首阳⑧,功美垂于万代；太公自布衣升三公之位,累世享千乘之爵⑨；知伯仗威任力,兼三晋而亡⑩。

[注释]①恢廓：恢宏廓大。　②怀来：安抚。　③仁义之所治：用仁义治理天下的结果。　④行之于亲近而疏远悦：仁义行之于身边而远方之民欣悦。　⑤仁无隐而不著：仁义隐含在很小的事情中而影响显著。　⑥无幽而不彰者：仁义体现在幽微之处而显效彰著。　⑦虞舜蒸蒸于父母：虞舜孝亲和家的故事。《尚书·尧典》记载,尧要四岳推荐帝位继承人,有推荐虞舜者,这样描述虞舜："瞽子,父顽,母嚚,象傲；克谐以孝,烝烝乂,不格奸。"说虞舜

为盲人之子,父亲性格顽劣,没有德义,母亲愚而强悍,同父异母兄弟象桀骜不驯。但舜能克服他们的顽性使家庭和睦,他以醇厚之孝德,治理家庭,使父母兄弟都不做坏事。蒸,同烝;烝烝,谓孝德之醇厚。 ⑧伯夷、叔齐饿于首阳:伯夷、叔齐是商末孤竹君的两个儿子。相传其父遗命要立次子叔齐为继承人。孤竹君死后,叔齐让位给伯夷,伯夷不受,叔齐也不愿登位,先后都逃到周国。周武王伐纣,二人叩马谏阻。武王灭商后,他们耻食周粟,采薇而食,饿死于首阳山。宁肯饥饿而死,也不做周民,坚守志节。 ⑨太公自布衣升三公之位,累世享千乘之爵:太公即姜尚,字子牙,又名吕望、吕尚。西周初年,被周文王封为"太师",尊为"师尚父"和"谋圣",辅佐文王,与谋灭商,是西周的开国元勋。周灭商后分封天下,受封于齐,因是齐国始祖而称"太公望",俗称姜太公。姜子牙祖居东海,商末居汲,纣时寄居朝歌城南,后因见纣王荒淫无道,而隐居渭水北岸钓鱼,被周文王访贤称"吾太公望子久矣",留下"姜太公钓鱼,愿者上钩"等千古佳句。陆贾称太公自布衣而升三公之位,即此之谓。所受封之齐国,是当时诸侯中之大国,所以称其享千乘之爵。《汉书·刑法志》:"兵车千乘,此诸侯之大者也,是谓千乘之国。" ⑩知伯仗威任力,兼三晋而亡:知伯,荀罃,亦称智武子,世人尊称其知伯,春秋中期知氏家族第二代宗主,晋国杰出的军事家、政治家,晋悼公复兴霸业的功臣。公元前566年,荀罃以上军将之身跃居中军元帅,出谋三分晋军,争夺郑国,晋悼公命其总揽全局。荀罃调动诸侯联军与楚军周旋,使得楚共王不得不放弃郑国。至前562年,晋悼公大会诸侯,成为霸主,荀罃也因此而名扬千古。春秋之时,晋国有六卿智氏、范氏、中行氏、韩氏、魏氏、赵氏分晋,时称为六晋。《战国策·秦策下》:"昔者,六晋之时,智氏最强,破灭范、中行,又帅韩、魏以图赵襄子于晋阳。"结果,韩、魏、赵合谋,灭智氏,遂称韩、魏、赵为三晋。智氏因其强,要兼并范、中行、赵,而反被韩、赵、魏所灭。智氏即知伯。

是以君子握道而治①,据德而行②,席仁而坐③,杖义而强④,虚无寂寞,通动无量⑤。故制事因短,而动益长⑥,以圆制规,以矩立方⑦。圣人王世,贤者建功⑧,汤举伊尹⑨,周任吕望⑩,行合天地,德配阴阳,承天诛恶,克暴除殃,将气养物,明□设光,耳听八极⑪,目睹四方,忠进谗退,直立邪亡,道行奸止,不得两张,□□本理,杜渐消萌。

[注释]①握道而治:手持道治天下。 ②据德而行:根据德而行事。 ③席仁而坐:坐行仁义之道。 ④杖义而强:依凭道义而强盛。 ⑤虚无寂寞,通动无量:无为而治,虚寂以待,而建无量之功。 ⑥制事因短,而动益长:做事因其短小弱处,而效果增长。 ⑦以圆制规,以矩立方:方生于圆,以直尺直绳才能量制方正。喻权变才能做成事情。《墨子·法仪》篇:"百工之为方以矩,为圆以规,直以绳,正以悬。"唐晏曰:"案:于文当作'以规制圆',然考规矩之初,方生于圆,由圆既立而始有规之名,故曰'以圆制规'也。" ⑧圣人王世,贤者建功:圣人所以能够创建盛世,都是凭借贤者的辅佐而建立功业。 ⑨汤举伊尹:商汤举荐伊尹为辅佐而建立王道之世。商汤,商王朝的第一代帝王。伊尹,曾辅佐商汤王建立商朝,被后人尊之为中国历史上的贤相,也是历史上第一个以负鼎俎调五味而佐天子治理国家的杰出庖人。因其母亲在伊水河(今栾川县伊河)附近居住,故以伊为氏,尹为官名,甲骨卜辞中称他为伊,金文则称为伊小臣。 ⑩周任吕望:周文王任用姜太公。 ⑪八极:八方之极。

夫谋事不并仁义①者后必败,殖不固本而立高基者后必崩。故圣人防乱以经艺②,工正曲以准绳③。德盛者威广,力盛者骄众。齐桓公尚德以霸,秦二世尚刑而亡。

[注释]①不并仁义:不依傍仁义。 ②经艺:指前文所讲之《五经》、《六艺》。 ③工正曲以准绳:工匠矫正曲直依靠的是准绳。

故虐行则怨积,德布则功兴,百姓以德附,骨肉以仁亲,夫妇以义合,朋友以义信,君臣以义序,百官以义承,曾、闵以仁成大孝①,伯姬②以义建至贞,守国者以仁坚固,佐君者以义不倾,君以仁治,臣以义平,乡党以仁恂恂③,朝廷以义便便④,美女以贞显其行,烈士以义彰其名,阳气以仁生,阴节以义降⑤,鹿鸣以仁求其群⑥,关雎以义鸣其雄⑦,《春秋》以仁义贬绝,《诗》以仁义存亡,《乾》、《坤》以仁和合,《八卦》以义相承,《书》以仁叙九族,君臣以义制忠,《礼》以仁尽节,乐以礼升降⑧。

[注释]①曾、闵以仁成大孝:曾,曾参,孔子弟子,孔学之传人,以孝闻名。闵,闵子骞,孔子高徒,在孔门中以德行与颜回并称,以孝闻名,《论语·先进》篇中,孔子曾称赞说:"孝哉,闵子骞!人不间于其父母昆弟之言。"明朝编撰的《二十四孝图》中,闵子骞排在第三位。 ②伯姬:春秋时期宋平公之妻。一天夜晚,宫室大火,宫人欲救伯姬出宫避火,但年迈却坚守礼教的伯姬说:"妇人之义,保傅不俱,夜不下堂,待保傅来也。"待保母来后,不见傅母,宫人又再度请伯姬出宫避火,伯姬又说:"妇人之义,傅母不至,夜不可下堂,越义求生,不如守义而死。"于是伯姬不顾宫人相救,不肯出宫,亡于火中。伯姬坚守礼教而焚死,被当时的诸侯们所传颂,事见《春秋·襄公三十年》。《汉书·列女传》赞伯姬为:"伯姬心专,守礼一意,宫夜失火,保傅不备,逮火而死,厥心靡悔,春秋贤之,详录其事。" ③乡党以仁恂恂:乡党,是古时候的乡里组织。《论语·雍也》篇:"以与尔邻里乡党乎?"《集解》曰:"郑曰:'五家为邻,五邻为里,万二千五百家为乡,五百家为党。'"恂恂,恭谨温顺的样子。此句意为以仁义来培养乡里的温良俭让之风。 ④朝廷以义便便:国家以仁义达到治理有序。便便(piánpián),形容治理有序。 ⑤阳气以仁生,阴节以义降:此处唐晏注曰:"案:此以仁义分阴阳,与《周礼·大宗伯》以'天产作阴德,以中礼防之,以地产作阳德,以乐和防之'之说合。盖中礼属仁,乐和属义,防者犹调剂之义也,阴德之过,以阳剂之,阳德之过,以阴剂之,陆生之说,必有所受之。" ⑥鹿鸣以仁求其群:《诗经·小雅》有《鹿鸣》诗:"呦呦鹿鸣,食野之苹。"汉人解诗,认为鹿得萍,呦呦然鸣而相呼,恳诚发乎中,以兴嘉乐

宾客,当有恳诚相招呼以成礼。鹿鸣兴于兽而君子大之,从鹿鸣中获得仁的启迪。王利器说,陆氏以仁求群之说,亦汉人古《诗》说也。 ⑦关雎以义鸣其雄:《诗经》首篇《关雎》之诗,也被陆贾拿来说仁义之事,反映了汉人解释《诗经》的一种观念。 ⑧《春秋》以仁义贬绝……乐以礼升降:陆贾把《六经》之作和西周春秋以来的制礼作乐,都归结为"仁义"二字,似有牵强之处,但却表明了他特别重视仁义的思想倾向。

仁者道之纪,义者圣之学。学之者明,失之者昏,背之者亡。陈力就列①,以义建功,师旅行阵,德仁为固,仗义而强,调气养性②,仁者寿长③,美才次德,义者行方。君子以义相褒,小人以利相欺④,愚者以力相乱,贤者以义相治。《穀梁传》曰⑤:"仁者以治亲,义者以利尊。万世不乱,仁义之所治也。"

[注释]①陈力就列:陈其才力,以就其位,在自己的位置上尽力发挥才能。 ②调气养性:陆贾学儒家之术,重视调心养性。这里主要是继承了荀子的思想,《荀子·修身》篇曰:"治气养心之术:血气刚强,则柔之以调和;智虑渐深,则一之以易良;勇胆猛戾,则辅之以道顺;齐给便利,则节之以动止;狭隘褊小,则廓之以广大;卑湿重迟贪利,则抗之以高志;怠慢僄弃,则炤之以祸灾;愚款端悫,则合之以礼乐,通之以思索。凡治气养心之术,莫径由礼,莫要得师,莫神一好。夫是之谓治气养心之术也。" ③仁者寿长:仁者寿,语出孔子。《论语·雍也》:子曰:"知者动,仁者静;知者乐,仁者寿。"《集解》:"包曰:'性静者多寿考。'"邢昺疏曰:"言仁者少思寡欲,性常安静,故多寿考也。" ④君子以义相褒,小人以利相欺:儒家有义利之辨,并把义利之辨看做是君子小人之辨。《论语·里仁》:子曰:"君子喻于义,小人喻于利。" ⑤《穀梁传》曰:今本《穀梁传》不见陆贾所引的这段话。

术事① 第二

善言古者合之于今②,能述远者考之于近③。故说事者上陈五帝之功,而思之于身,下列桀、纣之败,而戒之于己④,则德可以配日月,行可以合神灵,登高及远,达幽洞冥,听之无声,视之无形,世人莫睹其兆⑤,莫知其情,校修《五经》之本末,道德之真伪,既□其意,而不见其人。

[注释]①术事:术,同"述"。术事即述事,说事。 ②善言古者合之于今:善于谈论古代之事的人,一定是拿古代来印证今天。 ③能述远者考之于近:长于谈论久远的人,一定是为着解决眼前的问题。 ④戒之于己:为自己提供警戒。 ⑤世人莫睹其兆:一般人不能看到其征兆。

世俗以为自古而传之者为重①,以今之作者为轻②,淡于所见,甘于所闻,惑于外貌③,失于中情④。圣人不贵寡⑤,而世人贱众,五谷养性,而弃之于地,珠玉无用,而宝之于身。圣人不用珠玉而宝其身⑥,故舜弃黄金于崭岩之山,捐珠玉于五湖之渊⑦,将以杜淫邪之欲,绝琦玮⑧之情。

[注释]①世俗以为自古而传之者为重:世俗的看法,多是以为从远古传下来的东西,才是最宝贵的。 ②以今之作者为轻:轻看或鄙视当代人的作为或作品。 ③惑于外貌:被事物的外在情状所迷惑。 ④失于中情:看不到事物内在的最本质的方面。 ⑤贵寡:看重稀有的东西。 ⑥圣人不用珠玉而宝其身:圣人不是用珠光宝气来装扮自己,而使自己的身份显得尊贵。 ⑦舜弃黄金于崭岩之山,捐珠玉于五湖之渊:陆贾用传说故事,来表达绝贪鄙之心、杜淫邪之欲的思想,而不必理解为舜确有弃黄金于崭岩之山,捐珠玉

于五湖之渊的事情。后世文献《淮南子》《盐铁论》《后汉书》等书中都讲到虞舜的这些故事,但都比《新语》晚出,陆贾所言不知所本,就理解为一种传言吧。　⑧琦玮:浮华,华丽。

道近不必出于久远,取其致要而有成①。《春秋》上不及五帝,下不至三王②,述齐桓、晋文之小善,鲁之十二公③,至今之为政,足以知成败之效,何必于三王?故古人之所行者,亦与今世同④。立事者不离道德⑤,调弦者不失宫商⑥,天道调四时,人道治五常⑦,周公与尧、舜合符瑞⑦,二世与桀、纣同祸殃⑧。

[注释]①道近不必出于久远,取其致要而有成:讲道理,不必要引述古圣先王那些很久远的事情,关键是这些道理是否真的管用。　②《春秋》上不及五帝,下不至三王:《春秋》只是记述鲁隐公元年到鲁哀公十四年242年的事情,并没有从上古的五帝三王谈起,但它所提供的历史借鉴,足以可使后人知道何以成败的道理。五帝,指传说中的五个上古帝王,通常是指黄帝、颛顼、帝喾、唐尧、虞舜。三王,指夏禹、商汤、周文王夏商周的三代帝王。　③述齐桓、晋文之小善,鲁之十二公:《春秋》的基本内容,记述了鲁国鲁隐公至鲁哀公十二代国君的历史,并述及齐桓公、晋文公的业绩。　④古人之所行者,亦与今世同:古人生活和做事的情况,和今天没有什么不同,言古今同理。⑤立事者不离道德:古今做事的基本原则都本于道德,是一个道理。　⑥调弦者不失宫商:宫商,五音中的宫音和商音,这里代指音律理论。此句是说,所有调弦的人,都只是依据一个道理,即音律理论。　⑦天道调四时,人道治五常:天道的运行,就是四季之轮转;人道的治理,就是实行五常之教:父义,母慈,兄友,弟恭,子孝。天道与人道的这些基本东西,任何时候都不会改变。　⑦周公与尧、舜合符瑞:符瑞,吉祥的征兆,此处指帝王受命的征兆。此句言周公与尧舜有天下,其时的受命之兆是相同的。　⑧二世与桀、纣同祸殃:二世,即秦二世。此句言秦二世和夏桀、殷纣王这样的暴君,其祸害天下、惨绝人寰,也没有什么不同。

文王生于东夷,大禹出于西羌①,世殊而地绝,法合而度同②。故圣贤与道合,愚者与祸同③,怀德者应以福,挟恶者报以凶,德薄者位危,去道者身亡,万世不易法,古今同纪纲④。

[注释]①文王生于东夷,大禹出于西羌:文王处于东夷,与历史不符,有误。王利器《新语校注》中说:"《孟子·离娄下》:'舜生于诸冯,迁于负夏,卒于鸣条,东夷之人也。'此文'文王'疑当作'大舜',传抄者涉《孟子》下文而误'大舜'为'文王'耳。且'文王'亦不当列于'大禹'之前也,则其为'大舜'之误必矣。" ②世殊而地绝,法合而度同:时代悬殊而地域也不同,但其治国的纲纪相合、法度相同。 ③故圣贤与道合,愚者与祸同:所以,凡是圣贤,他们的治国都是符合道的法则,治国理念与道相同;而凡是愚者,其造成的祸患也大抵相同。 ④万世不易法,古今同纪纲:治国之道万世不变,古今纲纪同为一理。

故良马非独骐骥①,利剑非惟干将②,美女非独西施,忠臣非独吕望③。今有马而无王良之御④,有剑而无砥砺之功,有女而无芳泽之饰,有士而不遭文王,道术蓄积而不舒,美玉韫椟⑤而深藏。故怀道者须世⑥,抱朴者待工⑦,道为智者设⑧,马为御者良⑨,贤为圣者用⑩,辩为智者通⑪,书为晓者传⑫,事为见者明⑬。故制事者因其则,服药者因其良。书不必起仲尼之门,药不必出扁鹊之方⑭,合之者善,可以为法⑮,因世而权行⑯。

[注释]①骐骥:骏马。《楚辞·离骚》云:"乘骐骥以驰骋兮,来吾道夫先路。" ②干将:古剑名。相传春秋时吴国有干将、莫邪夫妇善铸剑,为吴王阖闾铸阴阳剑,阳曰"干将",阴曰"莫邪"。 ③吕望:周文王时名臣。 ④有马而无王良之御:有马而没有像王良那样善于驾驭马的人。王良,春秋时期

善驭马者。　⑤韫椟：韫，收藏，蕴藏；椟，柜子，匣子。　⑥怀道者须世：怀道之人需要有清明盛世才有用武之地。　⑦抱朴者待工：保持良木者是等待能工巧匠。　⑧道为智者设：道是为智者准备的。　⑨马为御者良：马遇到善驭者才是匹好马。　⑩贤为圣用：贤人需有圣人才能任用。　⑪辩为智者通：辩士遇智者才能通达。　⑫书为晓者传：书中的道理遇到明白人才能读懂而传播。　⑬事为见者明：事理遇到有洞察力的人才能说得明白。　⑭书不必起仲尼之门，药不必出扁鹊之方：著述不必都要求出自孔夫子之门徒，药也不是只有扁鹊配出来的才是良方。扁鹊：战国时名医。　⑮合之者善，可以为法：不管是书中的道理，还是治病的药方，合乎实际的、管用的就是好的，就可以照着去做。　⑯因世而权行：因循世事的变化而权衡、选择。

　　故性藏于人，则气达于天①，纤微浩大，下学上达②，事以类相从，声以音相应，道唱而德和，仁立而义兴，王者行之于朝廷，匹夫行之于田，治末者调其本③，端其影者正其形，养其根者则枝叶茂，志气调者即道冲④。故求远者不可失于近，治影者不可忘其容，上明而下清，君圣而臣忠。或图远而失近，或道塞而路穷。季孙贪颛臾之地，而变起萧墙之内⑤。夫进取者不可不顾难，谋事者不可不尽忠；故刑立则德散，佞用则忠亡⑥。《诗》云："式讹尔心，以蓄万邦⑦。"言一心化天下，而□□国治，此之谓也。

　　[注释]①性藏于人，则气达于天：秉性内敛于身，而志气充盈于天。陆贾所谓气，有点像孟子所讲的浩然之气。《孟子·公孙丑上》回答何谓浩然之气说："其为气也，至大至刚，以直养而无害，则塞于天地之间。"　②纤微浩大，下学上达：事无大小，或纤微，或浩大，皆是一个道理，既存在于躬行实践之中，又皆上达于天理。《论语·宪问》篇有"下学而上达"之语，其意为下学人事而上达天理，可以帮助理解陆贾的这句话。　③治末者调其本："调"，他本有作"求"者，可通，作"调"无解。末，商贾之业；本，农业。经营工商业者应求

其本,以农为基础。 ④志气调者即道冲:冲,即中。志气调和、正直之人才可以坚持中道。 ⑤季孙贪颛臾之地,而变起萧墙之内:季孙氏伐颛臾之事,见于《论语·季氏》篇:孔子的两个学生冉有和季路要辅佐季桓子季氏去攻打颛臾,孔子劝阻他们。冉有强词夺理说颛臾近于季氏的封邑费地,不解决颛臾的问题,将会对季氏的后世子孙造成威胁。孔子反驳冉有说,季氏眼下的问题恐怕不是面临颛臾的威胁,真正对他的后世子孙构成威胁的因素,在于他的家门之内,攻打颛臾只是季氏想扩大地盘的借口罢了。季氏的问题还真是被孔子一语中的,季氏果真是祸起萧墙,后来被他的家臣杨虎所囚禁。萧墙,古代宫室内作为屏障的矮墙。萧通肃,墙即屏。君臣相见之礼,至屏而生肃敬之情,是以谓之萧墙。 ⑥刑立则德散,佞用则忠亡:用刑法治国,民众就会失去道德;重用佞臣,忠臣就会消亡。 ⑦式讹尔心,以蓄万邦:《诗·小雅·节南山》中的诗句。讹,化,改变;蓄,养,修养,安定。意谓改变人的心肠,天下万邦就可以安定。

辅政第三

夫居高者自处不可以不安①,履危者任杖不可以不固②。自处不安则坠,任杖不固则仆。是以圣人居高处上,则以仁义为巢③,乘危履倾,则以圣贤为杖④,故高而不坠,危而不仆⑤。

[注释]①夫居高者自处不可以不安:居高者,指居高位者,国君。国君王侯居于社会的最高层,不可以不使自己的地位处于安稳、牢固的状态。 ②履危者任杖不可以不固:履危者,置身于险境的人。履,践履;履危,践履危险之地。杖,通仗,恃,凭依。践履危险境地需要有所依凭的人,不可以不使自己的依凭坚固可靠。 ③圣人居高处上,则以仁义为巢:圣人圣王身居高位,但他们能以仁义为居所,实行仁政。 ④乘危履倾,则以圣贤为杖:圣人身居高位,就像置身于危险将倾的高屋大厦,但他们能以圣贤作为依凭,作为辅弼。 ⑤高而不坠,危而不仆:虽高而不坠落,虽危险而不仆倒。

昔者,尧以仁义为巢,舜以稷、契为杖①,故高而益安,动而益固。处宴安之台,承克让之涂②,德配天地,光被八极,功垂于无穷,名传于不朽,盖自处得其巢,任杖得其人也。秦以刑罚为巢,故有覆巢破卵之患③;以李斯、赵高为杖④,故有顿仆跌伤之祸,何者？所任者非也。故杖圣者帝⑤,杖贤者王⑥,杖仁者霸⑦,杖义者强⑧,杖谗者灭⑨,杖贼者亡。⑩

[注释]①尧以仁义为巢,舜以稷、契为杖：唐尧是以仁义作为居所,以仁义治天下的;虞舜是依凭稷和契这两位贤者作为辅弼的。稷,即舜帝的农官后稷。契,商朝的祖先,传说是舜的臣,助禹治水有功而封于商。 ②处宴安之台,承克让之涂：宴安,安逸享乐。尧、舜由于以仁义为政,有圣贤的辅弼,所以处在宴安之台而无倾危之虞。克让,能谦让。承克让之涂,指承续克让之遗风,走禅让之路。相传,尧、舜之时帝位的传授行禅让之制,尧把帝位让与舜,舜把帝位让与禹。克让应是指此。 ③秦以刑罚为巢,故有覆巢破卵之患：秦王朝以刑罚治国,不行仁义之政,导致了王朝的速亡。 ④以李斯、赵高为杖：秦二世以李斯、赵高为辅政大臣。李斯,战国末期人。秦代著名的政治家。早年为郡小吏,后从荀子学帝王之术,学成入秦。辅佐秦王政统一关东六国,在秦的统一大业中起了重大作用。秦统一天下后被任为丞相。他建议拆除郡县城墙,销毁民间的兵器;反对分封制,坚持郡县制;又主张焚烧民间收藏的《诗》《书》等百家语,禁止私学,以加强中央集权的统治。还参与制定了法律,统一车轨、文字、度量衡制度。李斯政治主张的实施产生了深远影响,奠定了中国两千多年政治制度的基本格局。秦始皇死后,他与赵高合谋,伪造遗诏,迫令始皇长子扶苏自杀,立少子胡亥为二世皇帝。后为赵高所忌,于秦二世二年被腰斩于咸阳闹市。赵高,中国秦朝二世皇帝时的丞相,著名宦官。赵高在始皇时任中车府令,兼行符玺令事。秦始皇死后,赵高发动沙丘政变,与丞相李斯合谋伪造诏书,逼秦始皇长子扶苏自杀,另立始皇幼子胡亥为帝,自任郎中令。他在任职期间独揽大权,结党营私,征役更加繁重,

刑政更加苛暴。公元前208年又设计害死李斯,继之为秦朝丞相。第三年他迫秦二世自杀,另立子婴(秦始皇大儿子扶苏的儿子)为帝。不久被子婴设计杀掉,诛夷三族。 ⑤杖圣者帝:依凭圣人者可以称帝。 ⑥杖贤者王:依凭贤人者可以称王。 ⑦杖仁者霸:依凭仁人君子者可以成就霸业。 ⑧杖义者强:依凭义士者可以强国。 ⑨杖谗者灭:依凭谗言小人者覆灭。 ⑩杖贼者亡:依凭残暴害人者灭亡。贼,伤害,危害人民的人。

故怀刚者久而缺,持柔者久而长①,躁疾者为厥速②,迟重③者为常存,尚勇者为悔近,温厚者行宽舒④,怀急促者必有所亏,柔懦者制刚强,小慧者不可以御大⑤,小辨者不可以说众⑥,商贾巧为贩卖之利,而屈为贞良⑦,邪臣好为诈伪,自媚饰非⑧,而不能为公方⑨,藏其端巧,逃其事功。

[注释]①怀刚者久而缺,持柔者久而长:刚性的事物不能持久,性柔的东西则可以久长。此句乃至本段的主旨,都在于说明老子"柔弱胜刚强"的道理。《老子》第七十六章曰:"人之生也柔弱,其也坚强。万物草木之生柔脆,其也枯槁。故坚强者死之徒,柔弱者生之徒。是以兵强则不胜,木强则折,坚强处下,柔弱处上。" ②躁疾者为厥速:躁,性急;疾,快速;躁疾,急躁。厥速,即速厥。厥,昏倒。急躁的人会导致速厥。 ③迟重:谨慎,稳重。 ④宽舒:愉快,舒畅,宽厚平和。 ⑤小慧者不可以御大:小慧,小聪明。耍小聪明的人不可以办成大事。 ⑥小辨者不可以说众:小辨,在小事上辨别是非,这样的人是不可能取悦于众人的。说,同悦。 ⑦屈为贞良:屈,即拙,同前言"巧"相对,此处是赞赏拙朴。 ⑧自媚饰非:自我谄媚,掩饰、粉饰过错。 ⑨公方:公正,方直。

故智者之所短,不如愚者之所长。文公种米,曾子驾羊①。相士不熟,信邪失方②。察察者有所不见,恢恢者何所不容。朴质者近忠,便巧者近亡③。

[注释]①文公种米,曾子驾羊:文公,指晋文公。曾子,孔子弟子曾参。晋文公种米而欲其生出苗来,是智者之短,智者之愚,和曾子驾羊都不可考。 ②相士不熟,信邪失方:相士,以谈命相为职业的人。命相之说不可深信,深信邪说会迷失正直之方向。 ③朴质者近忠,便巧者近亡:质朴的品性接近于忠诚,巧言善辩、工于机巧之性情则导致败亡。

君子远荧荧之色①,放铮铮之声②,绝恬美之味,疏嗌呕之情③。天道以大制小,以重颠轻。以小治大,乱度干贞④。谗夫似贤,美言似信,听之者惑,观之者冥。故苏秦尊于诸侯⑤,商鞅显于西秦⑥。世无贤智之君,孰能别其形。故尧放骥兜⑦,仲尼诛少正卯⑧;甘言之所嘉,靡不为之倾,惟尧知其实⑨,仲尼见其情⑩。故干圣王者诛,遏贤君者刑,遭凡王者贵,触乱世者荣⑪。郑儋亡齐而归鲁⑫,齐有九合之名⑬,而鲁有乾时之耻⑭。夫据千乘之国⑮,而信谗佞之计,未有不亡者也。故《诗》云:"谗人罔极,交乱四国⑯。"众邪合心,以倾一君,国危民失,不亦宜乎!

[注释]①君子远荧荧之色:荧荧,光艳之貌。君子应该远离过于光艳妖冶的色貌。 ②放铮铮之声:铮铮,金属撞击的声音。铮铮之声,比喻掷地有声的刚正、正直之言。 ③疏嗌呕之情:嗌呕,容媚之声,奉承取媚的声音。君子应疏离容媚之情。 ④乱度干贞:乱了法度,干扰了正常的秩序。干,触犯,冒犯,干扰。 ⑤苏秦尊于诸侯:苏秦是战国时期洛阳人,著名纵横家。苏秦最为辉煌的时候是劝说关东六国国君联合,合纵抗秦,身佩六国相印。尊于诸侯,即是指此。最后由于六国内部的问题,轻而易举就被秦国击溃。 ⑥商鞅显于西秦:商鞅,战国时代政治家,法家代表人物。秦孝公时任以为相,实行变法,将秦国改造成当时之强国。公元前338年,秦孝公逝世,其子

秦惠文王继位。商鞅因被公子虔诬陷谋反,战败死于彤地,其尸身被带回咸阳,以车裂示众。　⑦尧放驩兜:驩兜,原始社会晚期三苗部落联盟的首领。中原部落联盟首领帝尧,与驩兜战于丹水一带,帝尧战胜后将驩兜及其部族驱赶到崇山(今河南登封嵩山)一带。　⑧仲尼诛少正卯:少正卯,春秋时期鲁国大夫,能言善辩,被称为"闻人"。少正卯和孔丘都开办私学,招收学生。卯多次把孔丘的学生都吸引过去听讲,与孔丘存在利益竞争。鲁定公十四年,孔丘任鲁国大司寇,代理宰相,上任七日就诛杀了少正卯。《荀子·宥坐》篇记载此事:"孔子为鲁摄相,朝七日而诛少正卯。门人进问曰:'夫少正卯鲁之闻人也,夫子为政,而始诛之,得无失乎?'孔子曰:'居!吾语女其故。人有恶者五,而盗窃不与焉:一曰,心达而险,二曰,行辟而坚,三曰,言伪而辩,四曰,记丑而博,五曰,顺非而泽。此五者有一于人,则不得免于君子之诛,而少正卯则兼有之。故居处足以聚徒成群,言谈足以饰邪营众,强足以反是独立,此小人之桀雄也,不可不诛也。'"　⑨惟尧知其实:只有帝尧才能洞察驩兜的实际情状。　⑩仲尼见其情:孔子看透了少正卯的内心。　⑪遭凡王者贵,触乱世者荣:那些有心机的人,只有在遇到帝尧、孔丘这样的圣王和贤君的时候,才能被识破而被刑诛,而遇到一般的国君或身处乱世,则可能富贵和显荣。　⑫郑儋亡齐而归鲁:一个善于谄媚的人逃离齐国而归鲁国的事,见于《公羊传·庄公十七年》:"春,齐人执郑瞻。郑瞻者何?郑之微者也。此郑之微者,何言乎齐人执之?书甚佞也。"郑儋是齐国一个身份卑微的人,但因为郑儋是个很会用花言巧语谄媚的人,所以《春秋》要记下这样一件事。　⑬齐有九合之名:指春秋时期齐桓公九合诸侯之事。齐桓公得到管仲的辅佐,国力强盛,成为诸侯的盟主,多次会盟诸侯。《论语》中孔子赞曰:"管仲相桓公,霸诸侯,一匡天下,民到于今受其赐。"　⑭鲁有乾时之耻:指公元前685年齐鲁乾时之战。齐军在乾时(时水支流)击败鲁军的作战。　⑮千乘之国:拥有一千辆兵车的国家,是春秋时期中等诸侯国。　⑯谗人罔极,交乱四国:《诗·小雅·青蝇》中的诗句。极,准则。四国,四方之国。此句意谓馋人说明没有原则,搅乱四方之国。

无 为 第 四

道莫大于无为,行莫大于谨敬。何以言之？昔舜治天下也,弹五弦之琴,歌《南风》之诗①,寂若无治国之意②,漠若无忧天下之心③,然而天下大治。周公制作礼乐,郊天地④,望山川⑤,师旅不设⑥,刑格法悬⑦,而四海之内,奉供来臻⑧,越裳之君,重译来朝⑨。故无为者乃有为也。

[注释]①舜治天下也,弹五弦之琴,歌南风之诗：此事见于《礼记·乐记》:"昔者,舜作五弦之琴以歌《南风》。"郑玄注曰:"南风,长养之风也,以言父母之长养己,其辞未闻也。"陆贾这里只是在于描述舜帝行无为而治,其事只能视为一种传说。　②寂若无治国之意：寂,空旷,寂静。此句意谓舜以无为治天下,沉静无事,就像不是在治国一样。　③漠若无忧天下之心：漠,冷淡,不经心。此句意谓舜似乎无意在治国。　④郊天地：郊,即郊祀。古代于郊外祭祀天地,南郊祭天,北郊祭地。　⑤望山川：望,即望祭,特称祭山川。《公羊传·僖公三十一年》:"三望者何？望祭也。然则曷祭？祭泰山、河、海。"《书·舜典》"望于山川,遍于群神"。孔传:"九州名山、大川、五岳、四渎之属,皆一时望祭之。群神谓丘陵坟衍,古之圣贤者皆祭之。"　⑥师旅不设：不兴征伐之事。　⑦刑格法悬：格,搁置；悬,空置,悬空。刑罚不施,法律仅成为一纸空文。　⑧奉供来臻：上贡之国和朝奉的诸侯都纷纷到来。臻,来到。　⑨越裳之君,重译来朝：越裳,南方小国,在交趾之南。重译,辗转翻译,由于相距遥远,习俗不同,言语迥异,需要辗转翻译才能达到语言的沟通。此事载《后汉书·南蛮西南夷列传》:"交趾之南有越裳国。周公居摄六年,制礼作乐,天下和平,越裳以三象重译而献白雉,曰:'道路悠远,山川岨深,音使不通,故重译而朝。'"

秦始皇设刑罚,为车裂之诛,以敛奸邪①,筑长城于戎境,以备胡、越②,征大吞小,威震天下,将帅横行,以服外国,蒙恬③讨乱于外,李斯治法于内,事逾烦天下逾乱,法逾滋而天下逾炽④,兵马益设而敌人逾多。秦非不欲治也,然失之者,乃举措太众、刑罚太极故也。

[注释]①秦始皇设刑罚,为车裂之诛,以敛奸邪:车裂,用五辆车把人体撕裂致死,古代的一种酷刑。秦始皇滥设刑罚是事实,但车裂之刑则并不始于秦始皇。之前的商鞅即被处以车裂之刑,其他战国文献中也有记载。《墨子·亲士》篇:"吴起之裂,其事也。"《淮南子·缪称》篇:"吴起刻削而车裂。"敛,约束。以敛奸邪,秦始皇企图以加重刑罚来达到制止奸邪的目的。②筑长城于戎境,以备胡、越:戎境,少数民族的境地。胡,泛指北方的少数民族。越,越族,战国以至秦汉的南方诸族,亦称百越或"百粤"。秦始皇北筑长城人所共知,但在南方也筑有长城则不太为人熟知。南方的长城亦称"方城"。《汉书·地理志》:"叶,楚叶公邑,有长城,号曰方城。"《水经注·沅水注》引盛弘之云:"叶东界有故城,始犨县东,至瀙水,达沘阳界,南北联络数百里,号为方城,一谓之长城云。"但是,从文献可以知道,方城并非秦始皇所筑,为楚国长城,如果说秦始皇在越地也修筑长城的话,也是在楚长城的基础上加修而已。③蒙恬:战国时秦国名将,始皇时曾领兵三十万北逐匈奴。④法逾滋而天下逾炽:法令越繁多,天下越乱。滋,增多。炽,热烈旺盛,此处引申为烦乱、混乱。

是以君子尚宽舒以褢①其身,行身中和以致疏远②;民畏其威而从其化,怀其德而归其境③,美其治而不敢违其政。民不罚而畏④,不赏而劝⑤,渐渍⑥于道德,而被服于中和之所致也。

[注释]①褢:同褒。 ②行身中和以致疏远:践行中道,贵和尚中,才能影响到更远的地方。疏远,和自己相对疏离或相隔遥远的人们。 ③怀其德

而归其境：感怀你的恩德或仁厚之德而来到你的国家，做你的臣民。 ④不罚而畏：不被惩罚而有畏惧之感。 ⑤不赏而劝：没有奖赏却得到勉励和激励。 ⑥渍(zì)：浸染。

夫法令所以诛暴也，故曾、闵之孝①，夷、齐之廉②，此宁畏法教而为之者哉③？故尧、舜之民，可比屋而封④，桀、纣之民，可比屋而诛⑤，何者？化使其然也。故近河之地湿，而近山之木长者，以类相及也。高山出云，丘阜生气，四渎东流，百川无西行者，小象大而少从多⑥也。

[注释]①曾、闵之孝：前文有注。 ②夷、齐之廉：伯夷、叔齐的故事，前文有注。但伯夷、叔齐自古以让贤和坚守志节著名，此处以"廉"做评，也有文献根据。《战国策·秦策》有言曰："君何不以此时归相印，让贤者授之？必有伯夷之廉，长为应侯，世世称孤。"《孟子·万章下》评论伯夷、叔齐曰："伯夷，目不视恶色，耳不听恶声。非其君不事，非其民不使。治则进，乱则退。横政之所出，横民之所止，不忍居也。思与乡人处，如以朝衣朝冠，坐于涂炭也。当纣之时，居北海之滨，以待天下之清也。故闻伯夷之风者，顽夫廉，懦夫有立志。" ③宁畏法教而为之者哉：此句意谓，难道像曾参、闵子骞这样的孝子，像伯夷、叔齐这样的廉者，都是因为有刑罚的约束才具备了这样的品德吗？ ④尧、舜之民，可比屋而封：尧舜时代教化遍及四海，家家都有德行，堪受旌表。后世以比屋而封来泛称风俗淳美。 ⑤桀、纣之民，可比屋而诛：桀、纣时期的民众家家都可杀戮，世风日下，恶人众多。 ⑥小象大而少从多：小者从大，少者从多。

夫王者之都，南面之君，乃百姓之所取法则者①也，举措动作，不可以失法度。昔者，周襄王不能事后母，出居于郑，而下多叛其亲。秦始皇骄奢靡丽②，好作高台榭，广宫室，则天下豪富制屋宅者，莫不仿之，设房闼，备厩库，缋雕琢刻画之好，博玄黄琦玮之色，以乱制度。齐桓公好妇人之色，妻姑姊妹，而国中多淫于骨肉③。楚平王奢侈纵恣，不能制下，检民以德，增驾百马而行④，欲令天下人饶财富利，明不可及，于是楚国逾奢，君臣无别⑤。故上之化下，犹风之靡草也⑥。王者尚武于朝，则农夫缮甲兵于田。故君子之御下⑦也，民奢应之以俭，骄淫者统之以理；未有上仁而下贼，让行而争路者也。故孔子曰："移风易俗。"岂家令人视之哉？亦取之于身而已⑧矣。

[注释]①百姓之所取法则者：百姓所效法的对象。 ②秦始皇骄奢靡丽：秦始皇的骄奢靡丽，《史记·秦始皇本纪》中有详细记载："始皇以为'咸阳人多，先王之宫廷小'……乃营作朝宫渭南上林苑中。先作前殿阿房，东西五百步，南北五十丈，上可以坐万人，下可以建五丈旗。周驰为阁道，自殿下直抵南山，表南山之巅以为阙。为复道，自阿房渡渭，属之咸阳，以象天极阁道绝汉抵营室也。阿房宫未成，成，欲更择令名名之。作宫阿房，故天下谓之阿房宫。隐宫徒刑者七十余万人，乃分作阿房宫，或作丽山，发北山石椁，乃写蜀、荆地材，皆至。关中计宫三百，关外四百余。" ③齐桓公好妇人之色，妻姑姊妹，而国中多淫于骨肉：此事《汉书·地理志下》载曰："始桓公兄襄公淫乱，姑姊妹不嫁，于是令国中民家长女不得嫁，名曰'巫儿'，为家主祠，嫁者不利其家，民至今以为俗。痛乎，道民之道，可不慎哉！"根据这段记载，淫于骨肉者不是齐桓公，而是其兄襄公。但陆贾之前之文献，的确记载的是齐桓公。《管子·小匡》篇齐桓公曾亲口对管仲说："寡人有污行，不幸好色，姑姊妹有未嫁者。"《荀子·仲尼》篇也载曰："齐桓，五伯之盛者也，前事则杀兄而争国；内行则姑姊妹之不嫁者七人。" ④楚平王奢侈纵恣……增驾百马而行：此处言楚平王奢侈纵恣，所举"增驾百马而行"事不可考，不见于他书记载。 ⑤楚国逾奢，君臣无别：言楚国奢侈无法度，已经无法从车驾服饰制度上区别其君臣的等级差别了。 ⑥犹风之靡草也：此处袭用孔子之语，《论语·颜渊篇》孔子曰："子为政，焉用杀？子欲善而民善矣。君子之德风，小人之德草，

草上之风,必偃。"孔子认为,君子、国君的行为,对老百姓具有绝对的影响力,就像风向哪边吹,草就向哪边倒一样。　⑦君子之御下:国君御下之术,亦即治国之策。　⑧取之于身而已:从自身做起就可以了。

辨惑第五

夫举事者或为善而不称善,或不善而称善①者,何?视之者谬而论之者误也。故行或合于世,言或顺于耳,斯乃阿上之意②,从上之旨,操直而乖方③,怀曲而合邪④,因其刚柔之势,为作纵横之术⑤,故无忤逆⑥之言,无不合之义者。

[注释]①为善而不称善,或不善而称善:两句都是指行为与言语不一致的言行乖离情况。　②阿上之意:阿谀、奉承主上。　③操直而乖方:品行正直却违背规则。操,品行,行为。乖方,违背法度。　④怀曲而合邪:委屈心志而迎合一些不正当的东西。　⑤纵横之术:战国时期有纵横家,他们是一批从事政治活动的谋士,以审察时势、陈明利害的方法,以"合纵""连横"的主张,游说列国君主,擅长于长短纵横之术。太史公曾评论纵横之术长于权变。这里所言纵横之术可以理解为权变之道。　⑥忤逆:违逆,叛逆。

昔哀公问于有若①曰:"年饥,用不足,如之何?"有若对曰:"盍彻乎?"盖损上而归之于下,则忤于耳而不合于意,遂逆而不用也。此所谓正其行而不苟合于世②也。有若岂不知阿哀公之意,为益国之义哉?夫君子直道而行,知必屈辱而不避也。故行不敢苟合,言不为苟容,虽无功于世,而名足称也;虽言不用于国家,而举措之言可法③

也。

[注释]①昔哀公问于有若:有若,孔子弟子。鲁哀公问政有若,原文见于《论语·颜渊》篇:"哀公问于有若曰:'年饥,用不足,如之何?'有若对曰:'盍彻乎?'曰:'二,吾犹不足,如之何其彻也?'对曰:'百姓足,君孰与不足?百姓不足,君孰与足?'"盍,何不,为什么。彻,西周春秋时天下通行的一种税法,什一而税。大饥之年,国家用度不足,鲁哀公问有若怎么办。有若说为什么不实行十分抽一的税率呢?哀公说十分抽二还用度不足,怎么能实行十分抽一呢?有若回答说,如果老百姓的用度够,您怎么会不够?如果老百姓的用度不够,您怎么会够?有若站在百姓的立场上,损上而益下,违逆了鲁哀公的意愿而不被采纳。 ②正其行而不苟合于世:坚持正道就很难苟合主上或世人。 ③举措之言可法:正直的举措言行,虽不被君主采用,但可堪效法。

故殊于世俗①,则身孤于士众。夫邪曲之相衔,枉桡之相错②,正直故不得容其间。谄佞之相扶,谗口之相誉,无高而不可上③,无深而不可往者何?以党辈众多,而辞语谐合。

[注释]①殊于世俗:不苟合于世俗。 ②邪曲之相衔,枉桡之相错:不固守直道则容易与世俗衔接,弯曲自己的意志则方便错杂于众人其间。 ③谄佞之相扶,谗口之相誉,无高而不可上:谄佞之徒相互扶助,谗口之言相互赞誉,则可以步步攀升而扶摇直上。

夫众口毁誉,浮石沈木①。群邪相抑,以直为曲。视之不察,以白为黑。夫曲直之异形,白黑之殊色,乃天下之易见也,然而目缪心惑者,众邪误之②。

[注释]①众口毁誉,浮石沈木:众口同声可以混淆视听,舆论的力量可以改变物性,变轻重之常,使得石头漂浮而木材沉水。沈,同沉。 ②目缪心惑者,众邪误之:炫人目视并困惑人心智的原因,就是邪曲之徒太多。

秦二世之时,赵高驾鹿而从行①,王曰:"丞相何为驾鹿?"高曰:"马也。"王曰:"丞相误邪,以鹿为马也。"高曰:"乃马也。陛下以臣之言为不然,愿问群臣。"于是乃问群臣,群臣半言马半言鹿。当此之时,秦王不能自信其直目,而从邪臣之言。鹿与马之异形,乃众人之所知也,然不能别其是非,况于暗昧之事乎?《易》曰:"二人同心,其义断金②。"群党合意,以倾一君,孰不移哉③!

[注释]①秦二世之时,赵高驾鹿而从行:此处所言赵高指鹿为马的故事,《史记·秦始皇本纪》中亦有记载:"赵高欲为乱,恐群臣不听,乃先设验,持鹿献于二世,曰:'马也。'二世笑曰:'丞相误邪?谓鹿为马。'问左右,左右或默,或言马以阿顺赵高。或言鹿,高因阴中诸言鹿者以法。后群臣皆畏高。"太史公所记,与陆贾有异,看来这个故事流传甚广,有多个版本。而陆贾则为赵高同时代人,比太史公所言更为生动。 ②二人同心,其义断金:此语出自《易传·系辞上》,只要两人心意相同,就可以像利刃一样切断金属。 ③群党合意,以倾一君,孰不移哉:只要群党意气相合,倾覆一个国君,没有办不到的!

人有与曾子同姓名者杀人,有人告曾子母曰:"参乃杀人。"母方织,如故,有顷①复告云,若是者三,曾子母投杼②逾垣③而去。曾子之母非不知子不杀人也,言之者众。夫流言之并至,众人之所是非,虽贤智不敢自毕④,况凡人乎⑤?

[注释]①有顷:不久,一会儿。 ②投杼:扔掉手中的织布梭子。杼,织布的梭子。 ③逾垣:翻墙。垣,矮墙,此处指院墙。 ④自毕:自恃,自信。
⑤整个这段话讲的是一个完整的曾参杀人的故事。故事原型见于《战国策·秦策二》:"曾子处费,费人有与曾子同名者而杀人。人告曾子母曰:'曾参杀人。'曾子之母曰:'吾者不杀人。'织自若。有顷焉,人又曰:'曾参杀人。'

其母尚织自若也。顷之,一人又告之曰:'曾参杀人。'其母惧,投杼逾墙而走。夫以曾参之贤与母之信也,而三人疑之,则慈母不能信也。"

鲁定公之时,与齐侯会于夹谷,孔子行相事。两君升坛,两相处下,两相欲揖,君臣之礼,济济备焉①。齐人鼓噪而起,欲执鲁公②。孔子历阶而上,不尽一等而立③,谓齐侯曰:"两君合好,以礼相率,以乐相化。臣闻嘉乐不野合,牺象之荐不下堂④。夷、狄之民何求为⑤?"命司马请止之⑥。定公曰:"诺。"齐侯逡巡而避席⑦曰:"寡人之过。"退而自责大夫。罢会。齐人使优旃⑧儛于鲁公之幕下,傲戏⑨,欲候鲁君之隙,以执定公⑩。孔子叹曰:"君辱臣当死⑪。"使司马行法斩焉,首足异门而出。于是齐人惧然而恐,君臣易操,不安其故行⑫,乃归鲁四邑之侵地,终无乘鲁之心⑬,邻□振动,人怀向鲁之意,强国骄君,莫不恐惧,邪臣佞人,变行易虑,天下之政,□□而折中;而定公拘于三家,陷于众口,不能卒用孔子⑭者,内无独见之明,外惑邪臣之党⑮,以弱其国而亡其身,权归于三家,邑土单于强齐。夫用人若彼,失人若此;然定公不觉悟,信季孙之计,背贞臣之策,以获拘弱之名⑯,而丧丘山之功⑰,不亦惑乎!

[注释]①君臣之礼,济济备焉:齐鲁两国相会,相互的君臣之间行礼很庄重,尽显礼仪威严。济济,庄敬之貌,有威仪矜庄之象。　②齐人鼓噪而起,欲执鲁公:齐人突然群呼而起,想挟持鲁国国君。噪,群呼。　③不尽一等而立:在盟坛的最后一个台阶处站立。孔子见齐人不善,就挺身而出,沿盟坛台阶拾级而上,保护鲁定公。　④嘉乐不野合,牺象之荐不下堂:钟磬之乐演奏于野合之地,不在庙堂之下行享燕之正礼,奏乐、荐享都不得违礼。嘉乐,用

钟磬演奏的大乐。牺象,祭祀用的酒器牺尊和象尊。 ⑤夷、狄之民何求为:你们这些夷狄之人想干什么?孔子将不讲礼法的齐人斥之为夷、狄之人。 ⑥命司马请止之:命令司马制止齐人。 ⑦齐侯逡巡而避席:面对孔子的仗义执言和果断处置,齐国国君不得不有所顾虑,徘徊离席向鲁君表示歉意。逡巡,因为有所顾虑而徘徊不前。 ⑧优㑊:齐国优人,以乐舞、戏谑为业的艺人。 ⑨傲戏:遨游嬉戏。 ⑩欲候鲁君之隙,以执定公:齐人再次想寻找鲁君的疏忽,而抓住机会挟持鲁君。 ⑪君辱臣当死:使国君受辱的臣子应当处死。 ⑫不安其故行:齐侯为先前的行为感到不安。 ⑬乃归鲁四邑之侵地,终无乘鲁之心:归还以前侵占鲁国的四个城邑,并彻底打消了欺凌鲁国的念头。乘,欺凌。此次齐鲁夹谷之会,孔子的凛然正气教训了齐人和齐国国君,《史记·孔子世家》中记载此事曰:"景公惧而动,知义不若,归而大恐,告其群臣曰:'鲁以君子之道辅其君,而子独以夷、狄之道教寡人,使得罪于鲁君,为之奈何?'有司进对曰:'君子有过则谢以质,小人有过则谢以文。君若悼之,则谢以质。'于是齐侯乃归所侵鲁之郓、汶阳、龟阴之田以谢过。" ⑭定公拘于三家,陷于众口,不能卒用孔子:鲁定公被三家贵族所控制,惑于众口谗言,最终不再任用孔子。关于三家,《论语·八佾》篇:"三家者以雍彻。"《集解》:"马曰:'三家,谓仲孙、叔孙、季孙。'"邢昺疏:"三孙同是鲁桓公之后,桓公适子庄公为君,庶子公子庆父、公子叔牙、公子季友。仲孙是庆父之后,叔孙是叔牙之后,季孙是季友之后,其后子孙皆以其仲、叔、季为氏,故有此氏,并桓公子孙,故俱称孙也。" ⑮内无独见之明,外惑邪臣之党:言鲁定公没有自己的独立见解,迷惑于奸邪之党的谗言邪说。 ⑯获拘弱之名:王利器认为,"拘弱"无义,疑当作"极弱",形近而误。 ⑰丧丘山之功:丘山,比喻重大,文献中多有"功若丘山"的说法。

故邪臣之蔽贤,犹浮云之障日月①也,非得神灵之化,罢云霁翳②,令归山海,然后乃得睹其光明,暴天下之濡湿③,照四方之晦冥。今上无明王圣主,下无贞正诸侯④,诛锄奸臣贼子之党,解释凝滞纰缪之结⑤,然后忠良方直⑥之人，则得容于世而施于政。故孔子遭君暗臣乱，众邪在位，政道隔于三家，仁义闭于公门⑦，故作公陵之歌⑧，伤无权力于世⑨，大化⑩绝而不通，道德施而不用，故曰：无如之何者，吾末如之何也已矣⑪。夫言道因权而立，德因势而行⑫，不在其位者，则无以齐其政⑬，不操其柄者，则无以制其刚⑭。诗云："有斧有柯⑮。"言何以治之也。

[注释]①邪臣之蔽贤，犹浮云之障日月：邪臣遮蔽贤臣而环绕在国君之侧，就像浮云遮蔽了日月。　②非得神灵之化，罢云雰翳：除非得到神灵的力量，才能撤去云障，显出晴朗的天空。雰，雨雪停止，天放晴。翳，眼角膜上所生障碍视线的白斑，此处当遮蔽讲。　③暴天下之濡湿：用强烈的阳光照耀天下而去除阴霾潮湿。暴，同曝，强烈的阳光照晒。濡湿，潮湿。　④贞正诸侯：刚直有力量的诸侯国君。贞正，坚贞端方。　⑤解释凝滞纰缪之结：解开被纰缪困扰的心结。凝滞，拘泥，困扰。纰缪，谬误，荒谬。　⑥忠良方直：忠诚、善良，方正、刚直。　⑦政道隔于三家，仁义闭于公门：为政之道被三家权贵阻隔，仁义之道被关在官署的大门之外。　⑧作公陵之歌：相传孔子面对当时之政治状况，曾做"公陵之歌"，亦有记作"丘陵之歌"。《孔丛子·记问第五》载曰："夫子作丘陵之歌曰：'登彼丘陵，峛崺其阪。仁道在迩，求之若远。遂迷不复，自婴屯蹇。喟然回虑，题彼泰山。郁确其高，梁甫回连。枳棘充路，陟之无缘，将伐无柯，患兹蔓延。惟以永叹，涕霣潺湲。'"　⑨伤无权力于世：孔子伤叹自己没有权位来改变现实状况。　⑩大化：广大之德化。
⑪无如之何者，吾末如之何也已矣：孔子之语。《论语·卫灵公》篇："子曰：'不曰如之何如之何者，吾末如之何也已矣。'"其意乃孔子哀叹自己未有权位而不能做事。　⑫道因权而立，德因势而行：大道因有权位才能确立，德化因有位势而能推行。　⑬不在其位者，则无以齐其政：没有权位的人无法去治理政治。齐其政，齐其政令。此是袭用孔子之语。《论语·宪问》篇："子曰：'不在其位，不谋其政。'"　⑭不操其柄者，则无以制其刚：不执掌权柄的人，

无法行使刑罚的权力。刚,王利器认为应是"罚"。王利器的《新语校注》中说:"陆氏此言,盖即本之韩子,'刚'者,'罚'字形近之误也。《慎微》篇云:'若汤、武之君,伊、吕之臣,因天时而行罚。''行罚','制罚',其义一也。" ⑮有斧有柯:陆贾所引此句,不见于今本《诗经》。王利器注本中说,宋翔凤曰:"《文选·檄吴将校部曲》注引此云:'有斧无柯,何以治之?'"丘琼山曰:"此篇说忠佞难分,谗邪易惑,在人主辨之;而若此世道,令人击筑燕市,酣歌易水,涕泗交流。"

慎微 第六

夫建大功于天下者必先修于闺门之内,垂大名于万世者必先行之于纤微之事。是以伊尹负鼎①,居于有莘之野,修道德于草庐之下,躬执农夫之作,意怀帝王之道,身在衡门②之里,志图八极之表,故释负鼎之志,为天子之佐,克夏立商,诛逆征暴,除天下之患,辟残贼之类,然后海内治,百姓宁。曾子孝于父母,昏定晨省③,调寒温,适轻重,勉之于糜粥④之间,行之于衽席⑤之上,而德美重于后世。此二者,修之于内,著之于外;行之于小,显之于大。

[注释]①伊尹负鼎:以下关于伊尹的故事,是陆贾根据不同的传说糅合而成。传说中的伊尹如何现身商汤身边克夏立商,其路径是不同的。一种说法是,伊尹为了辅佐商汤,自甘屈辱,扮作陪送出嫁的媵臣背负鼎俎(做饭的锅、案板)来到商汤的都城亳,被王宫的管理者派遣到厨房为奴。伊尹做了一道奇特的汤,侍者送给商汤品尝后,商汤令厨子来见,伊尹这才见到商汤。他从汤的滋味说到治国的大道,从政治方略谈到军事谋略。商汤大悦,从此伊尹成为商汤的重臣。这就是《史记·殷本纪》所说:"伊尹……欲干汤而无

由,乃为有莘氏媵臣,负鼎俎,以滋味说汤,致于王道。"孟子反对这样的说法,另有一说。《孟子·万章上》载:万章问曰:"人有言'伊尹以割烹要汤',有诸?"孟子曰:"否,不然。伊尹耕于有莘之野,而乐尧、舜之道焉。非其义也,非其道也,禄之以天下弗顾也,系马千驷弗视也。非其义也,非其道也。一介不以与人,一介不以取诸人。汤使人以币聘之,嚣嚣然曰:'我何以汤之聘币为哉?我岂若处畎亩之中,由是以乐尧、舜之道哉?'汤三使往聘之,既而幡然改曰:'与我处畎亩之中,由是以乐尧、舜之道,吾岂若使是君为尧、舜之君哉?吾岂若使是民为尧、舜之民哉?吾岂若于吾身亲见之哉?天之生此民也,使先知觉后知,使先觉觉后觉。予天民之先觉者也,予将以斯道觉斯民也,非予觉之而谁也?'思天下之民,匹夫匹妇有不被尧、舜之泽者,若己推而内之沟中,其自任以天下之重如此,故就汤而说之以伐夏救民。吾未闻枉己而正人者也,况辱己以正天下者乎?"孟子认为,伊尹是在商汤几次登门拜请之后,想到我与其住在田野之中一个人快乐,为什么不去辅佐商汤做一个尧、舜之君让天下人都得到快乐呢?正是出于拯救天下的宏愿,思天下之民,他才应商汤之征,成为汤的辅佐之臣。显然,陆贾把这两种不同的传言糅合在一起,成就了他关于伊尹故事的描述。　②衡门:指隐居者所居屋舍之门。　③昏定晨省:晚上去帮母亲安定好床铺,看衣被之厚薄,枕头之高低;早上再去问一夜睡得是否安好。定,安定。省,省视,这里是问候早安。　④糜粥:熬得很烂的粥。　⑤衽席:卧席。

颜回一箪食,一瓢饮,在陋巷之中,人不堪其忧,回也不改其乐①。礼以行之,逊以出之②。盖力学而诵《诗》、《书》,凡人所能为也;若欲移江、河,动太山,故人力所不能也。如调心在己,背恶向善,不贪于财,不苟于利,分财取寡,服事取劳,此天下易知之道,易行之事也,岂有难哉?若造父之御马③,羿之用弩④,则所谓难也。君子不以其难为之也,故不知以为善也,绝气力,尚德也。

[注释]①颜回……不改其乐:此句出自《论语·雍也》篇,子曰:"贤哉回也!一箪食,一瓢饮,在陋巷,人不堪其忧,回也不改其乐。贤哉回也!"是孔子对颜渊安贫乐道精神的赞誉。　②礼以行之,逊以出之:语出《论语·卫灵公》篇,子曰:"君子义以为质,礼以行之,孙以出之,信以成之。君子哉!"孔子认为,君子应该以义为立身行事的根本,并用礼来体现它,用谦逊的语言来表达它,用诚信来完成它。　③造父之御马:造父,古之善御者,西周早期人,相传为伯益之后,是赵人的先祖。《史记·赵世家》载:"造父幸于周缪王。造父取骥之乘匹,与桃林盗骊、骅骝、绿耳,献之缪王。缪王使造父御,西巡狩,见西王母,乐之忘归。而徐偃王反,缪王日驰千里马,攻徐偃王,大破之。乃赐造父以赵城,由此为赵氏。"周缪王,周穆王。　④羿之用弩:羿,夏代诸侯,有穷国之国君,善射,百发百中。弩,一种用机械力量射箭的弓,泛指弓。

夫目不能别黑白,耳不能别清浊,口不能言善恶,则所谓不能①也。故设道者易见晓,所以通凡人之心,而达不能之行。道者,人之所行也。夫大道履之而行,则无不能,故谓之道②。故孔子曰:"道之不行也③。"言人不能行之。故谓颜渊曰:"用之则行,舍之则藏,惟我与尔有是夫④。"言颜渊道施于世而莫之用⑤。由人不能怀仁行义⑥,分别纤微,忖度⑦天地,乃苦身劳形,入深山,求神仙⑧,弃二亲,捐骨肉,绝五谷,废《诗》、《书》,背天地之宝,求不死之道,非所以通世防非者也。

[注释]①夫目不能别黑白……则所谓不能:像眼睛分不清黑白,听话分不出好坏,说话不分是非,这样的情况才是所谓不能,通常情况下的事情,凡人都是可以做、可以能的。　②大道履之而行,则无不能,故谓之道:只要去实践道的要求,都是可以做到的,一般人都能去做去实现,这才是道的品性。　③道之不行也:《礼记·中庸》篇载,孔子曰:"道之不行也,我知之矣,知者过之,愚者不及也。道之不明也,我知之矣,贤者过之,不肖者不及也。"很显

然,孔子所谓"道之不行也"不是一般的道,而是指的"中庸"。中庸之道不是一般人所可以掌握的。　④惟我与尔有是夫:此句话是孔子对颜渊所讲,指能够掌握中庸之道的,只有孔子和颜渊二人。　⑤颜渊道施于世而莫之用:颜渊将道行之于世无不能用,在什么事情上都可以体现道。　⑥由人不能怀仁行义:由,通犹。此句以下这段话是讲,就像某些人不去怀仁行义,而走邪道妄求不死之道,则是不可取的。　⑦忖度:推测,估计,揣摩。　⑧求神仙:《汉书·艺文志》曰:"神仙者,所以保性命之真,而游求于其外者也,聊以荡意平心,同死生之域,而无怵惕于胸中;然而或者专以为务,则诞欺怪迂之文,弥以益多,非圣王之所以教也。孔子曰:'索隐行怪,后世有述焉,吾不为之矣。'"陆贾此处对不行仁义之道而走旁门左道、信奉神仙方术的批评,主要是针对秦始皇的批判,并以此告诫当今皇上。

　　若汤、武之君①,伊、吕之臣,因天时而行罚,顺阴阳而运动,上瞻天文,下察人心,以寡服众,以弱制强,革车三百②甲卒三千,征敌破众,以报大仇,讨逆乱之君,绝烦浊之原,天下和平,家给人足,匹夫行仁,商贾行信,齐天地,致鬼神,河出图,洛出书③,因是之道,寄之天地之间,岂非古之所谓得道者哉。

　　[**注释**]①若汤、武之君:商汤王,周武王。注家皆以为陆贾这里是用古代圣君来讽刺秦始皇、告诫汉高祖,王利器的《新语校注》中,列举了这方面的注文。杨升庵曰:"秦以韩终、徐福入海,往蓬莱,求不死之药,不还。时汉尚踵其弊,故以汤、武之君讽之。"品节曰:"即汤、武以美高祖,又讽以神仙之不可求。"唐晏曰:"按陆生生当秦时,睹始皇之求神仙,故有此言。"　②革车三百:文献中记述商汤讨伐夏桀、周武王讨伐殷纣王,多是记载"革车三百,甲卒三千",此不可视为确切的数据,言其少而已。正义之师,都是以少胜多,以寡服众。　③河出图,洛出书:关于河图洛书的传说。《易·系辞上》:"河出图,洛出书,圣人则之。"河,黄河。洛,洛水。据汉儒孔安国、刘歆等解说:伏羲时有龙马出于黄河,马背有旋毛如星点,称作龙图。伏羲取法以画八卦生

蓍法。夏禹治水时有神龟出于洛水,背上有裂纹,纹如文字,禹取法而作《尚书·洪范》"九畴"。古代认为出现"河图洛书"是帝王圣者受天命之祥瑞。

夫播布革①,乱毛发,登高山,食木实②,视之无优游③之容,听之无仁义之辞,忽忽若狂痴④,推之不往,引之不来,当世不蒙其功⑤,后代不见其才,君倾而不扶,国危而不持⑥,寂寞而无邻,寥廓而独寐,可谓避世,而非怀道者⑦也。故杀身以避难则非计也,怀道而避世则不忠⑧也。

[注释]①播布革:穿着随便。播,放,随意。布革,衣裘。 ②食木实:吃野果。木实,果实,野果。 ③优游:悠闲自得。 ④忽忽若狂痴:精神恍惚若精神病人。忽忽,精神失常之状。 ⑤当世不蒙其功:不建功立业于当世。 ⑥君倾而不扶,国危而不持:不管主之倾危,不关心国家的危亡。 ⑦非怀道者:不是有道的追求的人。 ⑧怀道而避世则不忠:怀抱道的追求而去隐居避世,则是不忠诚的人。

是以君子居乱世,则合道德,采微善,绝纤恶,修父子之礼,以及君臣之序,乃天地之通道,圣人之所不失也。故隐之则为道①,布之则为文,诗在心为志,出口为辞,矫以雅僻,砥砺钝才,雕琢文彩,抑定狐疑,通塞理顺,分别然否,而情得以利,而性得以治,绵绵漠漠,以道制之,察之无兆,遁之恢恢,不见其行,不睹其仁,湛然未悟,久之乃殊,论思天地,动应枢机,俯仰进退,与道为依,藏之于身,优游待时。故道无废而不兴,器无毁而不治。孔子曰:"有至德要道以顺天下。"言德行而其下顺之矣。

[注释]①隐之则为道:君子隐居是为了守道。儒家不是完全反对隐世,

而是主张隐居而不废弃道的追求。《论语·泰伯》篇,子曰:"笃信好学,守死善道。危邦不入,乱邦不居。天下有道则见,无道则隐。邦有道,贫且贱焉,耻也;邦无道,富且贵焉,耻也。"这是儒家关于仕与隐的基本观点。陆贾此段话的基本思想,就是根据孔子的无道则隐来讲如何对待隐的问题,文中"俯仰进退,与道为依"就是孔子思想的鲜明体现。此段文字有错乱,多有不通者。

资质第七

质美者以通为贵,才良者以显为能①。何以言之?夫楩柟豫章②,天下之名木也,生于深山之中,产于溪谷之傍,立则为大山众木之宗,仆则为万世之用,浮于山水之流,出于冥冥之野,因江、河之道,而达于京师之下,因斧斤之功,得舒其文色,精捍直理,密致③博通,虫蝎不能穿,水湿不能伤,在高柔软,入地坚强,无膏泽而光润生,不刻画而文章成,上为帝王之御物,下则赐公卿,庶贱而得以备器械④;闭绝以关梁⑤,及隘于山阪之阻,隔于九坑之隤,仆于嵬崔之山,顿于窅冥之溪,树蒙茏蔓延而无间,石崔嵬崭岩而不开,广者无舟车之通,狭者无步担之蹊,商贾所不至,工匠所不窥,知者所不见,见者所不知,功弃而德亡,腐朽而枯伤,转于百仞之壑,惕然而独僵,当斯之时,不如道傍之枯杨。崟崟结屈,委曲不同,然生于大都之广地,近于大匠之名工,材器制断,规矩度量,坚者补朽,短者续长,大者治罇⑥,小者治觞,饰以丹漆,斁⑦以明光,上备大牢⑧,春秋礼庠,褒以文采,立礼矜庄,冠带正容,对酒行觞,卿士列位,布陈宫堂,望之者目眩,近之者鼻芳。

故事闭之则绝,次之则通,抑之则沈,兴之则扬,处地梗梓⑨,贱于枯杨,德美非不相绝也,才力非不相悬也,彼则槁枯而远弃,此则为宗庙之瑚琏者,通与不通⑩。

人亦犹此。

[注释]①质美者以通为贵,才良者以显为能:质地美好的东西赖"通达"而显示出可贵的品质,天资聪颖的人因"通达"而发挥其突出过人的才能。通与显对举,其义相同,都是"通达"之义。　②梗枏豫章:梗枏(pián nán),黄梗木与黄楠木,都是古代名木、大木,经常被用来比喻栋梁之才。此段文字以梗枏豫章之材以大而成用,来比喻贤才之通显。梗,生于南方,大木,质地坚密,是贵重的建筑材料。楠,生长在贵州、四川等地,贵重的建筑材料,也可供造船之用。豫章:木名,枕木与樟木的并称。比喻栋梁之才,有才能的人。枕木与樟木,幼树难以分辨,生长七年后才能分辨出来。《史记·司马相如列传》张守节《正义》引《活人》云:"豫,今之枕木也。章,今之樟木也。二木生至七年,枕章乃可分别。"白居易《寓意》诗之一:"豫章生深山,七年而后知。"③密致(zhì):细密。　④上为帝王之御物,下则赐公卿,庶贱而得以备器械:言梗楠豫章之大木名木的宝贵品质和良好质地,可以用作帝王手中的御用之物,可以作为帝王赐予公卿大臣的御赐宝物,用在普通民众的生活中,可以做成各种器械。　⑤闭绝以关梁:被各种关隘山梁隔绝而封闭了运出山涧之通道。以下这几句话都在强调,即使梗楠豫章这样的名贵大木,如果没有通道之"通达",被封闭在深山老林之中的话,它的良好质地便无从显现,也只能是落得个"功弃而德亡,腐朽而枯伤"的结局,甚至"不如道傍之枯杨"。⑥鳟(zūn):即樽,樽俎,盛酒的器具。　⑦敱(yì):盛大的样子。　⑧大牢:祭礼之一种。大牢,即太牢。古代帝王祭祀社稷时,牛、羊、豕三牲全备为"太牢"。古代祭祀所用牺牲,行祭前需先饲养于牢,故这类牺牲称为牢;又根据牺牲搭配的种类不同而有太牢、少牢之分。少牢只有羊、豕,没有牛。由于祭祀者和祭祀对象不同,所用牺牲的规格也有所区别:天子祭祀社稷用太牢,诸侯祭祀用少牢。《礼记》中太牢指的是大牢。《礼记·王制》:"天子社稷皆大牢,诸侯社稷皆少牢。"　⑨处地梗梓:处在梗梓生长的地方,喻指偏僻闭塞之

地。梓,像梗楠一样生长在深山之中、溪谷之傍的贵重木材。　⑩彼则槁枯而远弃,此则为宗庙之瑚琏者,通与不通:处在深山老林那样的彼处,则如枯树朽木般被废弃,而处在朝廷庙堂之上,则是宝鼎重器,是重要的宗庙礼器。瑚、琏皆宗庙礼器,用以比喻治国安邦之才。决定其如此截然相反的两种不同地位的,就在于通达与否。

　　夫穷泽之民,据犁接耜之士①,或怀不羁之能②,有禹、皋陶之美,纲纪存乎身,万世之术藏于心③;然身不容于世,无绍介通之者也。公卿之子弟,贵戚之党友,虽无过人之能,然身在尊重之处,辅之者强而饰之众也,靡不达也④。

　　[注释]①据犁接耜之士:从事农田耕作的普通农夫。耜,耒耜,原始时代的翻土农具。　②不羁之能:喻指才行高远,不可限量。不羁,不可羁系。③万世之术藏于心:心怀大志,有治国安邦之术,可以建万世之功。　④靡不达也:无不通达,升至高位。指那些公卿子弟、贵戚党友之徒,虽未有治国之才,但却可以凭借势位优势而飞黄腾达。

　　昔扁鹊居宋,得罪于宋君,出亡之卫,卫人有病将死者,扁鹊至其家,欲为治之。病者之父谓扁鹊曰:"吾子病甚笃,将为迎良医治,非子所能治也。"退而不用,乃使灵巫求福请命,对扁鹊而咒,病者卒死,灵巫不能治也。夫扁鹊天下之良医,而不能与灵巫争用者,知与不知也①。故事求远而失近,广藏而狭弃,斯之谓也。

　　[注释]①扁鹊天下之良医……知与不知也:扁鹊是天下良医,在卫人这里却遭到冷遇,卫人有病者宁肯相信灵巫而咒扁鹊,完全在于扁鹊并不为卫人所知。陆贾用此故事来说明"知与不知"这个是否通达的道理。

昔宫之奇为虞公画计①，欲辞晋献公璧马之赂，而不假之夏阳之道，岂非金石之计②哉！然虞公不听者，惑于珍怪之宝③也。

[注释]①宫之奇为虞公画计：宫之奇劝谏虞国国君不给晋国提供伐虢之道的谋划。事见《左传·僖公二年》："晋荀息请以屈产之乘与垂棘之璧，假道于虞以伐虢。公曰：'是吾宝也。'对曰：'若得道于虞，犹外府也。'公曰：'宫之奇存焉。'对曰：'宫之奇之为人也，懦而不能强谏，且少长于君，君暱之，虽谏，将不听。'乃使荀息假道于虞，曰：'冀为不道，入自颠軨，伐鄍三门。冀之既病，则亦唯君故。今虢为不道，保于逆旅，以侵敝邑之南鄙。敢请假道以请罪于虢。'虞公许之，且请先伐虢。宫之奇谏，不听，遂起师。夏，晋里克、荀息帅师会虞师伐虢，灭下阳。"《左传·僖公五年》："晋侯复假道于虞以伐虢。宫之奇谏曰：'虢，虞之表也。虢亡，虞必从之。晋不可启，寇不可玩，一之谓甚，其可再乎？谚所谓辅车相依，唇亡齿寒者，其虞、虢之谓也。'公曰：晋，'吾宗也，岂害我哉？'对曰：'大伯、虞仲，大王之昭也。大伯不从，是以不嗣。虢仲、虢叔，王季之穆也，为文王卿士，勋在王室，藏于盟府。将虢是灭，何爱于虞？且虞能亲于桓、庄乎？其爱之也？桓、庄之族何罪，而以为戮，不唯逼乎？亲以宠逼，犹尚害之，况以国乎？'……弗听，许晋使。宫之奇以其族行，曰："'虞不腊矣，在此行也，晋不更举矣。'"晋国大夫劝君以良马与玉璧贿赂虞国国君，借道虞国而讨伐虢国。虞国大夫宫之奇劝谏，虞君不听，最终晋国借助虞国而攻取了虢国的下阳。僖公五年，晋侯再次要借道虞国以伐虢。宫之奇以唇亡齿寒的道理劝谏虞国国君，虞君仍然不听，最后，晋军伐虢后班师回朝的途中在虞国小住，便乘势袭击并一举灭亡了虞国。宫之奇，春秋时虞国大夫，春秋时著名的政治家。宫之奇远见卓识，忠心耿耿辅佐虞君，并推荐百里奚共同参与朝政，对外采取联虢拒晋的策略，使国家虽小而强盛。僖公五年（公元前655年），对于晋国向虞国借道攻打虢国的图谋，宫之奇洞悉其野心，力谏虞公，虞公不听，宫之奇预料虞国将亡，便带领他的族人离开了虞国。②金石之计：比喻最安全的计策。 ③惑于珍怪之宝：被迷惑于或者说是贪恋于对方赠送的奇珍异宝。

鲍丘①之德行,非不高于李斯、赵高也,然伏隐于蒿庐之下,而不录于世②,利口之臣③害之也。

　　[注释]①鲍丘:秦时儒生,曾与李斯一起就学于荀子门下。事见《盐铁论·毁学》篇:"昔李斯与包丘子俱事荀卿,既而李斯入秦,遂取三公,据万乘之权以制海内,功侔伊、望,名巨泰山;而包丘子不免于瓮牖蒿庐,如潦岁之蛙,口非不众也,卒死于沟壑而已。"　②伏隐于蒿庐之下,而不录于世:蛰伏隐居于乡野之间,而不被录用于世。　③利口之臣:靠巧言取悦于时君之人,多谄媚之徒。《论语·阳货》篇,子曰:"恶紫之夺朱也,恶郑声之乱雅乐也,恶利口之覆邦家者。"《集解》曰:"孔曰:'利口之人,多言少实,苟能悦媚时君,倾覆国家。'"

　　凡人莫不知善之为善,恶之为恶;莫不知学问之有益于己,怠戏之无益于事也。然而为之者情欲放溢①,而人不能胜其志②也。人君莫不知求贤以自助,近贤以自辅;然贤圣或隐于田里,而不预国家之事者,乃观听之臣③不明于下,则闭塞之讥④归于君;闭塞之讥归于君,则忠贤之士弃于野;忠贤之士弃于野,则佞臣之党存于朝;佞臣之党存于朝,则下不忠于君;下不忠于君,则上不明于下;上不明于下,是故天下所以倾覆也。

　　[注释]①情欲放溢:情感欲望无所节制。　②人不能胜其志:人不能控制自己的情志。　③观听之臣:即耳目之臣。《尚书·益稷》篇:"臣作朕股肱耳目。"孔颖达《正义》:"言己动作视听,皆由臣也。"　④闭塞之讥:闭塞之累,由于闭塞而受到的讥议。

至德第八

　　夫欲富国强威,辟地服远①者,必得之于民;欲建功兴誉，垂名烈，流荣华者，必取之于身②。故据万乘之国③，持百姓之命，苞山泽之饶，主士众之力，而功不存乎身，名不显于世者，乃统理之非④也。

[注释]①辟地服远：开辟疆域而威服远方之民。　②取之于身：身，己。得之于自身的修养。　③万乘之国：有万乘兵车的国家，泛指大国，又特指天子之国。从西周开始有这样的用法，即指西周王朝。《孟子·梁惠王上》："万乘之国，弑其君者，必千乘之家；千乘之国，弑其君者，必百乘之家。"《孟子·梁惠王下》："以万乘之国伐万乘之国，箪食壶浆以迎王师，岂有他哉！避水火也。"　④统理之非：治理国家的失误。统理，即统辖治理。《史记·郦生陆贾列传》："继五帝三王之业，统理中国。"

天地之性，万物之类，怀德者众归之，恃刑者民畏之①，归之则充其侧，畏之则去其域。故设刑者不厌轻，为德者不厌重，行罚者不患薄，布赏者不患厚②，所以亲近而致远也。

[注释]①怀德者众归之，恃刑者民畏之：陆贾的治国理念，主张以德治国，反对过分依赖刑罚。　②设刑者不厌轻……布赏者不患厚：刑法越轻越好，德行越淳厚越好，行罚不怕轻，行赏不怕多。

夫形重者则心烦，事众者则身劳；心烦者则刑罚纵横而无所立，身劳者则百端回邪①而无所就。是以君子之为治也，块然②若无事，寂然若无声，官府若无吏，亭落若无民，闾里不讼于巷③，老幼不愁于庭，近者无所议，远者无所听，邮无夜行之卒，乡无夜召之征，犬不夜吠，鸡不夜鸣，耆老④甘味于堂，丁男耕耘于野，在朝者忠于君，在家者孝于亲；于是赏善罚恶而润色之，兴辟雍庠序而教诲之,然后贤愚异议⑤,廉鄙异科⑥,长幼异节,上下有差,强弱相扶,大小相怀,尊卑相承,雁行⑦相随,不言而信,不怒而威,岂待坚甲利兵、深牢刻令⑧、朝夕切切⑨而后行哉?

[注释]①回邪:回,乖违;邪,邪辟。 ②块然:安然。 ③讼于巷:王利器注曰,讼于巷,即所谓"庶人议"也。《史记·秦始皇本纪》:"三十四年,李斯议烧《诗》、《书》、百家语云:'入则心非,出则巷议。'"《盐铁论·相刺》篇:"鄙人不能巷言面违。"《汉书·艺文志》"诸子略":"小说家者流,盖出于稗官,街谈巷语,道听涂说者之所造也。"如淳注曰:"王者欲知闾巷风俗,故立稗官,使称说之。"曰巷讼,曰巷议,曰巷言,曰巷语,其义一也。 ④耆(qí)老:年老,或指年老而有地位的士绅。《礼记·王制》:"养耆老以致孝,恤孤独以逮不足。"《汉书·宣帝纪》:"朕惟耆老之人,发齿堕落,血气衰微,亦亡暴虐之心。" ⑤贤愚异议:贤者愚者分别对待。 ⑥廉鄙异科:对于清廉之人与贪婪卑鄙之徒有劝勉与处置的不同法规。 ⑦雁行:飞雁的行列,喻排列有序。 ⑧深牢刻令:严酷的刑罚。 ⑨朝夕切切:从早到晚,严相苛责。切切,切责之貌。

　　昔者,晋厉、齐庄、楚灵、宋襄①,乘大国之权,杖众民之威,军师横出,陵轹诸侯②,外骄敌国,内刻百姓,邻国之仇结于外,群臣之怨积于内,而欲建金石之统③,继不绝之世,岂不难哉?故宋襄死于泓之战④,三君弑于臣之手⑤,皆轻师尚威,以致于斯,故《春秋》重而书之,嗟叹而伤之。三君强其威而失其国,急其刑而自贼,斯乃去事之戒,来事之师也。

[注释]①晋厉、齐庄、楚灵、宋襄:陆贾所列举的四个以威权丧身失国的例子。晋厉,晋厉公,春秋时期晋国国君,公元前580～前573在位。曾率兵与楚国争霸,有著名的晋楚鄢陵大战,击败楚国,巩固了晋国在中原地区的优势地位。后死于国内贵族发动的政变。齐庄,齐庄公,春秋时期齐国国君,前

553～前548年在位。齐庄公励精图治,齐国一时颇为强大,经常侵凌四国,后因与贵族崔杼妻棠姜有染,崔杼大怒,联合棠无咎杀之。楚灵,灵王,春秋晚期楚国国君,是楚共王的次子,杀了侄儿楚郏敖自立为王,是春秋时代有名的穷奢极欲、昏暴之君。公元前531年,蔡灵侯至楚,楚灵王杀之,蔡国灭亡。公元前530年,派兵围徐,威胁吴国。公元前529年,楚灵王游猎于干溪,诸大夫有怨于王者则怂恿越大夫常寿作乱。流亡在蔡国的观从奉蔡公之命召子干、子晳入楚,杀太子禄、公子罢敌,拥立公子比为王。观从率军至干溪,楚灵王遂被人勒死。宋襄公,春秋时宋国国君,公元前650～前637年在位,曾是春秋五霸之一。齐桓公死后,宋襄公与楚国争霸,一度为楚国所拘。公元前638年,宋襄公讨伐郑国,与救郑的楚兵战于泓水。楚兵强大,宋襄公讲究"仁义",要待楚兵渡河列阵后再战,结果大败受伤,次年伤重而死。　②陵轹诸侯:侵凌诸侯。陵,侵凌,欺凌。轹(lì),欺压。　③金石之统:王利器注曰:"金石,谓所建统绪,可铭之金石。"《吕氏春秋·求人》篇:"功绩铭乎金石。"高诱注:"金,钟鼎也。石,丰碑也。"　④宋襄死于泓之战:事见《左传·僖公二十二年》:"宋公及楚人战于泓。宋人既成列,楚人未既济。司马曰:'彼众我寡,及其未既济也,请击之。'公曰:'不可。'既济而未成列,又以告。公曰:'未可。'既陈而后击之,宋师败绩。公伤股,门官歼焉。"泓水之战是春秋时期以宋襄公的迂腐而刻于史册的著名战例。宋襄公不肯在楚人未完全渡过河的时候而攻击对方,也不肯在对方没有完全列好阵势的时候就进攻,而等到楚军排列好阵势完全做好准备之后,宋军则由于寡不敌众而败绩,宋襄公被射伤了大腿,门官也被楚军杀得一干二净。　⑤三君弑于臣之手:指晋厉公、齐庄公、楚灵王都是被自己的臣下杀死。

鲁庄公一年之中,以三时兴筑作之役①,规虞②山林草泽之利,与民争田渔薪菜之饶,刻桷丹楹③,眩曜靡丽,收民十二之税④,不足以供邪曲之欲,缮不用之好,以快妇人之目,财尽于骄淫,力疲于不急⑤,上困于用,下饥于食,乃遣臧孙辰请籴积于齐,仓廪空匮,外人知之,于是为齐、卫、陈、宋所伐⑥,贤臣出,邪臣乱,子般杀⑦,鲁国危也。公子牙、庆父之属⑧,败上下之序,乱男女之别,继位者无所定,逆乱者无所惧。于是齐桓公遣大夫高子立僖公而诛夫人,逐庆父而还季子⑨,然后社稷复存,子孙反业,岂不谓微弱者哉?故为威不强还自亡,立法不明还自伤,鲁庄公之谓也。故《春秋》穀(缺)

[注释]①以三时兴筑作之役:一年之中,在春、夏、秋三个农事繁忙的季节大兴土木,言其违农时而兴力役。《左传·桓公六年》:"谓其三时不害,而民和年丰也。"杜注:"三时,春夏秋。"《正义》:"春夏秋三时,农之要节,为政不害于民,得使尽力耕耘,自事生产,故百姓和而年岁丰也。"《穀梁传·庄公三十一年》:"春,筑台于郎。""夏,四月……筑台于薛。""秋,筑台于秦。" ②虞:西周春秋时期掌管山泽的官。 ③刻桷丹楹:绘饰的方椽,朱漆涂柱,违背礼制的过分装饰。桷(jué),方形的椽子。刻桷,有绘饰的方椽。丹楹,用朱漆涂柱。 ④十二之税:一般行十一之税,十二之税是重税,前文有注。 ⑤力疲于不急:将民力用于不必要的建设方面。 ⑥遣臧孙辰请滞积于齐……为齐、卫、陈、宋所伐:事见《左传·庄公二十八年》:"冬,饥。臧孙辰告籴于齐。"《穀梁传·庄公二十八年》:"臧孙辰告籴于齐。国无三年之畜,曰国非其国也。一年不升,告籴诸侯。告,请也。籴,籴也。不正,故举臧孙辰以为私行也。国无九年之畜,曰不足。无六年之畜,曰急。无三年之畜,曰国非其国也。诸侯无粟,诸侯相归粟,正也。臧孙辰告籴于齐,告,然后与之。言内之无外交也。古者,税什一,丰年补败,不外求而上下皆足也。虽累凶民,民弗病也。一年不艾而百姓饥,君子非之。不言如,为内讳也。"臧孙辰,鲁大夫臧文仲。为齐、卫、陈、宋所伐之事,不见于《春秋》记载。 ⑦子般杀:子般,庄公子,在庄公死后被庆父所杀。事见《史记·鲁世家》:"庄公卒,季友竟立子斑为君,如庄公命。侍丧,舍于党氏……十月己未,庆父使圉人荦杀鲁公子斑于党氏。季友奔陈。庆父竟立庄公子开,是为湣公。" ⑧公子牙、庆父之属:公子牙,春秋时代齐国的公子,齐灵公之子。齐灵公听信谗言,将太子光放逐东海,以公子牙为太子,高厚为公子牙的太子太傅,凤沙卫少傅。前554年,

齐灵公临死前,崔杼迎回太子光。六月底,齐灵公驾薨,太子光即位为齐庄公,执公子牙于句渎之丘。八月杀高厚,十一月杀光在高唐叛乱的夙沙卫。庆父,春秋时鲁桓公之子,鲁庄公庶兄。庄公去世,他派人先后杀死继位的子般和闵公,制造内乱。后他所逃奔的莒国受鲁贿赂,将其送回,途中自缢而死。后人常把制造内乱的人比之为"庆父",成语"庆父不死,鲁难未已"即源于此。 ⑨逐庆父而还季子:齐桓公帮助鲁国除掉庆父并还政于季子。季子,鲁公子季友,鲁桓公之子,和鲁庄公、庆父是同胞兄弟。

怀虑第九

怀异虑者不可以立计,持两端者不可以定威①。故治外者必调内,平远者必正近。纲维天下②,劳神八极者,则忧不存于家③。养气治性④,思通精神,延寿命者,则志不流于外。据土子民⑤,治国治众者,不可以图利,治产业,则教化不行,而政令不从。苏秦、张仪⑥,身尊于位,名显于世,相六国,事六君,威振山东⑦,横说诸侯,国异辞,人异意,欲合弱而制强,持衡而御纵,内无坚计,身无定名,功业不平,中道而废⑧,身死于凡人之手,为天下所笑者,乃由辞语不一,而情欲放佚⑨故也。

[注释]①怀异虑者不可以立计,持两端者不可以定威:总言治理天下者要忠诚专一,有一以贯之的思想。异虑,即心术不一。两端,相反的、不一致的做法或见解。《太平御览》卷四〇六引《阮子政论》曰:"朝有两端之议,家有不协之论,至令父子不同好,兄弟异交友,破和穆之道,长争讼之端。"此即讲持两端者之不可以成事的道理。 ②纲维天下:治理天下,维系天下秩序。 ③忧不存于家:志存高远,心忧天下。 ④养气治性:养浩然之气而控制性情欲望。 ⑤据土子民:有土有民,指国君而言。 ⑥苏秦、张仪:战国时期著名纵横家,前文有注。 ⑦山东:泛指关东六国。 ⑧中道而废:半途而

废。　⑨情欲放佚：放纵情志。放佚，放纵不受约束。

　　故管仲相桓公，诎节事君①，专心一意，身无境外之交，心无欹斜之虑②，正其国如制天下，尊其君而屈诸侯③，权行于海内，化流于诸夏④，失道者诛，秉义者显，举一事而天下从，出一政而诸侯靡⑤。故圣人执一政以绳百姓，持一概以等万民，所以同一治而明一统也。

　　[注释]①管仲相桓公，诎节事君：管仲屈身辅佐公子小白而成就齐桓公霸业的故事。诎(qū)，弯曲，屈服，屈身。公元前686年齐国内乱，齐襄公被杀，襄公弟弟公子小白在鲍叔牙的辅佐下逃奔莒国，襄公的另一个弟弟公子纠在管仲的辅佐下逃亡鲁国。后来，内乱平定，鲍叔牙和管仲都各保其主回国争夺君位，管仲还发箭射中公子小白衣服的带钩，但在最后的君位争夺中，公子小白登上了国君的宝位，是谓齐桓公。齐桓公为了国家的强盛并成就霸业，不计管仲的一箭之仇，设计将管仲从鲁国迎回齐国，并拜管仲为相。管仲为齐桓公所感动，并从国家大业出发，不顾披上屈节的恶名，背叛原来的主子公子纠而归服了齐桓公。管仲辅佐桓公在政治、经济、军事各个领域进行改革，很快兵强国富。在此基础上，管仲促使齐桓公采取尊王攘夷、争取与国的方针，建立起强大的霸业。相传，强大的齐国九合诸侯，一匡天下，主持诸侯会盟，用强大的经济、军事力量，成功地避免了不少战争，保护了社会的稳定，并抵御了夷狄之族的侵犯，保障了华夏文明的延续和发展。　②身无境外之交，心无欹斜之虑：不结交其他诸侯，无奇邪之心。也是强调管仲治国之心诚专一。欹斜，即奇邪。　③屈诸侯：不战而屈诸侯之兵，使诸侯都心悦诚服地承认齐桓公的盟主地位。　④化流于诸夏：泽被诸夏。诸夏，指称中国。此句言管仲辅佐桓公抵御了夷狄之族的侵扰，保卫了华夏文明的传播和发展。《论语·宪问》篇，子曰："管仲相桓公，霸诸侯，一匡天下，民到于今受其赐。微管仲，吾其被发左衽矣。"孔子认为，如果没有管仲，诸夏之民恐怕就要沦为落后民族了。被发左衽，披散着头发，衣襟向左边开，一副落后民族的野蛮模样。　⑤出一政而诸侯靡：提出一项主张，都能获得天下诸侯的相应风从。

靡,亲顺,顺服,相随。

故天一以大成数①,人一以□成伦。楚灵王居千里之地,享百邑之国,不先仁义而尚道德,怀奇伎②,□□□,□阴阳,合物怪,作乾豀之台③,立百仞之高,欲登浮云,窥天文④,然身死于弃疾之手⑤。鲁庄公据中土之地⑥,承圣人之后⑦,不修周公之业,继先人之体,尚权杖威,有万人之力,怀兼人⑧之强,不能存立子纠⑨,国侵地夺,以洙、泗为境⑩。

[注释]①天一以大成数:天数一,而一成万物。《老子》第三十九章:"昔之得一者:天得一以清,地得一以宁,神得一以灵,谷得一以盈,万物得一以生,侯王得一以为天下贞。" ②奇伎:奇特的技艺。伎,同技。 ③作乾豀之台:乾豀之台有误,王利器注引唐晏曰:"按:《左传》、《国语》皆作章华台,此作乾溪台,乾溪在下蔡,章华台故址在华容,相去甚远,此误合之,由《穀梁》无章华台故。"器案:《国语·楚语上》:"楚子为章华之台,数年乃成。"《水经·沔水注》:"台高十丈,基广十五丈。" ④窥天文:楚灵王筑高台以观天文是僭越行为。《诗经·大雅·灵台》《正义》曰:"天子有灵台以观天文,有时台以观四时施化,有囿台观鸟兽鱼鳖。诸侯当有时台、囿台,诸侯卑,不得观天文,无灵台。"《太平御览》卷五三四引《礼含文嘉》曰:"礼,天子灵台,以考观天人之际,阴阳之会也,揆星度之验,征气朔之瑞应,原神明之变化,为万姓获福于天。"以此观之,灵台则是王者之制,楚灵王身为诸侯而筑台以观天文,是僭天子之礼。 ⑤身死于弃疾之手:楚灵王死于其弟弃疾之手。史载,楚灵王之弟弃疾趁楚灵王带兵远征徐国之际,组织力量,攻下都城,杀掉灵王的儿子太子禄和公子罢敌,立自己的另一个哥哥公子比为王。楚灵王回师讨伐弃疾,但手下将士在得知有新王即位消息后纷纷叛离,灵王无奈,自缢身亡。后弃疾又用计逼杀公子比,自己宣布继位,称楚平王。 ⑥中土之地:地处中州。中土,即中州。 ⑦圣人之后:鲁国是周公的封地,周公为鲁之始祖,所以称鲁

君为圣人之后。　⑧兼人：能力胜过别人，这里指兼并别国。　⑨不能存立子纠：没有能力保护齐公子纠回国继承君位。公子纠，齐襄公之弟，母为鲁女。齐襄公时，政令无常，恐遭杀害，于鲁庄公八年（公元前 686 年）携管仲、召忽奔鲁。襄公被杀后，齐国内乱，鲁派兵护送公子纠返齐争位，结果出奔在莒的公子小白（桓公）已先回齐即位，派兵在乾时击败鲁军。在齐国胁迫下，公子纠为鲁君所杀。　⑩以洙、泗为境：乾时之败后，国土被齐国侵夺，以洙水、泗水为守护之境。此事见于记载的是《左传·庄公九年》"经文"："八月庚申，及齐师战于乾时，我师败绩。九月，齐人取子纠杀之。冬，浚洙。"浚洙，浚，疏通，深挖。深挖洙水，疑是防护之意。《榖梁传·庄公九年》的解释稍为明确："浚洙者，深洙也。著力不足也。"国力不足，深挖河道，当然是防护之意了。

　　夫世人不学《诗》、《书》，存仁义，尊圣人之道，极经艺之深，乃论不验之语①，学不然之事②，图天地之形，说灾变之异，乖先王之法，异圣人之意，惑学者之心，移众人之志，指天画地③，是非世事④，动人以邪变，惊人以奇怪，听之者若神，视之者如异；然犹不可以济于厄而度其身⑤，或触罪□□法，不免于辜戮⑥。故事不生于法度，道不本于天地，可言而不可行也，可听而不可传也，可□玩而不可大用也。

　　[注释]①不验之语：不可验证的话。《淮南子·泛论》篇："不用之法，圣王弗行。不验之语，圣王弗听。"《论语·述而》篇："子不语怪、力、乱、神。"孔子所不语者，即是不验之语。　②不然之事：不可预料的事情。不然，即非常之变。　③指天画地：议论天象之变异。　④是非世事：随意评论社会问题。是非，评论，褒贬。　⑤不可以济于厄而度其身：不能经邦济世又不能有益于自身。　⑥辜戮：刑戮，杀戮。

故物之所可,非道之所宜;道之所宜,非物之所可。是以制事者不可□,设道者不可通。目以精明,耳以主听,口以别味,鼻以闻芳,手以之持,足以之行,各受一性,不得两兼,两兼则心惑,二路者行穷,正心一坚,久而不忘,在上不逸①,为下不伤,执一②统物,虽寡必众,心佚情散,虽高必崩,气泄生疾,寿命不长,颠倒无端,失道不行。故气感之符,清洁明光,情素③之表,恬畅和良,调密④者固,安静者详,志定心平,血脉乃强,秉政图两⑤,失其中央⑥,战士不耕,朝士不商,邪不奸直,圆不乱方,违戾相错,拨剌⑦难匡。故欲理之君,闭利门⑧,积德之家,必无灾殃,利绝而道著,武让而德兴,斯乃持久之道,常行之法也。

[**注释**]①在上不逸:在上位者不安于逸乐。 ②执一:专一;掌握根本之道。《韩非子·扬搉》篇:"圣人执一以静,使名自命,令事自定。"《吕氏春秋·执一》篇:"王者执一而为万物正……天子必执一,所以抟之也。一则治,两则乱。" ③情素:情感;真情,本心。 ④调密:内心和谐纯一。 ⑤秉政图两:执掌权柄而不专一,有两求之图。 ⑥失其中央:失去了中心。 ⑦拨剌:不正之貌。 ⑧欲理之君,闭利门:希望能够治理天下的君主,应该杜绝求利的企图。这完全是孟子"何必曰利"的思想主张。

本 行 第 十

治以道德为上,行以仁义为本。故尊于位而无德者绌,富于财而无义者刑,贱而好德者尊,贫而有义者荣。段干木徒步之士,修道行德,魏文侯过其闾而轼之①。夫子陈、蔡之厄,豆饭菜羹,不足以接馁,二三子布弊褞袍,不足以御寒,倥偬屈厄,自处甚矣②;然而夫子当于道③,二三子近于义,自布衣之士,上□天子,下齐庶民,而累其身而匡上也。及闵④周室之衰微,礼义之不行也,厄挫顿仆,历说诸侯,欲匡帝王之道,反天下之政,身无其立,而世无其主⑤,周流天下,无所合意,大道隐而不舒,羽翼摧而不申,自□□□深授其化,以序终始,追治去事,以正来世⑥,按纪图录⑦,以知性命,表定《六艺》⑧,以重儒术,善恶不相干,贵贱不相侮,强弱不相凌,贤与不肖不得相逾,科第相序⑨,为万□□□而不绝,功传而不衰,《诗》、《书》、《礼》、《乐》,为得其所,乃天道之所立,大义之所行也,岂以□□□威耶?

[注释]①段干木徒步之士,修道行德,魏文侯过其闾而轼之:段干木,复姓段干,名木,春秋末战国初晋籍魏人,清高隐居。魏文侯月夜登门拜请段干木。他遵从"不为臣不见诸侯"的古训,越墙逃避。文侯求贤若渴,每过段干木家门,扶轼致敬,以示其诚,终于感动了段干木,出任国相,辅佐魏文侯。周安王六年(公元前401年),秦国欲伐魏国,出兵至阳狐。有人劝秦王说,魏君礼贤下士,有段干木辅佐朝政,国人上下团结一致,万万不可轻举妄动。秦王遂停止对魏国用兵。魏文侯在位50年,首霸中原,与段干木雄才大略辅政安邦密不可分。事见《吕氏春秋·期贤》篇:"魏文侯过段干木之闾而轼之,其仆曰:'君胡为轼?'曰:'此非段干木之闾欤?段干木盖贤者也,吾安敢不轼?且吾闻段干木未尝肯以己易寡人也,吾安敢骄之?段干木光乎德,寡人光乎地;段干木富乎义,寡人富乎财。'其仆曰:'然则君何不相之?'于是君请相之,段干木不肯受。则君乃致禄百万,而时往馆之。于是国人皆喜,相与诵之曰:'吾君好正,段干木之敬;吾君好忠,段干木之隆。'居无几何,秦兴兵欲攻魏,司马唐谏秦君曰:'段干木贤者也,而魏礼之,天下莫不闻,无乃不可加兵乎?'秦君以为然,乃按兵,辍不敢攻之。"徒步之士:一匹之夫,出门无车,故称徒

步。《战国策·齐策》曰:"今夫士之高者,乃称匹夫徒步,而处农亩,下则鄙野,监门闾里,士之贱也亦甚矣。"闾,古代二十五家为一闾,此处理解为段干木的住处。轼,古代车厢前面用作扶手的横木。轼之,依凭着车前的横木而致敬。　②夫子陈、蔡之厄……自处甚矣:孔子周游列国被困于陈、蔡之间的故事。孔子周游列国遇到战争,被困于陈国、蔡国之间,绝粮七天,师徒们面有饥色,饿得站不起身来,但依然弦歌于室。此事最生动的记载见于《吕氏春秋·慎人》:"孔子穷于陈、蔡之间,七日不尝食,藜羹不糁。宰予备矣,孔子弦歌于室,颜回择菜于外。子路与子贡相与而言曰:'夫子逐于鲁,削迹于卫,伐树于宋,穷于陈、蔡。杀夫子者无罪,藉夫子者不禁,夫子弦歌鼓舞,未尝绝音。盖君子之无所丑也若此乎?'颜回无以对,入以告孔子。孔子慨然推琴,喟然而叹曰:'由与赐小人也。召,吾语之。'子路与子贡入,子贡曰:'如此者,可谓穷矣!'孔子曰:'是何言也?君子达于道之谓达,穷于道之谓穷。今丘也抱仁义之道,以遭乱世之患,其所也,何穷之谓?故内省而不疚于道,临难而不失其德,大寒既至,霜雪既降,吾是以知松柏之茂也。昔桓公得之莒,文公得之曹,越王得之会稽。陈、蔡之厄,于丘其幸乎!'孔子烈然返瑟而弦,子路抗然执干而舞。子贡曰:'吾不知天之高也,不知地之下也。'古之得道者,穷亦乐,达亦乐,所乐非穷达也。道得于此,则穷达一也,为寒暑风雨之序矣。"细读《吕氏春秋》的这段记载,就可以理解陆贾所谓孔子"自处甚矣"的精神状态。二三子,指孔子的诸弟子。倥偬屈厄:穷困潦倒,困顿窘迫。倥偬,穷困。屈厄,困窘。　③当于道:以道为己任。当,担当。　④闵:同悯。哀伤,悲悯。　⑤身无其立,而世无其主:既无立足之地,也没有能够理解、接纳其主张的国君。　⑥以序终始,追治去事,以正来世:所言指孔子作《春秋》之事。序终始,即次序鲁隐公至鲁哀公十二公之事。以正来世,言《春秋》一书的目的。　⑦按纪图录:图录,指谶纬之书。把汉代兴起的谶纬之风追溯至孔子,是汉人的附会,但汉初人就是这样认为的。　⑧《六艺》:此处指《诗》、《书》、《礼》、《乐》、《易》、《春秋》六经。　⑨科第相序:王利器注曰,科第谓依科考校,第其高下,使之相序,如甲科、乙科是也。

夫人之好色,非脂粉所能饰①;大怒之威,非气力所能行也。圣人乘天威②,合天气,承天功,象天容③,而不与为功④,岂不难哉?夫酒池可以运舟,糟丘可以远望⑤,岂贫于财哉?统四海之权,主九州之众,岂弱于武力哉?然功不能自存,而威不能自守,非贫弱也,乃道德不存乎身,仁义不加于下也。⑥

[注释]①夫人之好色,非脂粉所能饰:人的美好容貌,不是靠粉黛所能装扮出来的,言事物出自自然。好色,美好的容颜。 ②圣人乘天威:圣人是敬行天罚的,非个人之私。 ③合天气,承天功,象天容:圣人身秉天地自然之气,承载天的职责,具天之巍峨宏阔之容。《白虎通义·圣人》:"圣人者何?圣者,通也,道也,声也。道无所不通,明无所不照,闻声知情,与天地合德,日月合明,四时合序,鬼神合吉凶。"《白虎通义》对圣人的描述,和陆贾这几句话颇为相通。 ④而不与为功:而不创造出功业。 ⑤酒池可以运舟,糟丘可以远望:喻圣人家业之大。《韩诗外传》:"桀为酒池,可以运舟,糟丘可以望十里。"历史上关于桀、纣都有酒池运舟之传说,以此来描述他们的奢靡生活。但陆贾这里,则是表达圣人以天下为家,家业之广大。糟丘,积糟成丘,极言酿酒之多。 ⑥此段文字,在于强调圣人、国君应重视德义,而不要重财重利。圣人的天下能不能存续,既不在于财力之丰厚,也不在于武力之强大,仅在于是否持守道德,施行仁义。

故察于利而惛于道者,众之所谋①也;果于力而寡于义者,兵之所图②也。君子笃于义③而薄于利,敏于行而慎于言④,所□□□广功德也。故曰:"不义而富且贵,于我如浮云⑤。"

[注释]①众之所谋:为众人所图谋。谋,图谋,觊觎。 ②兵之所图:成为被武力推翻的对象。图,图谋。 ③笃于义:重于义,专注于行义。笃,忠实,一心一意。 ④敏于行而慎于言:勤勉做事,谨慎言辞。语出《论语·学而》篇,子曰:"君子食无求饱,居无求安,敏于事而慎于言,就有道而正焉,可

谓好学也已。"敏,疾,敏捷,勤勉。 ⑤不义而富且贵,于我如浮云:用不正当手段得来的富贵,在我看来就如过眼烟云一样。语出《论语·述而》篇,子曰:"饭疏食,饮水,曲肱而枕之,乐亦在其中矣。不义而富且贵,于我如浮云。"

夫怀璧玉,要①环佩,服名宝,藏珍怪,玉斗酌酒,金罍②刻镂,所以夸③小人之目者也;高台百仞,金城文画,所以疲百姓之力者也。故圣人卑宫室④而高道德,恶衣服⑤而勤仁义,不损其行,以好其容,不亏其德,以饰其身,国不兴不事之功⑥,家不藏不用之器,所以稀力役而省贡献⑦也。璧玉珠玑,不御于上,则玩好之物弃于下;雕琢刻画之类,不纳于君,则淫伎曲巧绝于下⑧。夫释农桑之事,入山海,采珠玑,捕豹翠,消觔力⑨,散布泉⑩,以极耳目之好,快淫佚之心,岂不谬哉?

[注释]①要(yāo):同"腰"。 ②罍(léi):一种盛酒的容器。盥洗用的器皿。 ③夸:夸饰,炫耀。 ④卑宫室:居住的宫室很简陋。 ⑤恶衣服:穿的衣服很破旧。 ⑥国不兴不事之功:国家不动用民力做没有实际意义的事情。 ⑦稀力役而省贡献:减少劳役征伐,减免贡奉的征纳。贡献:贡品,进奉,进贡。 ⑧璧玉珠玑,不御于上……则淫伎曲巧绝于下:此句言上行下效之理,要求国君在上位者要做出表率,亦即孔子"君子之德风,小人之德草"的教化之道。 ⑨觔(jīn)力:筋骨之力。 ⑩布泉:指钱财、货财。

明 诚 第 十 一

君明于德,可以及于远;臣笃于义,可以至于大。何以言之?昔汤以七十里之封,升帝王之位;周公自立三公之官①，比德于五帝三王；斯乃口出善言，身行善道之所致也。故安危之要，吉凶之符，一出于身②；存亡之道，成败之事，一起于善行；尧、舜不易日月而兴，桀、纣不易星辰而亡③，天道不改而人道易也。

[注释]①周公自立三公之官：周公，姬姓，名旦，亦称叔旦，西周时期的政治家、军事家、思想家。周公是周文王的第四子，周武王的同母弟，周成王的叔父。因采邑在周，称为周公。西周以太师、太傅、太保为三公，周公是太傅，为三公之一。　②安危之要，吉凶之符，一出于身：君王的安危、吉凶，一切都由自身的行为来决定。　③尧、舜不易日月而兴，桀、纣不易星辰而亡：言圣王之兴，暴君之亡，都与天道自然的变化无关，一切取决于君主自身的道德修行。此处是陆贾吸收了荀子的"天论"思想。《荀子·天论》篇曰："天行有常，不为尧存，不为桀亡。""治乱天邪？曰：日月星辰瑞历，是禹、桀之所同也，禹以治，桀以乱，治乱非天也。"

夫持天地之政，操四海之纲，屈申不可以失法①，动作不可以离度，谬误出口，则乱及万里之外，何况刑无罪于狱，而诛无辜于市②乎？

[注释]①屈申不可以失法：处理问题的权衡或进退，一切都要以法的原则为准绳。屈申，即屈伸，进退或权衡之意。　②刑无罪于狱，而诛无辜于市：加刑于无罪之人，杀戮无辜之民。极言严刑重罚、滥杀无辜的暴虐政治。

故世衰道失①，非天之所为也，乃君国者有以取之也。恶政生恶气，恶气生灾异。蝥虫之类，随气而生；虹蜺②之属，因政而见。治道失于下，则天文变于上；恶政流于民，则蝥虫生于野。贤君智则知随变而改，缘类而试思之，于□□□变。圣人之理，恩及昆虫，泽及草木，乘天气而生，随寒暑而动者③,莫不延颈而望治,倾耳而听化。圣人察物,无所遗失,上及日月星辰,下至鸟兽草木昆虫,□□□鹢之退飞,治五石之所陨④,所以不失纤微。至于鸲鹆来,冬多麋⑤,言鸟兽之类□□□也。十有二月陨霜不煞菽⑥,言寒暑之气,失其节也。鸟兽草木尚欲各得其所,纲之以法,纪之以数,而况于人乎？

[注释]①世衰道失：世道衰微,道德沦丧。 ②虹蜺：为雨后或日出、日没之际天空中所现的七色圆弧。通常以虹蜺色彩艳丽,比喻人的才华藻绘；也有以虹蜺为二气不正之交,象征淫奔、作乱。此处当作不正之气理解。③随寒暑而动者：随四时变化而动者,指自然万物。 ④□□□鹢之退飞,治五石之所陨：鹢鸟退飞,天石陨落,都是反常现象,有不祥之兆,虽纤微小事,也应重视。事见《穀梁传·僖公十六年》："十有六年春,王正月戊申朔,陨石于宋五……是月,六鹢退飞过宋都……君子之于物,无所苟而已。石鹢且犹尽其辞,而况于人乎？故五石六鹢之辞不设,则王道不亢矣。"鹢(yì),同"鶂",一种似鹭的水鸟。 ⑤鸲鹆来,冬多麋：鹦鹉来中国,冬天见麋鹿。《穀梁传·昭公二十五年》："有鸲鹆来巢。一有一亡曰有。来者,来中国也。鸲鹆穴者而曰巢,或曰：增之也。"鸲鹆(qú yù),鹦鹉。《穀梁传·庄公十七年》："冬,多麋。"麋(mí),麋鹿,一种珍贵的稀有兽类。 ⑥十有二月陨霜不煞菽：腊月里的霜冻冻不坏菽粟,谓事象反常。事见《穀梁传·僖公三十三年》："十有二月……陨霜不杀草。"

圣人承天之明,正日月之行,录星辰之度,因天地之利,等高下之宜,设山川之便,平四海,分九州,同好恶,一风俗。《易》曰："天垂象,见吉凶,圣人则之；天出善道,圣人得之①。"言御占图历之变②,下衰风化之失③,以匡盛衰,纪物定世,后无不可行之政,无不可治之民,故曰："则天之明④,因地之利。"观天之化,推演万事之类,散之于

□□之间,调之以寒暑之节,养之以四时之气,同之以风雨之化,故绝国异俗⑤,莫不知□□□,乐则歌,哀则哭,盖圣人之教所齐一也。

[注释]①天垂象……圣人得之:语出《周易·系辞传上》:"是故天生神物,圣人则之;天地变化,圣人效之;天垂象,见吉凶,圣人象之;河出图,洛出书,圣人则之。" ②御占图历之变:治理、占验图纬、历象的变化。御,治理。占,占验。图,图纬,或曰河图。历,录历,历法。 ③衰风化之失:挽救道德风化的衰败。衰,弱化,减弱,挽救。 ④则天之明:效法天的明德。则天,法天。 ⑤绝国异俗:地处偏远的国家和不同的风俗习惯。绝国,地处远绝、偏远之地的国家。

夫善道存乎心,无远而不至①也;恶行著乎己,无近而不去②也。周公躬行礼义,郊祀后稷③,越裳奉贡④而至,麟凤白雉草泽而应⑤。殷纣无道,微子弃骨肉而亡⑥。行善者则百姓悦,行恶者则子孙怨。是以明者可以致远,否者可以失近。故《春秋》书卫侯之弟鱄出奔晋⑦,书鱄绝骨肉之亲,弃大夫之位,越先人之境,附他人之域⑧,穷涉寒饥,织履而食,不明之效也。

[注释]①善道存乎心,无远而不至:心存善道,地处偏远的人也会自愿归顺,不期而至。 ②恶行著乎己,无近而不去:行为邪恶,身旁之人也会纷纷离去。 ③郊祀后稷:在行郊祀大礼时以先祖后稷配天。后稷,周之先祖,前文有注。郊祀,郊外祭祀天地,南郊祭天,北郊祭地。 ④越裳奉贡:越裳以三象重译前来奉贡,前文有注。 ⑤麟凤白雉草泽而应:麟,麒麟,古代传说中的一种动物。形状像鹿,头上有角,全身有鳞甲,尾像牛尾。古人以麒麟为仁兽、瑞兽,拿它象征祥瑞。凤,凤凰,古代传说中的百鸟之王。雄的叫凤,雌的叫凰。通称为凤或凤凰。羽毛五色,声如箫乐,常用来象征瑞应。白雉,白色羽毛的野鸡,古人以为瑞鸟。草泽,低洼积水野草丛生的地带,亦指王城周

围的郊野之地。麟凤白雉草泽而应,极言周公躬行礼义,致使周王朝的郊野之地,都出现了各种吉祥的兽类禽鸟麇集应和。　⑥微子弃骨肉而亡:微子启不满于殷纣王的无道而逃离商朝的故事。微子,商王帝乙的长子,纣王的庶兄,殷纣王荒淫无道,穷奢极欲,暴虐嗜杀,导致众叛亲离,国势日衰。微子屡谏,不被采纳,乃惧祸出走。武王伐纣的时候,他袒露上身,双手捆缚于背后,跪地膝进,向武王请罪,乞降。周公旦平定管蔡武庚叛乱后,成王封微子于商族发祥地商丘,以示不绝殷商之祀,国号为宋,爵位为公,准用天子礼乐祭祀祖先,遂为周朝宋国的第一代国君。　⑦《春秋》书卫侯之弟鱄(zhuān)出奔晋:《春秋》记载了卫侯之弟鱄因不满于卫侯的专权而离卫奔晋终身不仕的故事。《春秋》经记曰:"卫侯之弟鱄出奔晋。"《穀梁传·襄公二十七年》载:"卫侯之弟专出奔晋……织绚邯郸,终身不言卫。专之去,合乎春秋。"传说鱄出走,献公使人留之,鱄不从。行及河上,献公复使大夫齐恶驰驿追及之,齐恶说明卫侯之意,必要子鱄回国,子鱄取活雉一只,当齐恶前,拔佩刀刴落雉头,发誓曰:"鱄及妻子,今后再履卫地,食卫粟,有如此雉!"齐恶知不可强,只得自回。子鱄遂奔晋国,隐于邯郸,与家人织屦易粟而食,终身不言一个"卫"字。　⑧越先人之境,附他人之域:逃离祖先居住的国土,寄居于他国之地。

思务第十二

夫长于变者,不可穷以诈①。通于道者,不可惊以怪②。审于辞者,不可惑以言。达于义者,不可动以利。是以君子博思而广听,进退顺法,动作合度③,闻见欲众,而采择欲谨,学问欲博而行己欲敦,见邪而知其直,见华而知其实,目不淫于炫耀之色,耳不乱于阿谀之词④,虽利之以齐、鲁之富而志不移,谈之以王乔、赤松之寿⑤,而行不易,然后能壹其道而定其操⑥,致其事而立其功也。

[注释]①长于变者,不可穷以诈:善于权变的人,不去深究做事的手段。穷,推究事物之理到极点。诈,欺骗,用手段诓骗。 ②通于道者,不可惊以怪:深明大道的人,不去追求怪异之事。 ③进退顺法,动作合度:进退取舍依据事物的法则,动作行为以适度为宜。 ④不乱于阿谀之词:不迷惑于阿谀奉承之谄媚之言。 ⑤王乔、赤松之寿:汉初传说的长寿不死、神仙类人物。《淮南子·泰族训》云:"王乔、赤松,去尘埃之间,离群慝之纷,吸阴阳之和,食天地之精,呼而出故,吸而入新,踌虚轻举,乘云游雾,可谓养性矣,而未可谓孝子也。"《论衡·无形》篇:"称赤松、王乔好道为仙,度世不死,是又虚也。" ⑥壹其道而定其操:坚持道而守其操,不受外界之诱惑,不随意改变自己的志向和行为。壹,专一。

凡人则不然,目放于富贵之荣,耳乱于不死之道,故多弃其所长而求其所短,不得其所无而失其所有。是以吴王夫差知艾陵之可以取胜,而不知槜李可以破亡①也。故事或见一利而丧万机,取一福而致百祸②。夫学者通于神灵之变化,晓于天地之开阖③,□□□弛张,性命之短长,富贵之所在,贫贱之所亡,则手足不劳④而耳目不乱,思虑不谬,计策不误,上诀是非于天文,其次定狐疑⑤于世务,废兴有所据,转移有所守,故道□□□□事可法也。

[注释]①吴王夫差知艾陵之可以取胜,而不知槜李可以破亡:标志吴国主动出击而一胜一败结果迥异的两次战役。吴王夫差,春秋时期吴国末代国君,阖闾之子,公元前495年~前473年在位。艾陵之战,是吴国兴盛、问鼎中原的一次重要战役,此役吴国打败齐国,全歼十万齐军。《吕氏春秋·知化》篇:"夫差兴师伐齐,战于艾陵,大败齐师。"槜李之役,《左传·定公十四年》记其事曰:"吴伐越。越子句践御之,陈于槜李。句践患吴之整也,使死士再禽焉,不动。使罪人三行,属剑于颈,而辞曰:'二君有治,臣奸旗鼓,不敏于君之行前,不敢逃刑,敢归死。'遂自刭也。师属之目,越子因而伐之,大败之。

灵姑浮以戈击阖庐,阖庐伤将指,取其一屦。还,卒于陉,去檇李七里。夫差使人立于庭,苟出入,必谓己曰:'夫差!而忘越王之杀而父乎?'则对曰:'唯,不敢忘!'三年,乃报越。"檇李之役也是吴国主动用兵的战役,却败于越兵,并且吴王阖庐因此役而丧命。　②故事或见一利而丧万机,取一福而致百祸:以往的历史上,有很多因一次获利而丧失众多好的机会、因争取一次享受反招致百般祸端的例子。故事,旧事,先例。　③开阖:一开一闭,开启与闭合。　④手足不劳:有一定之见,不随意做事。　⑤狐疑:狐性多疑,犹豫不决。

昔舜、禹因盛而治世,孔子承衰而作功,圣人不空出,贤者不虚生①,□□□□□□而归于善,斯乃天地之法而制其事②,则世之便而设其义③。故圣人不必同道④,□□□□□□,好者不必同色而皆美,丑者不必同状而皆恶,天地之数,斯命之象也。日□□□□□□□□八宿并列,各有所主,万端异路,千法异形,圣人因其势而调之,使小大不得相逾,方圆不得相干,分之以度,纪之以节,星不昼见,日不夜照,雷不冬发,霜不夏降。臣不凌君,则阴不□□阳,盛夏不暑,隆冬不霜,黑气苞日⑤,彗星扬□□,虹蜺冬见,蛰虫夏藏,荧惑乱宿⑥,众星失行。圣人因变而立功,由异而致太平,尧、舜承蚩尤之失,而思钦明之道⑦,君子见恶于外,则知变于内⑧矣。桀、纣不暴,则汤、武不仁⑨,才感于众非者而改之,□□□□□□乱之于朝廷,而匹夫治之于闺门。是以接舆、老莱⑩所以避世于穷□□□□而远其尊也。君子行之于幽间,小人厉之于士众⑪。老子曰:"上德不德⑫。"□□□□□□虚也。

[注释]①圣人不空出,贤者不虚生:圣人、贤者不择时而生,不论生于何时,都会建立他的功业。　②斯乃天地之法而制其事:他们乃是因天地之法

而应时做事,根据时代的具体情况而建立功业。天地之法,可以理解为法天地。　③则世之便而设其义:依据世事的变化而设立规则。则,效法,依据。

④圣人不必同道:圣人不一定要走相同的道路,不一定要用同样的办法去治理社会。《孟子·万章》篇:"圣人之行不同也,或远或近,或去或不去,归洁其身而已矣。"　⑤黑气苞日:日食之类怪异之天象。　⑥荧惑乱宿:火星的运行扰乱了星宿的位置。荧惑,古指火星。因隐现不定,令人迷惑,故名。宿(xiù),星宿,星座。　⑦思钦明之道:思考治理社会的法典和礼仪规则。王利器注引唐晏曰:"按《尚书·尧典》:'钦哉钦哉,惟刑之恤哉!'《吕刑》篇曰:'蚩尤惟始作乱,惟作五虐之刑。'则是尧于刑之钦者,正有鉴于蚩尤之虐也。"王利器案:《尧典》:"钦明文思安安。"《释文》引马云:"威仪表备谓之钦,照临四方谓之明,经纬天地谓之文,道德纯备谓之思。"　⑧君子见恶于外,则知变于内:君子看到别人不善的行为,便知道如何警戒于己。此句和《论语·里仁》篇中,子曰"见贤思齐焉,见不贤而内自省也"是同一个道理。　⑨桀、纣不暴,则汤、武不仁:没有桀、纣的暴虐作为鉴戒,也不会产生汤、武之仁。
⑩接舆、老莱:春秋晚期的著名隐士。《论语·微子》篇:"楚狂接舆歌而过孔子。"《集解》:"孔曰:'接舆,楚人。'"邢昺疏曰:"接舆,楚人,姓陆名通,字接舆也。昭王时,政令无常,乃被发佯狂不仕,时人谓之楚狂也。"老莱,老莱子,孔子同时代人。司马迁《史记》中认为老莱子就是道家的鼻祖老子。《史记·老子韩非列传》载:"老子者,楚苦县厉乡曲仁里人也,姓李氏,名耳,字聃,周守藏室之史也。""老子修道德,其学以自隐无名为务。居周久之,见周之衰,乃遂去。至关,关令尹喜曰:'子将隐矣,强为我著书。'于是老子乃著书上下篇,言道德之意五千余言而去,莫知其所终。""或曰:老莱子亦楚人也,著书十五篇,言道家之用,与孔子同时云。""盖老子百有六十余岁,或言二百余岁,以其修道而养寿也。"　⑪君子行之于幽间,小人厉之于士众:君子处无为之境,沉静而安闲;小人做事锋芒毕露,喧哗于人前。　⑫上德不德:《老子》第三十八章:"上德不德,是以有德;下德不失德,是以无德。上德无为而无以为,下德无为而有以为。"

夫口诵圣人之言,身学贤者之行,久而不弊,劳而不废,虽未为君□□□□□□已。孔子曰:"行夏之时,乘殷之辂,服周之冕,乐则《韶》舞,放郑声,远佞人①。"□□□道而行之于世,虽非尧、舜之君,则亦尧、舜也。今之为君者则不然,治不以五帝之术,则曰今之世不可以道德治也。为臣者不思稷、契②,则曰今之民不可以仁义正也。为子者不执曾、闵③之质,朝夕不休,而曰家人不和也。学者不操回、赐之精④,昼夜不懈,而曰世所不行也。自人君至于庶人,未有不法圣道而为贤者也。《易》曰:"丰其屋,蔀其家,窥其户,阒其无人⑤。"无人者,非无人也,言无圣贤以治之耳。

[注释]①行夏之时,乘殷之辂……远佞人:此段话见于《论语·卫灵公》篇:"颜渊问为邦。子曰:'行夏之时,乘殷之辂,服周之冕,乐则《韶》舞。放郑声,远佞人,郑声淫,佞人殆。'"孔子认为,治理好国家,应该用夏代的历法,坐殷代的车子,戴周代的帽子,演奏《韶》乐和《舞》乐。禁止郑国的乐曲,疏远谄媚的小人。郑乐淫荡,小人危险。 ②稷、契:稷,传说中尧舜时代掌管农业的大臣后稷。契,舜时的大臣。前文有注。 ③曾、闵:曾参、闵子骞,以孝行名,前文有注。 ④回、赐:颜回和子贡,孔子的得意弟子。颜回,颜氏,名回,字子渊,春秋末鲁国人。十四岁拜孔子为师,终生事之。在孔门弟子中,以德行著称,学问最精,是孔门十哲之一。《论语·雍也》篇,子曰:"贤哉回也!一箪食,一瓢饮,在陋巷,人不堪其忧,回也不改其乐。贤哉,回也!"在孔门弟子中,颜渊得到孔子的称赞最多。子贡,复姓端木,名赐,字子贡。春秋末年卫国人。孔子的得意门生,孔门十哲之一。孔子曾称其为"瑚琏之器",在孔门弟子中以言语闻名。 ⑤丰其屋,蔀其家,窥其户,阒其无人:《周易》"丰卦"爻辞。丰其屋,宽大的房子。蔀(bù),搭棚用的席子;蔀其家,遮蔽其家园。窥其户,窥视其门户。阒(qù),形容寂静;阒其无人,寂静无人。

故仁者在位而仁人来,义者在朝而义士至。是以墨子之门多勇士①,仲尼之门多道德②,文王之朝多贤良,秦王之庭多不详③。故善者必有所主而至,恶者必有所因而来。夫善恶不空作,祸福不滥生④,唯心之所向,志之所行而已矣。

[注释]①墨子之门多勇士:墨子,名翟(dí),战国时期著名思想家,墨家学派的创始人。墨子创立墨家学说,并有《墨子》一书传世。墨家思想的主要内容有兼爱、非攻、尚贤、尚同、节用、节葬、非乐、天志、明鬼、非命等项,以兼爱为核心,以节用、尚贤为支点。墨家是一个有着严密组织和严密纪律的团体,最高领袖被称为"巨子",墨家的成员都称为"墨者",必须服从"巨子"的指导,听从指挥,可以"赴汤蹈火,死不旋踵"。墨子广收门徒,亲信弟子达到数百人之多,形成了声势浩大的墨家学派。墨家尚义,其成员都被其"义"组织起来并有赴死的勇气,所以有墨子之门多勇士之说。 ②仲尼之门多道德:孔子创立的儒家学说,是一种社会伦理思想,因此重视心性道德修养是其基本学理。此处之道德非老子《道德经》之"道德"。 ③秦王之庭多不详:言秦国重法,以严刑重罚治国,多不祥之气。详,通"祥"。 ④善恶不空作,祸福不滥生:善事恶行都发端于人的心性修养,并非凭空而来;灾祸福禄都是人自己作为的结果,并非没有来由。

附录一

《史记·郦生陆贾列传》"陆贾传"部分

陆贾者,楚人也。以客从高祖定天下,名为有口辩士,居左右,常使诸侯。

及高祖时,中国初定,尉他平南越,因王之。高祖使陆贾赐尉他印为南越王。陆生至,尉他魋结箕倨见陆生。陆生因进说他曰:"足下中国人,亲戚昆弟坟墓在真定。今足下反天性,弃冠带,欲以区区之越与天子抗衡为敌国,祸且及身矣。且夫秦失其政,诸侯豪桀并起,唯汉王先入关,据咸阳。项羽倍约,自立为西楚霸王,诸侯皆属,可谓至强。然汉王起巴、蜀,鞭笞天下,劫略诸侯,遂诛项羽灭之。五年之间,海内平定,此非人力,天之所建也。天子闻君王王南越,不助天下诛暴逆,将相欲移兵而诛王,天子怜百姓新劳苦,故且休之,遣使臣授君王印,剖符通使。君王宜郊迎,北面称臣,乃欲以新造未集之越,屈强于此。汉诚闻之,掘烧王先人冢,夷灭宗族,使一偏将将十万众临越,则越杀王降汉,如反覆手耳。"

于是尉他乃蹶然起坐,谢陆生曰:"居蛮夷中久,殊失礼义。"因问陆生曰:"我孰与萧何、曹参、韩信贤?"陆生曰:"王似贤。"复曰:

"我孰与皇帝贤?"陆生曰:"皇帝起丰、沛,讨暴秦,诛强楚,为天下兴利除害,继五帝、三王之业,统理中国。中国之人以亿计,地方万里,居天下之膏腴,人众车舆,万物殷富,政由一家,自天地剖泮未始有也。今王众不过数十万,皆蛮、夷,崎岖山海间,譬若汉一郡,王何乃比于汉!"尉他大笑曰:"吾不起中国,故王此。使我居中国,何渠不若汉?"乃大说陆生,留与饮数月。曰:"越中无足与语,至生来,令我日闻所不闻。"赐陆生橐中装直千金,他送亦千金。陆生卒拜尉他为南越王,令称臣奉汉约。归报,高祖大悦,拜贾为太中大夫。

陆生时时前说称《诗》、《书》。高帝骂之曰:"乃公居马上而得之,安事《诗》、《书》!"陆生曰;"居马上得之,宁可以马上治之乎?且汤、武逆取而以顺守之,文武并用,长久之术也。昔者吴王夫差、智伯极武而亡;秦任刑法不变,卒灭赵氏。乡使秦已并天下,行仁义,法先圣,陛下安得而有之?"高帝不怿而有惭色,乃谓陆生曰:"试为我著秦所以失天下,吾所以得之者何,及古成败之国。"陆生乃粗述存亡之征,凡著十二篇。每奏一篇,高帝未尝不称善,左右呼万岁,号其书曰《新语》。

孝惠帝时,吕太后用事,欲王诸吕,畏大臣有口者,陆生自度不能争之,乃病免家居。以好畤田地善,可以家焉。有五男,乃出所使越得橐中装卖千金,分其子,子二百金,令为生产。陆生常安车驷马,从歌舞鼓琴瑟侍者十人,宝剑直百金,谓其子曰:"与汝约:过汝,汝给吾人马酒食,极欲,十日而更。所死家,得宝剑车骑侍从者。一岁中往来过他客,率不过再三过,数见不鲜,无久慁公为也。"

吕太后时,王诸吕,诸吕擅权,欲劫少主,危刘氏。右丞相陈平患之,力不能争,恐祸及己,常燕居深念。陆生往请,直入坐,而陈丞相方深念,不时见陆生。陆生曰:"何念之深也?"陈平曰:"生揣我何念？"陆生曰："足下位为上相，食三万户侯，可谓极富贵无欲矣。然有忧念，不过患诸吕、少主耳。"陈平曰："然。为之奈何？"陆生曰："天下安，注意相；天下危，注意将。将相和调，则士务附；士务附，天下虽有变，即权不分。为社稷计，在两君掌握耳。臣常欲谓太尉绛侯，绛侯与我戏，易吾言。君何不交欢太尉，深相结？"为陈平画吕氏数事。陈平用其计，乃以五百金为绛侯寿，厚具乐饮；太尉亦报如之。此两人深相结，则吕氏谋益衰。陈平乃以奴婢百人，车马五十乘，钱五百万，遗陆生为饮食费。陆生以此游汉廷公卿间，名声藉甚。

及诛诸吕，立孝文帝，陆生颇有力焉。孝文帝即位，欲使人之南越。陈丞相等乃言陆生为太中大夫，往使尉他，令尉他去黄屋、称制，令比诸侯，皆如意旨。语在《南越》语中。陆生竟以寿终。

太史公曰：世之传郦生书，多曰汉王已拔三秦，东击项籍而引军于巩洛之间，郦生被儒衣往说汉王。乃非也。自沛公未入关，与项羽别而至高阳，得郦生兄弟。余读陆生《新语》十二篇，固当世之辩士。至平原君子与余善，是以得具论之。

附录二

《汉书·郦陆朱刘叔孙传》"陆贾传"部分

陆贾,楚人也。以客从高祖定天下,名有口辩,居左右,常使诸侯。

时中国初定,尉佗平南越,因王之。高祖使贾赐佗印为南越王。贾至,尉佗魋结箕踞见贾。贾因说佗曰:"足下中国人,亲戚昆弟坟墓在真定。今足下反天性,弃冠带,欲以区区之越与天子抗衡为敌国,祸且及身矣。夫秦失其正,诸侯豪桀并起,唯汉王先入关,据咸阳。项籍背约,自立为西楚霸王,诸侯皆属,可谓至强矣。然汉王起巴蜀,鞭笞天下,劫诸侯,遂诛项羽。五年之间,海内平定,此非人力,天之所建也。天子闻君王王南越,而不助天下诛暴逆,将相欲移兵而诛王,天子怜百姓新劳苦,且休之,遣臣授君王印,剖符通使。君王宜郊迎,北面称臣,乃欲以新造未集之越屈强于此。汉诚闻之,掘烧君王先人冢墓,夷种宗族,使一偏将将十万众临越,即越杀王降汉,如反覆手耳。"

于是佗乃蹶然起坐,谢贾曰:"居蛮夷中久,殊失礼义。"因问贾曰:"我孰与萧何、曹参、韩信贤?"贾曰:"王似贤也。"复问曰:"我孰与皇帝贤？"贾曰："皇帝起丰沛，讨暴秦，诛强楚，为天下兴利除害，继五帝三王之业，统天下，理中国。中国之人以亿计，地方万里，居天下之膏腴，人众车舆，万物殷富，政由一家，自天地剖判未始有也。今王众不过数万，皆蛮夷，崎岖山海间，譬如汉一郡，王何乃比于汉！"佗大笑曰："吾不起中国，故王此。使我居中国，何遽不若汉？"乃大说贾，留与饮数月。曰："越中无足与语，至生来，令我日闻所不闻。"赐贾橐中装直千金，它送亦千金。贾卒拜佗为南越王，令称臣奉汉约。归报，高帝大说，拜贾为太中大夫。

贾时时前说称《诗》、《书》。高帝骂之曰："乃公居马上得之，安事《诗》、《书》！"贾曰："马上得之，宁可以马上治乎？且汤武逆取而以顺守之，文武并用，长久之术也。昔者吴王夫差、智伯极武而亡；秦任刑法不变，卒灭赵氏。乡使秦以并天下，行仁义，法先圣，陛下安得而有之？"高帝不怿，有惭色，谓贾曰："试为我著秦所以失天下，吾所以得之者，及古成败之国。"贾凡著十二篇。每奏一篇，高帝未尝不称善，左右呼万岁，称其书曰《新语》。

孝惠时，吕太后用事，欲王诸吕，畏大臣及有口者。贾自度不能争之，乃病免。以好畤田地善，往家焉。有五男，乃出所使越橐中装，卖千金，分其子，子二百金，令为生产。贾常乘安车驷马，从歌鼓瑟侍者十人，宝剑直百金，谓其子曰："与女约：过女，女给人马酒食极欲，十日而更。所死家，得宝剑车骑侍从者。一岁中以往来过它客，率不过再过，数击鲜，毋久溷女为也。"

吕太后时，王诸吕，诸吕擅权，欲劫少主，危刘氏。右丞相陈平患之，力不能争，恐祸及己。平常燕居深念。贾往，不请，直入坐，陈平方念，不见贾。贾曰："何念深也？"平曰："生揣我何念？"贾曰："足下位为上相，食三万户侯，可谓极富贵无欲矣。然有忧念，不过患诸吕、少主耳。"陈平曰："然。为之奈何？"贾曰："天下安，注意相；天下危，注意将。将相和，则士豫附；士豫附，天下虽有变，则权不分。权不分,为社稷计,在两君掌握耳。臣常欲谓太尉绛侯,绛侯与我戏,易吾言。君何不交欢太尉,深相结?"为陈平画吕氏数事。平用其计,乃以五百金为绛侯寿,厚具乐饮太尉,太尉亦报如之。两人深相结,吕氏谋益坏。陈平乃以奴婢百人,车马五十乘,钱五百万,遗贾为食饮费。贾以此游汉廷公卿间,名声籍甚。及诛吕氏,立孝文,贾颇有力。

孝文即位,欲使人之南越,丞相平乃言贾为太中大夫,往使尉佗,去黄屋称制,令比诸侯,皆如意指。语在《南越传》。陆生竟以寿终。

赞曰:高祖以征伐定天下,而缙绅之徒骋其知辩,并成大业。语曰:"廊庙之材非一木之枝,帝王之功非一士之略",信哉!刘敬脱鞔辂而建金城之安,叔孙通舍枹鼓而立一王之仪,遇其时也。郦生自匿监门,待主然后出,犹不免鼎镬。朱建始名廉直,既距辟阳,不终其节,亦以丧身。陆贾位止大夫,致仕诸吕,不受忧责,从容平、勃之间,附会将相以强社稷,身名俱荣,其最优乎!

附录三

《四库全书总目提要·新语》(附余嘉锡辨证)

《新语》二卷,旧本题汉陆贾撰。案《汉书·贾本传》称著《新语》十二篇,《汉书·艺文志》儒家《陆贾》二十七篇(案《汉志》实二十三篇,此"七"字误),盖兼他所论述计之。《隋志》则作《新语》二卷。此本卷数与《隋志》合,篇数与《本传》合,似为旧本。然《汉书·司马迁传》称:"迁取《战国策》、《楚汉春秋》、陆贾《新语》作《史记》。"《楚汉春秋》,张守节《正义》犹引之,今佚不可考。《战国策》取九十三事,皆与今本合,惟是书之文,悉不见于《史记》。

《辨证》曰:"嘉锡案:自来目录家皆以《新语》为陆贾所作,相传无异词,至《提要》始创疑其伪,而其所考,至为纰缪,不足为据。如所引《汉书·司马迁传》,考之《汉书》,实无其文,《迁传》终篇,未尝言及陆贾《新语》,其赞中惟言:'司马迁据《左氏》、《国语》,采《世本》、《战国策》,述《楚汉春秋》,接其后事,讫于大汉。'亦无取陆贾《新语》作《史记》之语。惟高似孙《子略》卷三云:'班固称太史公取《战国策》、《楚汉春秋》、陆贾《新语》作《史记》。'此盖似孙误记,而《提要》误信之,未及覆考之

《汉书·本传》也(卷五十一杂史类《战国策提要》后案语引班固语,尚不误)。考《后汉书·班彪传》、《史通·古今正史篇》述《史记》所采书,皆与《迁传赞》同,他书亦无取《新语》作《史记》之说,则是书之文,悉不见于《史记》,固其宜也。"

王充《论衡·本性》篇引陆贾曰:"天地生人也,以礼义之性,人能察己所以受命,则顺;顺谓之道。"今本亦无其文。

《辨证》曰:"案:是书《贾本传》作十二篇,《汉志》儒家《陆贾》二十三篇,《提要》既知为兼他论述计之,则《论衡·本性》篇所称引之语,称'陆贾曰',不称'《新语》曰',自是贾他论述中之文。故严可均《铁桥漫稿》卷五《新语叙》谓:'《本性》篇所引,当在《汉志》二十三篇中。'则今本之无其文,亦不足异。《论衡·书虚》篇引陆贾曰:'离娄之明,不能察帷薄之内,师旷之聪,不能闻百里之外。'其文亦不见于今本。又《薄葬》篇云:'圣贤之业,皆以薄葬省用为务。然而世尚厚葬,有奢泰之失者,儒家论不明,墨家议之非故也。墨家之议右鬼,以为人死辄为神鬼而有知,能形而害人,故引杜伯之类以为效验。儒者不从,以为死人无知,不能为鬼;然而赙祭备物者,示不负死以观生也。陆贾依儒而说,故其立语,不肯明处。'今《新语》无论鬼神之语,此亦引贾他著述也。《西京杂记》卷三曰:'樊将军哙问于陆贾曰:自古人君皆云受命于天,云有瑞应,岂有是乎?陆贾应之曰:有。夫目瞤得酒食,灯火花得钱财,乾鹊噪而行人至,蜘蛛集而百事喜。小既有征,大亦宜然。故目瞤则咒之,灯火花则拜之,乾鹊噪则倭之,蜘蛛集则放之;况天下大宝,人君重位,非天命何以得之哉?瑞者,宝也,信也。天以宝为信,应人之德,故曰瑞应。无天命,无宝信,不可以力取也。'《太平广记》卷一百三十五引殷芸《小说》略同。《西京杂记》乃晋葛洪杂抄诸书为之,说详彼书条下,此所记陆贾之语,以意度之,必出于《陆贾》二十三篇之中,盖就《论衡》所引观之,知贾喜论性命鬼神之事;此条之论瑞应,与书之宗旨体裁,正复相合也。贾所著书,除《新论》外,其可考者如此,《提要》及严氏仅引《本性》篇一条,盖犹考之未详矣。"

又《穀梁传》至汉武帝时始出,而《道基》篇末乃引《穀梁传》曰,时代尤相抵牾。其殆后人依讬,非贾原本欤?

《辨证》曰:"案《穀梁传》出世时代,《御览》卷六百十引桓谭《新论》云:'《左氏》传世后百余年,鲁穀梁赤为《春秋》,残略多所遗失。又有齐人公羊高,缘经作传,弥失其本事矣。'《礼记·王制》天子诸侯无事则岁三田章,《疏》引郑玄云:'穀梁近孔子,公羊正当六国之亡。'(此郑《释废疾》之文)《汉书·儒林传》云:'汉兴,高祖过鲁,申公以弟子从师入见于鲁南宫,申公卒以《诗》、《春秋》授,而瑕丘江公尽能传之。'又云:'瑕丘江公受《穀梁春秋》及《诗》于鲁申公。'并无《穀梁传》至武帝时始出之说。《提要》之意,盖以瑕丘江公受《穀梁春秋》于鲁申公,申公之学,惟江公尽能传之,申公至武帝时年八十余乃卒,而江公在武帝时与董仲舒并(以上并见《儒林传》),因谓《穀梁传》至是始出,为贾所不及见;不知申公为浮邱伯弟子,其《穀梁春秋》之学,自当是受之于伯,高祖过鲁,申公以弟子从师入见,师盖即浮邱伯,其时贾方以客从高祖定天下,居左右;吕太后时,浮邱伯在长安,楚元王遣子郢客与申公俱卒业(见《楚元王传》及《儒林传》),贾亦方为陈平画与绛侯交欢之策(均见《贾传》),是贾与浮邱伯正同时人,又同处一地,何为不可以见《穀梁春秋》乎?《新语·资质》篇云:'鲍丘之德行,非不高于李斯、赵高也,然伏隐蒿庐之下,而不录于世,利口之臣害之也。'《盐铁论·毁学》篇云:'李斯与包邱子俱事荀卿,包邱子不免于瓮牖蒿庐。'又云:'方李斯之相秦也,始皇任之,人臣无二，而荀卿为之不食，睹其雁不测之祸也。包邱子饭麻蓬藜，修道白屋之下，乐其志，安之于广厦刍豢，无赫赫之势，亦无戚戚之忧。'与《新语》所言鲍丘、李斯之事合，饭麻蓬藜修道白屋之下，即所谓伏隐蒿庐之下，包邱即鲍邱，古字通用。（《文苑英华》卷八百五顾况《华亭县令包公壁记》云："鲍靓通灵之士，秦有包邱，汉有包咸。"是唐人尚以鲍邱与包邱为一姓也）包又与浮通，《左氏》隐八年《经》浮来，《榖梁》作包来，是其证。鲍邱子即浮邱伯，（汪中《荀卿子通论》、顾千里《盐铁论考证·后序》、沈钦韩《汉书疏证》卷二十七，均谓包邱子即浮邱伯，今参用其意，更详加考证如此。），浮邱伯为孙卿门人，见《楚元王交传》。贾著《新语》，在申公卒业之前，浮邱尚未甚老，贾之年辈当亦与相上下，而贾极口称之，形于奏进之篇，其意盖欲以此当荐书，则其学出于浮邱伯，尤有明征。《榖梁传序疏》云：'榖梁子名俶，字元始，鲁人，一名赤。受《经》于子夏，为《经》作《传》，传孙卿，孙卿传鲁人申公，申公传博士江翁。'阎若璩《古文尚书疏证》卷四云：'申公受《诗》浮邱伯，伯，荀卿门人，申于《诗》为再传，何独于《春秋》而亲受业乎？且申至武帝初年八十余，计其生当在秦初并天下日，荀卒已久，《疏》凡此等，俱悠谬不胜辨。'沈钦韩《汉书疏证》卷三十四云：'案申公之年，不能逮事荀卿，而其师浮邱伯也，盖荀卿传浮邱伯，浮邱伯传申公。'其说是也。浮邱伯以《诗》及《榖梁》传授弟子，贾与之同时，敬其德行，安知其不从之问《春秋》大义，如司马迁之问故于孔安国耶？特贾非专门名家，故《儒林传》不列其名耳。则其引《榖梁传》，曾何足异乎？（刘歆《移太常博士书》所云：'汉兴，天下惟有《易》、卜。至文帝时，《诗》始萌芽。至武帝，然后邹、鲁、梁、赵，颇有《诗》、《礼》、《春秋》先师'者，特谓文、景以前诸儒，皆孤《经》传授，至武帝时，邹、鲁、梁、赵,皆有先师,其传始广耳。考之《汉书·楚元王传》:'交与申公受《诗》浮邱伯,伯者,孙卿门人也,及秦焚书,各别去,元王至楚,高后时,浮邱伯在长安,元王遣子郢客与申公俱卒业。'又《儒林传》云:'汉兴,言《易》,自淄川田生;言《书》,自济南伏生;言《诗》,于鲁则申培公,于齐,则辕固生,燕,则韩太傅;言《礼》,则鲁高堂生;言《春秋》,于齐,则胡毋生,于赵,则董仲舒。'又云:'汉兴,高堂生传《士礼》十七篇,而鲁徐生善为颂。孝文时,徐生以颂为礼官大夫。胡毋生治《公羊春秋》,为景帝博士。汉兴,北平侯张苍及梁太傅贾谊皆修《春秋左氏传》。'是则《诗》之萌芽,早在高后之时,而《礼》与《春秋》,自汉兴已有先师矣,安得执刘歆之言,谓《穀梁传》至武帝时始出乎?)《辨惑》篇引鲁定公与齐侯会于夹谷事,与《穀梁传》略同,而其词加详。《公羊》既无其事,《左传》所载复不同,知其用《穀梁》义也。'两君升坛,两相处下,而相欲揖',《传》作'两君就坛,两相相揖','夷狄之民何求为',《传》作'夷狄之民何来为','使优旃僬于鲁公之幕下',《传》作'使优施舞于鲁君之幕下',可以考见古今《传》文之异。《至德》篇云:'鲁庄公一年之中,以三时兴筑作之役,(案谓三十一年春筑台于郎,夏筑台于薛,秋筑台于秦也。)规固山林草泽之利,与民争田渔薪菜之饶,刻桷丹楹,眩曜靡丽,收十二之税,不足以供回邪之欲,膳不用之好,以快("快"字原缺,据《治要》补。)妇人之目,财尽于骄盈,人力罢于不急,上困于用,下饥于食,乃遣臧孙辰请(原缺二字)于齐,仓廪空匮,外人知之,于是为宋、陈、卫所伐。'考《穀梁》庄二十八年冬筑微《传》云:'山林薮泽之利,所以与民共也,虞之,非正也。'臧孙辰告籴于齐《传》云:'国无三年之畜,曰国非其国也。古者税什一,丰年补败,不外求而上下足也。虽累凶年,民弗病也。一年不艾,而百饥,君子非之。'三十一年秋筑台于秦《传》云：'不正，罢民三时，虞山林薮泽之利，且财尽则怨，力尽则怼，君子危之，故谨而志之也。'贾说全出于此。所谓规固山林草泽之利，与民争田渔薪菜之饶者，《左氏》、《公羊》皆无此事，知贾为用《穀梁》师说也。《明诚》篇云：'圣人察物，无所遗失，上及日月星辰，下至鸟兽草木昆虫（原缺三字），鹢之退飞，治五石之所陨，所以不失纤微。至于鹳鹆来，冬多麋，言鸟兽之类（原缺三字）也。十有二月李梅实，十月殒霜不杀菽，言寒暑之气失其节也。鸟兽草木尚欲各得其所，纲之以法，纪之以数，而况于人乎？'案《穀梁》僖十六年六鹢退飞过宋都《传》云：'子曰：石，无知之物；鹢，微有知之物。石无知，故日之。鹢微有知之物，故月之。君子之于物，无所苟而已。石、鹢犹且尽其辞，而况于人呼？故五石、六鹢之辞不设，则王道不亢矣。'（范宁注云："不遗细微，故王道可举。"）此亦《左氏》、《公羊》所未言，知贾说本于此也。以此数条推之，知全书所言春秋时事，皆用《穀梁》家法，又不独《道基》篇所引一条而已。（近人刘师培《左庵集》卷二《春秋三传先后考》云："周季汉初之儒，凡治《春秋》，均《三传》并治，非惟荀卿之书可征也，观陆贾《新语·道基》篇，明引《穀梁传》，而《辅政》、《无为》、《至德》、《怀虑》、《明诚》诸篇，均述《公羊》谊，为《繁露》所本。若《辨惑》一篇，甄引孔子论嘉乐诸言，则又悉本《左传》。"又《左氏学行于西汉考》云："《新语》之说，多本《公》、《穀》，然《辨惑》篇载孔子'嘉乐不野合'二语，均本《左传》，则贾兼通《三传》。"余谓贾兼《左传》，诚如刘说，但不过引用其语耳；至其说《春秋》大义，实用《穀梁》家法。若《春秋繁露》之说，或有与贾相似者，此自仲舒被服《新语》耳，不得以贾为述《公羊》谊也。盖《公羊传》至汉景帝时始由公羊寿与齐人胡毋子都著于竹帛，当汉初时，尚是口说相传，贾未必得闻之。若

《穀梁》则贾亲从浮邱伯游,自得从之问故也)又《至德》篇末有'故《春秋》穀'四字,其下文阙佚,盖亦引《穀梁传》也。杨士勋《穀梁疏》谓'穀梁子为《经》作《传》',而徐彦《公羊疏》则谓:'《穀梁》亦是著竹帛者,题其亲师故曰《穀梁传》。'二说不同,今亦不敢断其孰是。(《四库提要》卷二十六云:"疑徐彦之言为得其实。")然既为贾所征引,足知其著竹帛先于《公羊》,桓谭、郑玄之言,信而有征矣。汉儒诸经师说虽多亡佚,然其遗文,散见诸书者,多可裒集;惟《穀梁春秋》,以后人治之者鲜,汉儒之说几希殆绝,贾书幸而仅存其说,犹在申公、瑕邱江公之前,去著竹帛时未远,微言大义,皆有所受,治经者宜若何宝重之乎?有清一代,经学极盛,而于贾之《穀梁》义,鲜称述之者,岂非为《提要》不根之说所惑耶?"

考马总《意林》所载,皆与今本相符。李善《文选注》于司马彪《赠山涛诗》引《新语》曰:"楩梓仆则为世用。"于王粲《从军诗》引《新语》曰:"圣人承天威,承天功,与之争功,岂不难哉?"于陆机《日出东南隅行》引《新语》曰:"高台百仞。"于《古诗》第一首引《新语》曰:"邪臣之蔽贤,犹浮云之鄣日月。"于张载《杂诗》第七首引《新语》曰:"建大功于天下者,必垂名于万世也。"以今本核校,虽文句有详略异同,而大致亦悉相应,似其伪犹在唐前。惟《玉海》称:"陆贾《新语》,今存于世者,《道基》、《术事》、《辅政》、《无为》、《资贤》(当作"质")、《至德》、《怀虑》才七篇。"此本十有二篇,乃反多于宋本,为不可解;或后人因不完之本,补缀五篇,以合《本传》旧目也。

《辨证》曰:"案严氏《〈新语〉叙》曰:'《史记·本传》十二篇,《汉书》同,《艺文志》作二十三篇,疑兼他论撰计之。《史记正义》引梁《七录》:《新语》二卷,陆贾撰。《隋志》、《旧》、《新唐志》同。《崇文总目》、《郡斋读书志》、《书录解题》皆不著录。王伯厚《汉艺文志考证》云:今存《道基》、《术事》、《无为》、《资质》、《至德》、《怀虑》七篇。盖宋时佚而复出，出亦不全。至明弘治间，莆阳李廷梧字仲阳，得十二篇足本，刻版于桐乡县治，后此有姜思复本、胡维新本、《子汇》本、程荣、何镗《丛书》本，皆祖李廷梧。或疑明本十二篇，反多于王伯厚所见，恐是后人因不全之本，补缀五篇以合《本传》篇数；今知不然者，《群书治要》载有八篇（按见《治要》卷四十），其《辨惑》、《本行》、《明诚》、《思务》四篇，皆非王伯厚所见，而与明本相同。《文选》张载《杂诗》注引"建大功于天下者，必垂名于万世也"，《古诗行行重行行》注引"邪臣之蔽贤，犹浮云之鄣日月"，今在《辨惑》篇；王粲《从军诗》注引"圣人承天威，承天功，与之争功，岂不难哉"，今在《本行》篇；《意林》所载"众口毁誉，浮石沈木，群邪相抑，以直为曲"，今在《辨惑》篇；"玉斗酌酒，金椀刻镂，所以夸小人，非厚己也"，今在《本行》篇；足知多出五篇，是隋、唐原本。'严氏所考，足以释《提要》之疑。《群书治要》为修四库书时所未见，《提要》不知其所载《新语》同于今本，固不足怪；独是《提要》既谓此书之伪，似在唐前，又谓后人因不完之本补缀五篇。夫所谓不完之本者，即王伯厚之所见也，伯厚为南宋末人，信如《提要》之言，则必伯厚所见之七篇为唐以前人所伪作，今本多出之五篇，出于宋以后人之伪作而后可；乃其所引《意林》及《选注》所谓与今本虽有详略异同而大致亦悉相应者，竟多见于后出之篇；然则此五篇者，究出于唐以前耶？宋以后耶？可谓自相矛盾，多所抵牾者矣。考宋黄震《日钞》卷五十六云：'《新语》十二篇，汉大中大夫陆贾所撰。一曰《道基》，言天地既位，而列圣制作之功。次曰《术事》，言帝王之功，当思之于身，舜弃黄金，禹捐珠玉，道取其至要。三曰《辅政》，言用贤。四曰《无为》，言舜、周。五曰《辨惑》，言不苟合。六曰《慎微》，言谨内行。七曰《资质》，言质美者在遇合。八曰

《至德》，言善治者不尚刑。九曰《怀虑》，言立功当专一。十曰《本行》，言立行本仁义。十一曰《明诫》，言君臣当谨言行。十二曰《思务》，言闻见当务执守。此其大略也。'其所叙篇目，与今本皆合，且能每篇言其作意，是十二篇未尝阙也。黄氏与王伯厚皆生于宋末，正是同时之人；然则当时自有两本，一只七篇，一则十二篇，王氏偶见不全之本耳。乃《提要》遽谓宋本只七篇，余出后人补缀，严氏亦谓宋时佚而复出，出亦不全，皆不考之过也。"

今但据其书论之，则大旨皆崇王道，黜霸术，归本于修身用人。其称引《老子》者，惟《思务》篇引"上德不德"一语，余皆以孔氏为宗，所援据多《春秋》、《论语》之文，汉儒自董仲舒外，未有如是之醇正也。流传既久，其真其赝，存而不论可矣。

《辨证》曰："案班固《宾戏》云：'近者，陆生优游，《新语》以兴；董生下帷，发藻儒林；刘向司籍，辨章旧闻；扬雄覃思，《法言》、《太玄》；皆及时君之门闱，究先圣之壸奥，婆娑呼术艺之场，休息呼篇籍之囿，以全其质，而发其文。'(《汉书·叙传》、《文选》卷四十五)《汉书·高祖本纪》云：'天下既定，命萧何次律令，韩信申军法，张苍为章程，叔孙通制礼仪，陆贾造《新语》。'(《高纪》此节，《史记》所无，班固采自《太史公自序》，但《自序》无"陆贾造《新语》"一句，又班氏所自增。)《论衡·案书》篇云：'《新语》陆贾所造，盖董仲舒相被服焉(案《汉书·河间献王传》云："被服儒术，造次必于儒者。"注："师古曰：'被服，言常居处于其中也。'"《通鉴》卷十八胡注："被服者，言以儒术衣服其身也。"与颜注虽异，而意亦不甚相远。王先谦《汉书补注》定从胡注，未为不可；乃又云："《史记》作'被服造次必于儒者'，则谓不服奇邪，不苟行止也。"此则纯出臆说，未免画蛇添足。如此文之董仲舒相被服，可以不服奇邪解之乎？)皆言君臣政治得失,言可采行,事美足观,鸿知所言,参贰经传,虽古圣之言,不能过增。陆生之言,未见遗阙;而仲舒之言雩祭可以应天,土龙可以致雨,颇难晓也。'又《超奇》篇:'陆贾、董仲舒论说世事,由意而出,不假取于外。'又云:'陆贾消吕氏之谋,与《新语》同一意。'其为汉人推重如此。王充谓其言君臣政治得失,论说世事,与今本体裁亦复相合,知《新语》确为敷陈治道之书,非记事之书。且班固称之曰:'究先圣之壶奥,婆娑术艺,休息篇籍。'王充称之曰:'参贰经传,虽古圣之言,不能过增。'则其崇王道,黜霸术,援据《春秋》、《论语》,以孔氏为宗,正不待作《提要》之时,读其书而始知之也。况班固以之与董仲舒、刘向、扬雄并言,又与萧何、韩信、张苍、叔孙通诸家之开国制作同称,其重之也至矣。王充谓《新语》盖董仲舒相被服,是仲舒固亦推服其书,故充屡以二人之书相衡较,且谓仲舒不如贾;然则《提要》所谓汉儒自董仲舒外未有如是之醇正者,不独不足为奇,尚嫌高视仲舒,所以赞贾者,未及其量也。黄震《日抄》卷四十六谓:'汉初诸儒,未有贾比。'卷四十七又谓:'贾庶几以道事君者。'其称誉贾甚至;然其卷五十六又谓:'此书似非贾之本真。'则其识亦尚未足以知贾矣。严氏叙云:'子书,《新语》最纯最早,贵仁义,贱刑威,述《诗》、《书》、《春秋》、《论语》,绍孟、荀而开贾、董,卓然儒者之言,史迁目为辨士,未足以尽之。'严氏此论甚善。虽其意亦取之于《提要》,然《提要》非真能知《新语》者,惟严氏乃能知之耳。但严氏又谓《穀梁传》孝武始立学,非陆贾所预见,则犹未免惑于《提要》之说。《穀梁传》由荀卿、浮邱伯以授之申公,贾与浮邱伯同时相善,何为不可预见乎?且据《儒林传》,《穀梁春秋》至宣帝时始征江公孙为博士,孝武时未尝立诸学官也。《道基》篇所引《穀梁传》曰:'仁者以治亲,义者以利尊。'今《穀梁传》无其文，钟文烝《穀梁补注》谓此语乃《汉志》所称《穀梁外传》、《穀梁章句》之语，而通谓之传。'（见《补注》卷首《论传》篇）其说似为得之。严氏谓贾所见者，《穀梁》旧传，疑瑕邱江公所受于鲁申公者，其本复经改造，非穀梁赤之旧。亦未必然也。要之，贾在汉初，粹然儒者，于《诗》、《书》煨烬之余，独能诵法孔氏，开有汉数百年文学之先，较之贾、董为尤难，其功不在浮邱伯、伏生以下，故班固、王充皆亟称之，汉高以马上得天下，不知重儒，贾独为之称说《诗》、《书》，陈述仁义，《本传》言其每奏一篇，高帝未尝不称善；《论衡·书解》篇云：'高祖既得天下，马上之计未败，陆贾造《新语》，高祖粗纳采。'《后汉书·儒林·谢该传》载孔融上书荐该曰：'臣闻高祖创业，陆贾、叔孙通进说《诗》、《书》。'则汉初之拨乱反正，贾有力焉。融以贾与叔孙通、范升、卫宏并言，亦以贾为经学之儒也。然贾实具内圣外王之学，非叔孙通辈陋儒所敢望，惜乎未尽其用，否则经术之兴，不待汉武时也。史迁乃曰：'余读陆生《新语》书十二篇，固当世之辨士。'夫《新语》岂飞箝捭阖书耶？然则国人皆以孟子为好辩，又何为读之废书而叹也！《本传》叙贾著《新语》，但粗述存亡之征，盖其不足以知陆生如此；班固之智虽足以知之，而其为贾作传，仅删去粗述存亡之征一语（此盖不以《史记》为然，有意删去。），其他皆沿袭《史记》，无所发明，《传赞》虽改作，但称其附会将相，以强社稷，身名俱荣，竟不复道及《新语》；《叙传》亦只言从容讽议，博我以文而已。（博我以文，即指《新语》言之）后儒因之，遂鲜称述之者。幸而遗书具在，犹可考见其学问，而《提要》不能博考，臆决唱声，诬为赝作，岂不重可叹哉！愚故逐条辨驳，表而出之，无使读者惑焉。"

所载卫公子鱄奔晋一条，与《三传》皆不合，莫详所本。中多阙文，亦无可校补。所谓文公种米，曾子驾羊诸事，刘昼《新论》、马总

《意林》皆全句引之，知无讹误，然皆不知其何说。又据犁嚅报之语，训诂亦不可通。古书佚亡，今不尽见，阙所不知可也。

《辨证》曰："案《新语·明诫》篇云：'故《春秋》书卫侯之弟鱄出奔晋，书鱄绝骨肉之亲，弃大夫之位，越先人之境，附他人之域，穷涉寒饥，织履而食，不明之效也。'考《穀梁》襄二十七年《传》云：'卫杀其大夫宁喜，卫侯之弟专出奔晋。专，喜之徒也。专之为喜之徒何也？己虽急纳其兄，与人之臣谋弑其君，是亦弑君者也。专，其曰弟何也？专有是信者，君赂不入乎喜而杀喜，是君不直乎喜也，故出奔晋，织絇邯郸，终身不言卫。专之去，合乎《春秋》。'是《穀梁》未尝以绝骨肉之亲责鱄；《左氏》叙鱄事，意多褒美；《公羊》亦无贬辞。故《提要》以《新语》为与《三传》不合。然《新语》之织履，即《穀梁》之织絇也，（《礼记·玉藻》注云："絇，履头饰也。"）此事《左氏》、《公羊》皆不载，则仍是用《穀梁》义也。《穀梁》虽谓鱄之去合乎《春秋》，然又谓鱄亦弑君者，则于鱄有所不满，陆生因谓之不明。《公羊》何休注云：'《传》极道此者，是献公无信，刺鱄兄为强臣所逐，既不能救，又移心事剽，背为奸约，献公虽因喜得反，诛之小负，未为大恶，而深以自绝，所谓守小信而忘大义，拘小介而失大忠。'夫所谓忘大义失大忠者，正责其弃骨肉之亲，而轻去其国也。或者，《穀梁》先师亦有此说，而贾叙之耳。何休之说《公羊》，与《新语》同，则不得谓之与《三传》皆不同矣。（何休之说亦非《公羊传》本意，故陆贾之说不必定为《穀梁》本传所有。）《淮南子·泰族训》云：'夫观逐者于其反也，而观行者于其终也。故舜放弟，周公杀兄，犹之为仁也。文公树米，曾子架羊，犹之为智也。'高诱注云：'文公，晋文公也。树米，而欲生之也。架，连架，所以备知也。'（末句不甚可解）此亦望文为说，而不能详其本事者。《说苑·杂言》篇亦云：'文公种米，曾子驾羊,孙叔敖相楚,三年,不知轭在衡后,务大者固忘小。'然则此固相沿古语,汉人习用者矣。《刘子新论·观量》篇作'晋文种米,曾子植羊',文又小异。《世说·尤悔》篇云:'简文见田稻不识,问是何草,左右答是稻。简文还,三日不出,云:宁有赖其末,而不识其本!'刘孝标注云:'文公种菜,曾子牧羊,纵不识稻,何所多悔?此言必虚。'亦用此二语,'米'作'菜','驾'作'牧',疑后人不得其解而妄改之。详数书之意,盖言米不可种,羊不可驾,此众人之所知,而晋文、曾子不知,世或以为不智;然君子之智,有大于此者,故《新语》曰:'智者之所短,不如愚者之所长。'(见《辅政》篇)《说苑》曰:'务大者固忘小。'刘孝标亦谓'无所多悔'也。但终不能得其本事耳。《资质》篇云:'夫穷泽之民,据犁地嗝报之士,或怀不羁之才。'各本皆同,故《提要》以为训诂不可通。然考《群书治要》卷四十引此句作'据犁接耜之士',则固文从字顺,无不可通者,今本传写误耳。"(余嘉锡《四库提要辨证》卷十《子部》一儒家类一)

附录四

序文杂录五篇

钱福新刊新语序

汉班固论列刘向父子所校书为《艺文志》,又即歆所奏《七略》中序《六艺》为九种,首之以儒家者流,称其"出于司徒之官,游文于《六经》之中,留意于仁义之际,宗师仲尼,以重其言",虽未必尽然,要亦有近似者矣。书凡五十三家,而陆贾《新语》十二篇实存焉。予读其书,信固之知言,又叹司马迁之雄于文也。迁传:"贾拜太中大夫,时时前说,称《诗》、《书》,高帝骂之曰:'乃公居马上得之,安事《诗》、《书》?'贾曰:'马上得之,宁可以马上治乎?汤、武逆取,而以顺守之,文武并用,长久之术也。昔者,吴王夫差、智伯,极武而亡;秦任刑法不变,卒灭赵氏。乡使秦以并天下,行仁义,法先圣,陛下安得而有之?'帝有惭色,谓贾曰:'试为我著秦所以失天下,吾所以得之者,及古今成败之国。'贾凡著十二篇。"今其书不下数千言,而其要旨,不越迁数言,于是乎知迁之雄于文,序事核而明可指也。然迁尚豪侠,喜纵横,而称其"固辩士"。固稍知重儒术,既列其书于儒,又赞身名俱荣,为优于郦、娄、建、通辈。贾固有以致之哉!故知人不可以无所见,有所见,必不能掩矣。先儒议其逆取顺守之说,及秦虽行仁义,不可及者。秦、汉辨士,岂足及此?要之,亦为高帝既定天下而言之耳。其书亦不复见此论,岂迁以己见文饰其说而致然欤?若其两使南粤,调和平、勃,以平诸吕,自为大有功于汉,其识见议论,非惟椎埋屠狗之辈所不及,而一时射利卖友,采芝绵蕞之徒,亦岂可企哉?其书所论亦正,且多崇俭尚静等语,似亦有启文、景、萧、曹之治者。但无段落条理,如先儒所论贾谊之失,自是当时急于论事,动人主听,不暇精择浑融,观迁谓其"每奏一篇,帝辄称善",其称《新语》,又出于他人,可见其随时论奏,非若后世之著述次第成一家言也。其所分篇目,则固所称"向辄条其篇目,撮其旨意奏之"者,必非其所自定。然其言既与迁传合,而篇次至于今不讹,且雄伟粗壮,汉中叶以来所不及,其为真本无疑。秦、汉之书传于今,无讹妄如此者,良亦鲜哉!方久承平既久,文章焕兴,有识者或病其过于细而弱也,故往往搜秦、汉之佚书而梓之。然辨鉴未精,以伪为真,则害道坏教亦有之矣。予窃病焉。适过桐乡,访宗合族,而得其令莆阳李君梓是书见视。予素闻李君学博意诚,履朴守谦,而敏于政事;今观是,益可见其见之明而择之精也,乐书其首。君名廷梧,字仲阳,以己未进士,来已二年,此又仕优而学之一端云。皇明弘治壬戌岁(十五年)日长至,翰林国史修撰儒林郎华亭钱福序。(据李廷梧本、程荣本)

范大冲陆贾新语序

陆生,汉初异人也。其人何以异?而稽其言与行,人异甚矣。方汉祖龙兴于沛上,若萧、曹以刀笔,张、陈以智谋,勃、婴以织贩,布、哙以屠黥,凡有一技一能者,靡不各逞所长,以赴攀龙附凤之会,而竟得名垂竹帛,勋列鼎彝,何伟伟也!斯时也,陆生安在哉?

渊潜豹隐，相时而出，不驱驰于草昧勠勤之时，而乃仗齿颊于泰定康靖之日，马上得之治之之一语，足开卯金刀溺冠之颛蒙，故特命一一录奏，辄以《新语》目之，其语异矣，而非异人能之乎？此语其语也。若出使南越，和谐将相，戮吕氏，定汉鼎之数百年，如太山磐石，而不动声色，行更何异也！此足知萧、曹、张、陈辈，均当在其下风矣。吾先大人喜其语，录置左右。兹不肖检阅残编，特付剞劂，仰承先志云尔。时万历辛卯（十九年）夏日，光禄署丞范大冲子受甫书于天一阁中。

王谟汉魏丛书识语

右陆贾《新语》二卷。按《史记·本传》："贾为高帝粗述存亡之征，凡著十二篇，每奏一篇，帝未尝不称善，左右呼万岁，号其书曰《新语》。"《正义》引刘向《七录》云："《新语》二卷。"班固论列刘向父子所校书为《艺文志》，而贾书乃有二十三篇，似不止此十二篇；然自《隋》、《唐志》及《崇文书目》相承皆止二卷，至王伯厚著《玉海》，言"今存于世者，《道基》、《术事》、《辅政》、《无为》、《资贤》（当作'质'）、《至德》、《怀虑》才七篇"，则此书至宋末又阙其五篇。故《文献通考》备录汉世儒家诸书，独遗《新语》，必其未见全书也。而今本钱序乃云"篇次至今不讹"，又谓："秦、汉之书传至于今无讹妄，如此者亦鲜。"则又元、明以来裒集得之者也。今读其书，所敷奏盖不独称说《诗》、《书》，发明帝王所以治天下之道而已，又多引《论语》、《孝经》，于孔子诛少正卯，会夹谷，厄陈、蔡事，以及颜、曾诸贤，皆乐举而颂扬之，汉世儒家者流，固未能或之先也。夫以暴秦禁学，有敢偶语《诗》、《书》弃市，以古非今者族，宜乎举世喑哑，不知经学，而浮丘公、伏生之徒，各抱遗经，以相教授，陆生且能以其所学，昌言于人主之前，风雨如晦，鸡鸣不已，天降时雨，山川出云，其于消息存亡之几，所关非细故也。呜呼，是岂得以辩士当之也！

汝上王谟识。

戴彦升陆子新语序

　　《新语》十二篇，汉大中大夫陆贾撰，今分二卷。《史记·陆贾传》："陆生时时前说称《诗》、《书》，高帝骂之曰：'乃公居马上而得之，安事《诗》、《书》？'陆生曰：'居马上得之，宁可以马上治之乎？且汤、武逆取而以顺守之，文武并用，长久之术也。昔者，吴王夫差、智伯极武而亡，秦任刑法不变，卒灭赵氏。乡使秦已并天下，行仁义，法先圣，陛下安得而有之？'高帝不怿，而有惭色，乃谓陆生曰：'试为我著秦所以失天下，吾所以得之者何？及古成败之国。'陆生乃粗述存亡之征，凡著十二篇。每奏一篇，高帝未尝不称善。左右呼万岁，号其书曰《新语》。"（《汉书》略同）陆生作书之本末具此。《汉艺文志》儒家有《陆贾》二十三篇，彦升谓即《新语》也，高帝号为《新语》，《七略》但署生名耳。"二十三"当为"二十二"，盖向校中书，每篇析为上下，《晏子春秋》亦向所定，谏、问、杂皆分上下，是其证。或以《汉志》为兼他所论述计之者非也。《史记正义》引《七录》云："《新语》二卷，陆贾撰也。"则分十二篇为二卷，始于阮孝绪。《隋经籍志》、《旧唐书·经籍志》、《新唐书·艺文志》、《崇文总目》、《通志·艺文略》、《宋史·艺文志》并云二卷，因梁旧也。案颜师古《汉书·本传》"称其书曰《新语》"注："其书今见存。"可征唐世未有阙佚。而《玉海·艺文志》及《汉志考证》并云："今存于世者，《道基》、《术事》、《辅政》、《无为》、《资贤》（当作'质'）、《至德》、《怀虑》才七篇。"则宋世本缺五篇。季沧苇《藏书目》宋、元板书中有陆贾《新语》一本，不知归谁氏，无从取证。明陈第《世善堂书目》载《新语》十三篇，"三"乃"二"之误。今所据为明程荣本，二卷与《七录》合，十二篇与《本传》合，是明世此书校宋世转完，或疑后人补缀五篇，以合旧目。彦升案，今所有《辨惑》、《慎微》、《本行》、《明诚》、

《思务》五篇,协句皆古韵,词义与《道基》等七篇一律。《辨惑》篇"赵高驾鹿而从行,王曰:'丞相何为驾鹿?'高曰:'马也。'王曰:'丞相误也,以鹿为马。'高曰:'陛下以臣为不然,愿问群臣。'"今《始皇本纪》作"持鹿献于二世",似不若驾鹿为近。又无高请问群臣语。陆生在二世时,具知其详,所述较史公为得实,若是伪为,不能立异也。《慎微》篇"故邪臣之蔽贤,犹浮云之鄣日月也",《文选·古诗十九首》注、《太平御览》八并引为《新语》文,若后人伪为,唐、宋人不得引也。以斯言之,此五篇非后人补缀明矣。盖宋世馆阁书籍,悉沦于金,王伯厚所见,或南宋时残本,至明而全本复出耳。《考证》引吴侍曰:"《辅政》篇曰:'书不必起于仲尼之门。'"今此语在《术事》篇,可见残本之错互矣。陆生书本列儒家,惟《崇文总目》移入杂家,《宋史·志》因之。彦升谓杂家者,兼儒、墨,合名、法,本书惟《思务》一篇称墨子之门多(下缺),绝未道其学。《辅政》篇叹商鞅显于西秦,世无贤知之君,能别其形。盖于法家深疾之。独陈儒术,无所兼合,入之杂家,谬矣。《本传》称每奏一篇,高帝未尝不称善;则十二篇非一时所作。《道基》篇原本天地,历叙先圣,终论仁义,知伯杖威任力而亡,秦二世尚刑而亡,语在其中,盖即面折高帝语,退而奏之,故为第一篇也。《术事》篇谓言古者必合之今,述远者必考之近,故云书不必起仲尼之门,药不必出扁鹊之方,以因世而权行故也;吴侍执其单词而议之,则以辞害志矣。(语见《汉志考证》)《辅政》篇言所任之必得其材,秦用刑罚以任李斯、赵高,而推其原于谗夫似贤,美言似信。《无为》篇言始皇暴兵极刑骄奢之患,而折以虞舜、周公之治。此二篇著秦所以失也。《辨惑》篇道正言之忤耳,伤流言之害圣,而深恶纵横家之阿从意旨,规则乎孔门也。《慎微》篇言修于闺门之内,行于纤微之事,故道易见晓,而求神仙者,乃避世,非怀道,此亦取鉴秦皇,而早有见于新垣平等之事也。《资贤》("贤",今本误作"执",依《玉海》及《汉志考证》。

器案：当作"质"，王伯厚所见亦误本）篇虑贤才之不见知，而归责于观听之臣不明，谓公卿子弟、贵戚党友，无过人之才，在尊重之位，此终汉世之弊也。《至德》、《怀虑》二篇，称晋厉、齐庄、楚灵、宋襄、鲁庄，盖著古成败之国，而警乎马上得天下之言也。《本行》篇大旨在贵德贱财。《明诫》篇陈天文虫灾之变，谓天道因乎人道，开言《春秋》五行、陈灾异封事者之先。《思务》篇言圣人不必同道。此三篇缺字较多。综其全书，诚孟坚所谓从容风议，博我以文者乎。（《汉书·叙传》语，注："李奇曰：'作《新语》也。'"）或以《道基》篇末引《穀梁传》，非贾所及见，疑出依托。彦升案：本书凡两引《穀梁传》，《至德》篇末，故《春秋》穀（下缺）似引传说鲁庄公事，而缺其文。考《汉书·儒林传》："申公，鲁人也，少与楚元王交俱事齐人浮邱伯受《诗》。"又云："申公以《诗》、《春秋》授，而瑕邱江公尽能传之。"又云："瑕邱江公受《穀梁春秋》及《诗》于鲁申公。"《楚元王交传》："少时，尝与鲁穆生、白生、申公同受诗于浮邱伯，伯者，孙卿门人也。"夫《穀梁》家始自江公，而江公受之申公，申公受之浮邱伯，浮邱伯为孙卿门人，今《荀子·礼论》、《大略》二篇具《穀梁》义，则荀卿《穀梁》之初祖也。荀卿晚废居楚，陆生楚人，故闻《穀梁》义欤？《盐铁论》包邱子与李斯俱事荀卿，本书《资贤》篇："鲍邱之德行，非不高于李斯、赵高也，然伏隐于蒿庐之下，而不录于世。"鲍邱即包邱子，即浮邱伯也。《楚元王传》注，服虔曰："浮邱伯，秦时儒生。"陆生盖尝与浮邱伯游，故称其德行，或即受其《穀梁》学欤？《辨惑》篇说夹谷之会事，与《穀梁》定十年《传》大同。《至德》篇说齐桓公遣高子立僖公事，本《穀梁》闵二年《传》。《怀虑》篇言鲁庄公不能存立子纠，亦本《穀梁》庄九年《传》，可征陆生乃《穀梁》家矣。故所述《楚汉春秋》，向、歆入之春秋家。但《辅政》篇说郑儋归鲁，《至德》篇说臧孙辰请籴，《明诫》篇说卫侯之弟鱄出奔晋，今《穀梁传》无此义。《道基》篇所引《传》曰："仁者以治亲，义者以利尊"，今《穀梁传》亦无此二语。彦升案：《穀梁》之著竹帛，虽不知何时，而出自后师，陆生乃亲受之浮邱伯者，实《穀梁》先师。古经师率皆口学，容有不同，如刘子政说《穀梁》义，亦有今传所无者，可证也。或乃以《穀梁传》为贾所不及见，既昧乎授受之原，且亦不检今《传》文矣。《本传》言时时前说称《诗》、《书》，而本书多说《春秋》，《穀梁》微学，藉以存焉。《论语》、《孝经》，亦颇见引，盖所谓"游文《六经》之中，留意于仁义之际，祖述尧、舜，宪章文、武，宗师仲尼，以重其言"者，生书有以当之。太史公谓："陆生《新语》书十二篇，固（原误'因'，今改）当世之辨士。"以辨士目生，何浅之乎读是书哉！《答宾戏》云："陆子优游，《新语》以兴。"与董生、刘向、扬雄并称其"及时君之门闱，究先圣之壸奥，婆娑乎术艺之场，休息乎篇籍之囿，以全其质而发其文，用纳乎圣听，列炳于后人。"《高帝纪》言："天下既定，萧何次律令，韩信申军法，张苍定章程，叔孙通制礼仪"，而终之以陆贾之造《新语》，班孟坚盖深知生书者，识过马迁矣。彦升以为陆生犹及见未焚之书，及七十二子后学者，在贾、董诸人之先，西京儒者，未能或之过也。今是书昧晦，为章句鄙儒所莫窥，故详为校定，如《术事》篇："舜弃黄金于崭岩之山，禹沈珠玉于五湖之渊，将以杜淫邪之欲。"据《御览》八十一卷引无"禹"字，"杜"作"塞"。《辨惑》篇："夷、狄之民何求为？"以《穀梁》定十年《传》校，"求"当作"来"，皆由传写者妄有增改，此类不可枚数。彦升是正粗毕，乃櫽括体要，别白群疑，为此叙录，不嫌详尽，后之君子，庶有考焉。道光六年十月，丹徒戴彦升记。（宋翔凤《浮溪精舍丛书》《新语》校本序）

唐晏陆子新语校注序

自始皇灭学，负大疚于天下，至今谈古籍之亡，必归其疚于始皇。然以史考之，始皇三十四年，李斯上言烧书，三十五年，阬儒于骊山，此后三年，二世之二年而秦亡，又后五年，汉高即位，其间不过八年耳。陆生以客从高祖，时已在学成之后。或者谓陆生为荀卿弟子，然则陆生固及见全经矣，其视汉初诸儒抱残守缺者何如？故其说经之言，与汉人不同，而说《穀梁》尤精；世以《穀梁》学出申公，乌知申公尚在陆生后乎？今人知重《公羊》，而以董生为巨子；不知《公羊》齐学也，为历下游士之余绪，《穀梁》鲁学也，为阙里诸儒之雅言，而陆生为《穀梁》大师，又前乎董公，人知重董，而不知重陆，慎矣。陆生之书，自《隋》、《唐志》皆著于录，颜师古注《陆生传》云："其书今现在。"《文选》注亦引之，至宋《崇文总目》尚有之，南宋人书目，则未之见，殆亡于靖康之乱矣。比及明代，其书复出，非复出也，亡于南，存于北耳。《金》、《元史》不志艺文，是以存亡无考。今代所传《汉魏丛书》本，讹脱之处，均经妄人改失。余得明范氏天一阁刻本，虽讹误不免，而第六篇中有第五篇错简一段，《汉魏丛书》本妄改，不复可寻，范本则起止宛然。后复见《子汇》本，则第五篇完然不误，又胜范本。又《汉魏》本十二篇之末，脱字累累，不可以句，范本存字固多，而《子汇》本尤多，遂合三本，正其讹误，补其脱字，间引他书，以为注释，虽未必有当大雅，而亦可云首辟蚕丛矣。夫高帝木强人也，又不悦儒，卒之，陆生陈书，未尝不称善，遂能以太牢祀阙里焉，汉代重儒，开自陆生也。迨其末季，王莽不臣，而扬雄颂美功德，諛言无实，《法言》、《太玄》，亦儒林之侧调也，乃千载下《法言》昭昭，《新语》冥冥，亦事理之难解者也。溧川居士唐晏自叙于海上飞尘小驻。（据龙溪精舍校刊本）

参考书目

司马迁:《史记》,中华书局1959年版。
班固:《汉书》,中华书局1962年版。
范晔:《后汉书》,中华书局1965年版。
朱谦之:《老子校释》,中华书局1984年版。
程树德:《论语集释》,中华书局1990年版。
李梦生:《左传译注》,上海古籍出版社2004年版。
承载:《春秋穀梁传译注》,上海古籍出版社2004年版。
王维堤、唐书文:《春秋公羊传译注》,上海古籍出版社2004年版。
杨伯峻:《孟子译注》,中华书局1960年版。
杨天宇:《礼记译注》,上海古籍出版社2004年版。
王先谦:《荀子集解》,中华书局1988年版。
王先慎:《韩非子集解》,中华书局1998年版。
陆贾:《新语》,文渊阁四库全书本。
王利器:《新语校注》,中华书局1986年版。
阎振益 锺夏:《新书校注》,中华书局2000年版。
何宁:《淮南子集释》,中华书局1998年版。
苏舆:《春秋繁露义证》,中华书局1992年版。
王利器:《盐铁论校注》,中华书局1992年版。

黄晖:《论衡校释》(附刘盼遂集解),中华书局1990年版。

王继培笺,彭铎校正:《潜夫论校正》,中华书局1985年版。

黄震:《黄氏日抄》卷四十六《郦生陆贾》,文渊阁四库全书本。

梁启超:《中国历史研究法》,商务印书馆1947年版。

刘建国:《中国哲学史史料学概论》,吉林人民出版社1983年版。

罗根泽编著:《古史辨》六,上海古籍出版社1982年版。

马宗霍:《中国经学史》,上海书店1984年影印本。

钱穆:《两汉经学今古文平议》,商务印书馆2001年版。

吕思勉:《史学四种》,上海人民出版社1981年版。

王兴国:《贾谊评传》(附陆贾晁错评传),南京大学出版社1992年版。

徐复观:《两汉思想史》,华东师范大学出版社2001年版。

周桂钿:《秦汉思想史》,河北人民出版社2000年版。

金春峰:《汉代思想史》(增补第三版),人民出版社2006年版。

熊铁基:《秦汉新道家》,上海人民出版2001年版。

祝瑞开:《两汉思想史》,上海古籍出版社1989年版。

侯外庐等:《中国思想通史》第二卷,人民出版社1957年版。

张岂之主编:《中国思想学说史》(秦汉卷),广西师范大学出版社2004年版。

张立文主编:《中国学术通史》第二卷,人民出版社2004年版。

姜广辉主编:《中国经学思想史》第二卷,中国社会科学出版社2003年版。

刘泽华、葛荃主编:《中国古代政治思想史》(修订本),南开大学出版社2001年版。

雷戈:《秦汉之际的政治思想与皇权主义》,上海古籍出版社2006年版。

《张家山汉墓竹简》(二七四号墓),文物出版社2001年版。

翦伯赞:《秦汉史》,北京大学出版社2001年版。

吕思勉:《秦汉史》,新世界出版社2009年版。

钱穆:《秦汉史》,香港新华印刷股分公司1957年版。

林剑鸣:《秦汉史》,上海人民出版社1989年版。

田昌五、安作璋主编:《秦汉史》,人民出版社2008年版。

近期国学读物要目

国学新读本

诗经　梁锡锋　注说
论语　臧知非　注说
尚书　姜建设　注说
国语　曹建国　张玖青　注说
孔子家语　杨朝明　注说
山海经　郑慧生　注说
墨子　苏凤捷　程梅花　注说
孟子　何晓明　周春健　注说
庄子　曹础基　注说
荀子　杨朝明　注说
韩非子　赵　沛　注说
孙子兵法　赵国华　注说
楚辞　李中华　邹福清　注说
潜夫论　王　健　注说
文心雕龙　戚良德　注说

礼记　杨天宇　注说
老子　曹　峰　注说
吕氏春秋　张富祥　注说
商君书　徐　莹　注说
战国策　张彦修　注说
淮南子　杨有礼　注说
春秋繁露　曾振宇　注说
世说新语　赵成林　注说
史通　李振宏　注说

周易　龚留柱　注说
新语　李振宏　注说
新书　徐　莹　注说
新论　臧知非　注说
说苑　赵国华　范正娥　注说
搜神记　王利锁　注说
颜氏家训　郭宝军　注说

文中子　王路曼　池　桢　注说
潜书　池　桢　王路曼　注说
六祖坛经　姚彬彬　注说
韩愈集　刘真伦　注说
柳宗元集　岳　珍　注说
贞观政要　苏士梅　注说
通书　张文瀚　注说
正蒙　李　峰　注说
王弼集　党圣元　注说
欧阳修集　杨　亮　注说
王安石集　张富祥　李玉诚　注说
容斋随笔　张富祥　注说
论语集注　梁振杰　注说
大学中庸集注　梁振杰　注说
孟子集注　赵庆伟　注说
近思录　路新生　注说
传习录　岳淑珍　注说
焚书　李竞艳　注说
明夷待访录　赵轶峰　注说
闲情偶寄　惠　萍　注说
龚自珍集　曹志敏　注说
校邠庐抗议　刘克辉　戴宁淑　注说
劝学篇　马小泉　注说

百年河大国学旧著新刊

河洛方言诠诂　王广庆　著
三统历表　邵瑞彭　著
中国戏剧概论　卢　前　著
晚明思想史散论　嵇文甫　著
论语新探　赵纪彬　著
天问研究　孙作云　著
汉魏六朝文学史　李嘉言　著
金艺文志　金登科记考　万　曼　著
唐集叙录　万　曼　著
中国文学史新编　张长弓　著
汉碑集释　高　文　著
袁中郎研究　任访秋　著
东夷杂考　李白凤　著
宋会要辑稿考校　王云海　著
长江集新校　李嘉言　著

高适岑参选集　高　文　王刘纯　选著
花间集注　华锺彦　著
庆湖遗老诗集校注　王梦隐　著
曾瑞散曲集校注　李春祥　著
辛弃疾选集　佟培基　选著
汉魏六朝韵谱　于安澜　著
毡推闲话　武慕姚　著
中国救荒史　邓云特　著
红学二百年　李春祥　著
文心雕龙选讲　温绎之　著

于安澜书画学四种
画论丛刊
画史丛书
画品丛书
书学名著选

元典文化丛书
中华第一经——《周易》与中国文化　宋会群　苗雪兰　著
教化百科——《诗经》与中国文化　孙克强　张小平　著
经国治民之典——《周礼》与中国文化　郝铁川　著
哲人的智慧——《老子》与中国文化　高秀昌　龚　力　著
圣人箴言录——《论语》与中国文化　李振宏　著
武学圣典——《孙子兵法》与中国文化　龚留柱　著
亚圣思辨录——《孟子》与中国文化　何晓明　著
逍遥之祖——《庄子》与中国文化　白本松　王利锁　著
外王之学——《荀子》与中国文化　张曙光　著
中国帝王术——《韩非子》与中国文化　王宏斌　著
史家绝唱——《史记》与中国文化　邓鸿光　著
诸经总龟——《春秋》与中国文化　涂文学　周德钧　著
管理宝典——《管子》与中国文化　袁　闯　著
纵横家书——《战国策》与中国文化　张彦修　著
人仙之间——《抱朴子》与中国文化　徐仪明　冷天吉　著
医学圣典——《黄帝内经》与中国文化　王庆宪　梁晓珍　著
礼乐渊薮——《礼记》与中国文化　黄宛峰　著
词章之祖——《楚辞》与中国文化　李中华　著
星学宝典——《历书天官书》与中国文化　郑慧生　著
天人衡中——《春秋繁露》与中国文化　曾振宇　范学辉　著
王政全书——《吕氏春秋》与中国文化　张富祥　著
神话之源——《山海经》与中国文化　高有鹏　孟　芳　著

新道鸿烈——《淮南子》与中国文化　杨有礼　著
史家龟鉴——《史通》与中国文化　曾凡英　著
政事纲纪——《尚书》与中国文化　姜建设　著
春秋弦歌——《左传》与中国文化　龚留柱　著
平民理想——《墨子》与中国文化　苏凤捷　程梅花　著
人伦本原——《孝经》与中国文化　臧知非　著
法典之王——《唐律疏议》与中国文化　徐永康　吉霁光　郑取　著
文论巨典——《文心雕龙》与中国文化　戚良德　著

宋代研究丛书

北宋诗学　张海鸥　著
宋代东京研究　周宝珠　著
宋代地域经济　程民生　著
宋代监察制度　贾玉英　著
宋代官员选任和管理制度　苗书梅　著
宋代地域文化　程民生　著
宋代文学通论　王水照　主编
宋代司法制度　王云海　主编
宋代教育　苗春德　主编
清明上河图与清明上河学　周宝珠　著
宋代文化史　姚瀛艇　主编
黄庭坚与宋代文化　杨庆存　著
宋代交通管理制度研究　曹家齐　著
岳飞和南宋前期政治与军事研究　王曾瑜　著
成圣之道——北宋二程修养工夫论之研究　温伟耀　著
宋代绘画研究　邓乔彬　著

汉语史专书语法研究丛书

《三朝北盟会编》语法研究　刁晏斌　著
《荀子》虚词研究　黄珊　著
《晏子春秋》词类研究　姚振武　著
《聊斋俚曲》语法研究　冯春田　著
《孟子》词类研究　崔立斌　著
《朱子语类辑略》语法研究　吴福祥　著
敦煌变文12种语法研究　吴福祥　著
《吕氏春秋》句法研究　殷国光　著
《尚书》语法论稿　钱宗武　著
《左传》语法研究　何乐士　著
《元典章·刑部》语法研究　李崇兴　祖生利　著
汉语语法史断代专书比较研究　何乐士　著

图书在版编目(CIP)数据

新语/李振宏注说. —郑州：河南大学出版社，2016.7
（国学新读本）
ISBN 978-7-5649-2482-9

Ⅰ.①新… Ⅱ.①李… Ⅲ.①古典哲学－中国－西汉时代②政论－中国－西汉时代③《新语》－注释 Ⅳ.①B234.14

中国版本图书馆 CIP 数据核字(2016)第 177842 号

责任编辑　刘小敏　苗　卉
责任校对　何　姣
封面设计　马　龙

出　版	河南大学出版社
	地址：郑州市郑东新区商务外环中华大厦 2401 号　邮编：450046
	电话：0371－86059701（营销部）　网址：www.hupress.com
排　版	郑州市今日文教印制有限公司
印　刷	河南新华印刷集团有限公司
版　次	2016 年 10 月第 1 版　印　次　2016 年 10 月第 1 次印刷
开　本	650mm×960mm　1/16　印　张　15.75
字　数	198 千字　定　价　32.00 元

（本书如有印装质量问题请与河南大学出版社营销部联系调换）